"十三五"国家重点图书出版规划项目

中国近现代稀见史料丛刊【第五辑】

翁同书手札系年考

张剑 徐雁平 彭国忠 主编

翁同书 著

李红英 辑考

本辑执行主编 徐雁平

凤凰出版社

图书在版编目（CIP）数据

翁同书手札系年考 / 翁同书著 ; 李红英辑考. -- 南京 : 凤凰出版社, 2018.6
（中国近现代稀见史料丛刊. 第五辑）
ISBN 978-7-5506-2785-7

Ⅰ. ①翁… Ⅱ. ①翁… ②李… Ⅲ. ①书信集－中国－清代 Ⅳ. ①I264.9

中国版本图书馆CIP数据核字(2018)第125035号

书　　名	翁同书手札系年考
著　　者	翁同书 著　李红英 辑考
责任编辑	李相东
装帧设计	姜　嵩
出版发行	凤凰出版社(原江苏古籍出版社) 发行部电话025-83223462
出版社地址	南京市中央路165号,邮编:210009
出版社网址	http://www.fhcbs.com
照　　排	南京凯建图文制作有限公司
印　　刷	南通印刷总厂有限公司 南通市通州经济开发区朝霞路180号,邮编:226300
开　　本	880×1230毫米　1/32
印　　张	11.5
字　　数	299千字
版　　次	2018年6月第1版　2018年6月第1次印刷
标准书号	ISBN 978-7-5506-2785-7
定　　价	65.00元

(本书凡印装错误可向承印厂调换,电话:0513-80237871)

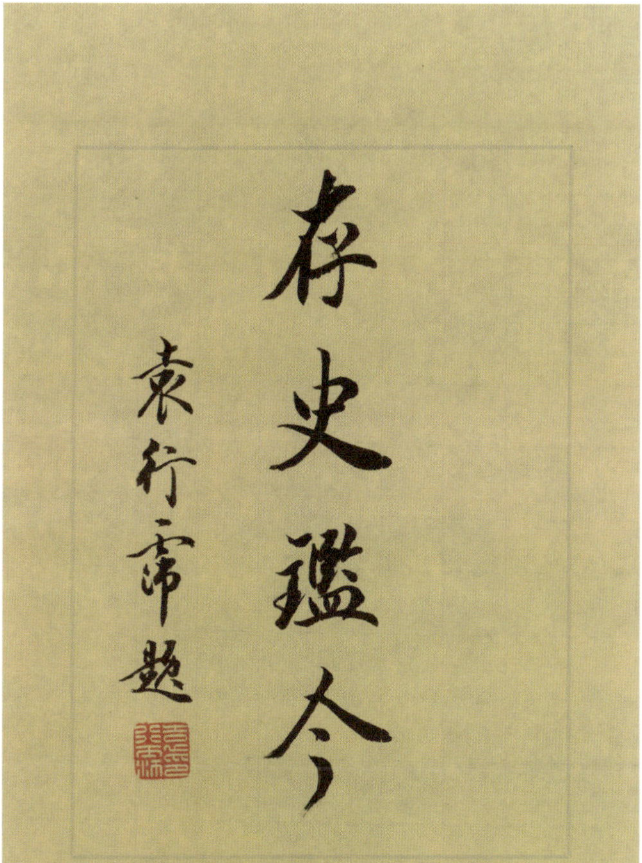

袁行霈先生题辞

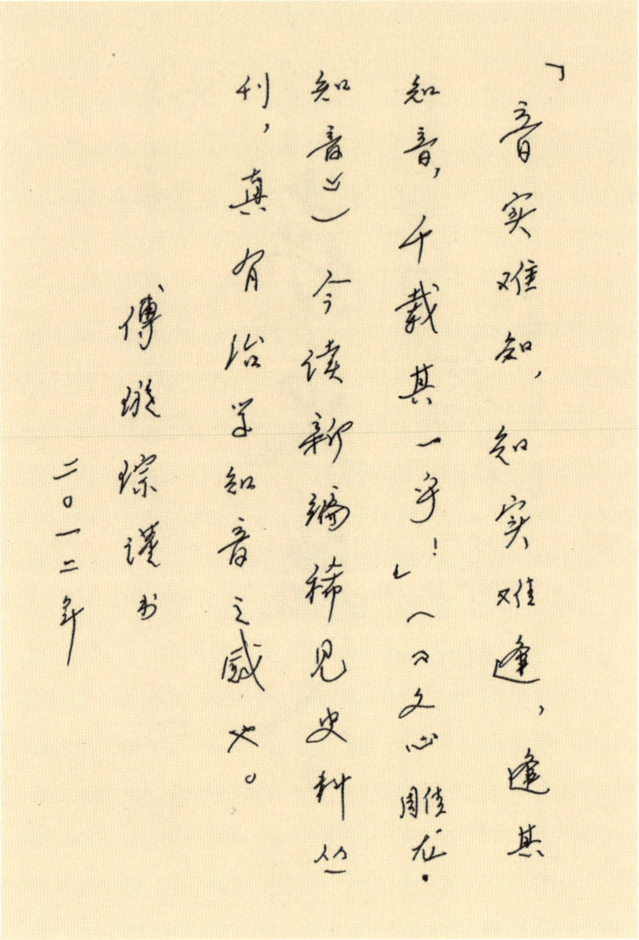
「音实难知，知实难逢，逢其知音，千载其一乎！」（《文心雕龙·知音》）今读新编稀见史料丛刊，真有治学知音之感矣。

傅璇琮谨书

二〇一二年

傅璇琮先生题辞

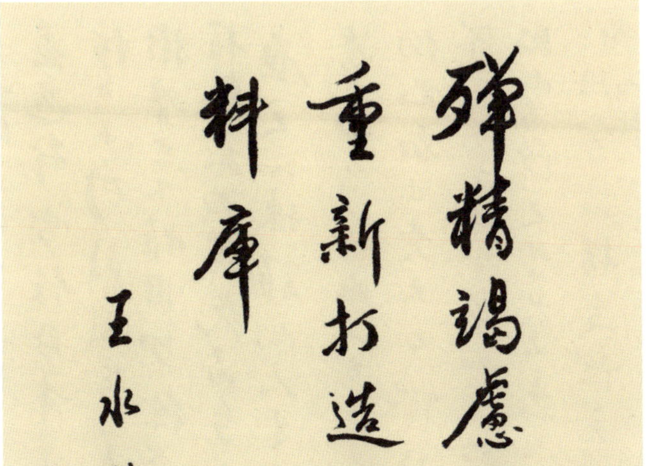

王水照先生题辞

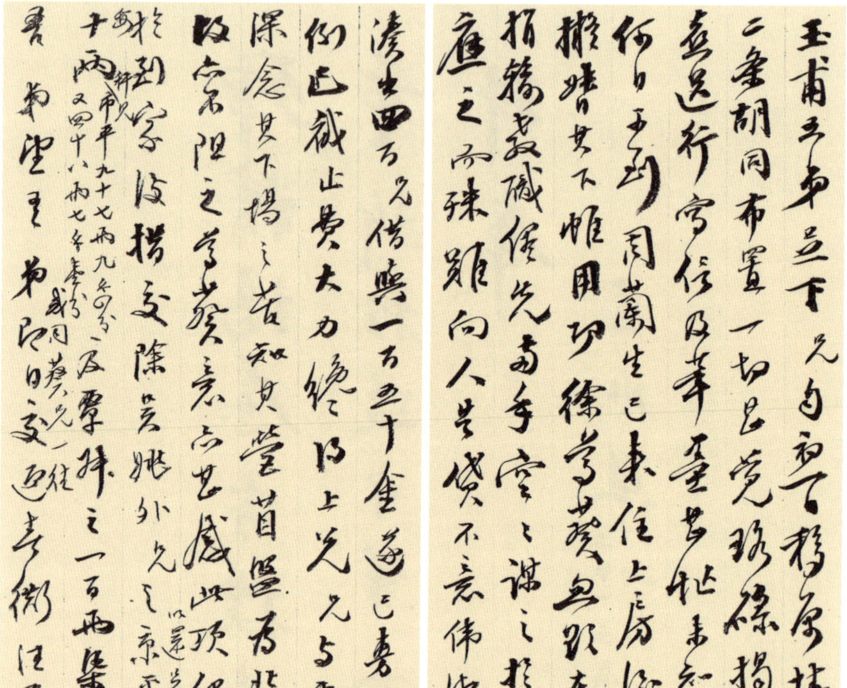

致翁同爵函

今年四總裁在人意中分校則不測湘坡名籍甚比隣偉翁何以為情蔡䌷菴

甫擾職未考差而巍然分房伊散館已二等豈名對稱 旨耶聞伊去秋鄉

闈前夢分校亦一奇也同年好手多不得益覺心平氣和惟整頓罷勉作

下科計耳星垣太守意良厚蓑生真不可解 未知二兄討好否毗陵脚遑路里

人之怕出門如此不及無錫武陽人遠甚矣里人求名則須炫耀里閭求利則須送上

大門故同鐸皖省已不慣遂有上下江分送之事而送愈難此求名之說也吉甫攜眷就甲寅於此

南萬山中又何以堪其求利則閱文自不如太倉稱米矣究之閱文乃食力而所謂逸獲者實則甚瘁苟卿

子曰無廉恥而營飲食是子游氏之賤儒也此之謂矣周蘭生在山左並未返粵將入都

來學鶴翁聞於星紀似嫵惠州遠甚恐為之擇對書以不善作求人復之來諭所謂不相宜者

固然且李蔡為人在下中又家事太深意官局亦懸隔不敢參末議也然而相依亦不

可緩矣第一須讀書人家他縣尤宜詳審先審門閥次擇人才媒人之言不可盡信

如謂家道豐人才好而不審門閥此家不可至人才則古人具眼不嫌貧賤今則極

寒者固不可矣如溫飽而青年好學雖童生何妨必待露頭角得科第則已遲

矣尤難者婢僕媪覘厚犒求人利謝儀親友講外場而喜浮費且必引至豐者為例

致翁心存函（一）

男同書百拜謹稟
父親大人膝下四月廿六日發第伍號稟函想經達
覽嗣於五月初八日接奉四月十九日
諭函敬悉
重闈康豫欣慰良深並知五弟於十八日抵家頗慰懸
念縣試六弟名次尚高曾文亦尚不後未知郡試
何如若得竹林競秀亦樂事也曾郎在家娛侍
用功男及媳極爲放心此次眷口北上雖盤纏稍貴
而舟車無滯上下俱安此皆仰賴
祖母及兩親福芘所致惟是登程時之部署上煩
慈慮而既行後又深勞垂注此則男所深切不安
者耳媳婦到京後湯汪內眷先來隨往荅拜湯

致翁心存函（二）

《中国近现代稀见史料丛刊》总序

在世界所有的文明中，中华文明也许可说是“唯一从古代存留至今的文明”（罗素《中国问题》）。她绵延不绝、永葆生机的秘诀何在？袁行霈先生做过很好的总结：“和平、和谐、包容、开明、革新、开放，就是回顾中华文明史所得到的主要启示。凡是大体上处于这种状况的时候，文明就繁荣发展，而当与之背离的时候，文明就会减慢发展的速度甚至停滞不前。”（《中华文明的历史启示》，《北京大学学报》2007年第1期）

但我们也要清醒看到，数千年的中华文明带给我们的并不全是积极遗产，其长时段积累而成的生活方式与价值观具有强大的稳定性，使她在应对挑战时所做的必要革新与转变，相比他者往往显得迟缓和沉重。即使是面对佛教这种柔性的文化进入，也是历经数百年之久才使之彻底完成中国化，成为中华文明的一部分；更不用说遭逢“数千年来未有之变局”、“数千年未有之强敌”（李鸿章《筹议海防折》），“数千年未有之巨劫奇变”（陈寅恪《王观堂先生挽词序》）的中国近现代。晚清至今虽历一百六十余年，但是，足以应对当今世界全方位挑战的新型中华文明还没能最终形成，变动和融合仍在进行。1998年6月17日，美国三位前总统（布什、卡特、福特）和二十四位前国务卿、前财政部长、前国防部长、前国家安全顾问致信国会称：“中国注定要在21世纪中成为一个伟大的经济和政治强国。”（徐中约著《中国近代史》上册第六版英文版序，香港中文大学2002年版）即便如此，我们也不能盲目乐观，认为中华文明已经转型成功，相反，中华文明今天面对的挑战更为复杂和严峻。新型的中华文明到底会怎样呈现，又怎样具体表现或作用于政治、经济、文化等层面，人们还在不断探索。这个问题，我们这一代恐怕无法给出答案。但我们坚信，在历史上曾经灿烂辉煌的中华文明必将凤凰浴火，涅槃重生。这既是数千年已经存在的中华文明发展史告诉我们的经验事实，也是所有为中国文化所化之人应有的信念和责任。

不过，对于近现代这一涉及当代中国合法性的重要历史阶段，我们了解得还过于粗线条。她所遗存下来的史料范围广阔，内容复杂，且有数量庞大且富有价值的稀见史料未被发掘和利用，这不仅会影响到我们对这段历史的全面了解和规律性认识，也会影响到今天中国新型文明和现代化建设对它的科学借鉴。有一则印度谚语如是说："骑在树枝上锯树枝的时候，千万不要锯自己骑着的那一根。"那么，就让我们用自己的专业知识与能力，为承载和养育我们的中华文明做一点有益的事情——这是我们编纂这套《中国近现代稀见史料丛刊》的初衷。

书名中的"近现代"，主要指 1840—1949 年这一时段，但上限并非以一标志性的事件一刀切割，可以适当向前延展，然与所指较为宽泛的包含整个清朝的"近代中国"、"晚期中华帝国"又有所区分。将近现代连为一体，并有意淡化起始的界限，是想表达一种历史的整体观。我们观看社会发展变革的波澜，当然要回看波澜如何生，风从何处来；也要看波澜如何扩散，或为涟漪，或为浪涛。个人的生活记录，与大历史相比，更多地显现出生活的连续。变局中的个体，经历的可能是渐变。《丛刊》期望通过整合多种稀见史料，以个体陈述的方式，从生活、文化、风习、人情等多个层面，重现具有连续性的近现代中国社会。

书名中的"稀见"，只是相对而言。因为随着时代与科技的进步，越来越多的珍本秘籍经影印或数字化方式处理后，真身虽仍"稀见"，化身却成为"可见"。但是，高昂的定价、难辨的字迹、未经标点的文本，仍使其处于专业研究的小众阅读状态。况且尚有大量未被影印或数字化的文献，或流传较少，或未被整合，也造成阅读和利用的不便。因此，《丛刊》侧重选择未被纳入电子数据库的文献，尤欢迎整理那些辨识困难、断句费力、裒合不易或是其他具有难度和挑战性的文献，也欢迎整理那些确有价值但被人们习见思维与眼光所遮蔽的文献，在我们看来，这些文献都可属于“稀见”。

书名中的“史料”，不局限于严格意义上的历史学范畴，举凡日记、书信、奏牍、笔记、诗文集、诗话、词话乃至序跋汇编等，只要是某方面能够反映时代政治、经济、文化特色以及人物生平、思想、性情的文献，都在考虑之列。我们的目的，是想以切实的工作，促进处于秘藏、边缘、零散等状态的史料转化为新型的文献，通过一辑、二辑、三辑……这样的累积性整理，自然地呈现出一种规模与气象，与其他已经整理出版的文献相互关联，形成一个丰茂的文献群，从而揭示在宏大的中国近现代叙事背后，还有很多未被打量过的局部、日常与细节；在主流周边或更远处，还有富于变化的细小溪流；甚至在主流中，还有漩涡，在边缘，还有静止之水。近现代中国是大变革、大痛苦的时代，身处变局中的个体接物处事的伸屈、所思所想的起落，藉纸墨得以留存，这是一个时代的个人记录。此中有文学、文化、生活；也时有动乱、战争、革命。我们整理史料，是提供一种俯首细看的方式，或者一种贴近近现代社会和文化的文本。当然，对这些个人印记明显的史料，也要客观地看待其价值，需要与其他史料联系和比照阅读，减少因个人视角、立场或叙述体裁带来的偏差。

知识皆有其价值和魅力，知识分子也应具有价值关怀和理想追求。清人舒位诗云“名士十年无赖贼”（《金谷园故址》），我们警惕袖手空谈，傲慢指点江山；鲁迅先生诗云“我以我血荐轩辕”（《自题小像》），我们愿意埋头苦干，逐步趋近理想。我们没有奢望这套《丛刊》产生宏大的效果，只是盼望所做的一切，能融合于前贤时彦所做的贡献之中，共同为中华文明的成功转型，适当“缩短和减轻分娩的痛苦”（马克思《资本论》第一卷第一版序言）。

《丛刊》的编纂，得到了诸多前辈、时贤和出版社的大力扶植。袁行霈先生、傅璇琮先生、王水照先生题辞勖勉，周勋初先生来信鼓励，凤凰出版社姜小青总编辑赋予信任，刘跃进先生还慷慨同意将其列入“中华文学史史料学会”重大规划项目，学界其他友好也多有不同形式的帮助……这些，都增添了我们做好这套《丛刊》的信心。必须一提的是，《丛刊》原拟主编四人（张剑、张晖、徐雁平、彭国忠），每位主编负责一辑，周而复始，滚动发展，原计划由张晖负责第四辑，但他尚未正式投入工作即于 2013 年 3 月 15 日赍志而殁，令人抱恨终天，我们将以兢兢业业的工作表达对他的怀念。

《丛刊》的基本整理方式为简体横排和标点（鼓励必要的校释），以期更广泛地传播知识、更好地服务社会。希望我们的工作，得到更多朋友的理解和支持。

2013 年 4 月 15 日

目　录

前　言

翁同书(1810—1865),字祖庚,号药房,又号巽斋。翁心存长子,叔伯中行三,故翁心存呼之作"三儿",翁同爵、翁同龢称之为"三兄"。

道光九年(1829),翁同书随侍父亲翁心存携眷北上入京。道光十八年(1838),翁心存乞养归里,翁同书亦随侍南下。道光二十年(1840),翁同书入都会试,以殿试二甲十七名中进士。是年五月,勤政殿引见,改翰林院庶吉士。次年八月,授翰林院编修,乞假回籍省亲。道光二十二年(1842)十二月,翁同书入都供职。次年秋,翁同书典试广东,充乡试正考官。道光二十四年(1844),翁同书充殿试收掌官,时奉命翰詹官轮对得召见;又充武英殿纂修、国史馆协修。道光二十八年(1848)七月,翁同书简任贵州学政,次年奉旨留任。咸丰二年(1852)十一月,翁同书学政期满,因病伤寒,交卸后未能及时起程复命。咸丰三年正月,翁同书挈眷由蜀栈北上回京述职,并藉以归省双亲。然事与愿违,途径成都时,却接到驰赴扬州琦善江北大营听候差委的谕旨,从此开始了他的军旅生涯。

翁同书本是一介书生,"不娴韬略"①,其"生平未尝自诩知兵,又无大臣论荐"②,却以翰林身份听差军中,其父翁心存得知消息,亦"不胜悚惧……深恐弗克胜任,孤负天恩"③。虽然如此,翁同书仍然恪尽职守,做好本职,办理军中文案,还屡立战功,先后赏戴花翎、赏穿黄马褂。咸丰八年六月,清军在皖北战场节节败退,翁同书临危受

---

①③　《翁心存日记》第三册,第941页,中华书局2011年版。

②　清同治常熟翁氏刻本《巽斋自订年谱》。

命，接任安徽巡抚，督办军务。

同治元年正月底，两江总督曾国藩上疏弹劾翁同书“于定远失守时弃城走寿州，复不能妥办，致绅练有仇杀之事。迨寿州城陷，奏报情形前后矛盾，命褫职逮问”[①]，故而翁同书入京后随即入狱。翁心存急火攻心，是年底病卒。同治二年(1863)三月，翁同书减等发配新疆戍边。同治三年五月，都兴阿以翁同书战功卓著、堪为将才，奏请调遣翁同书“留甘肃军营效力”。同治四年，“以击贼功，赏五品顶带”。是年四月，固原匪徒与灵州贼酋勾结，气焰嚣张，翁同书“击之红柳沟，斩伪王孙义保，有旨褒奖，晋四品顶带”。同治四年十月，于花马池公寓病卒，谥“文勤”[②]。有三子，曾文、曾源、曾桂。

从道光二十二年(1848)底，翁同书拜别双亲入京，至同治元年(1862)初，奉旨返京，父子二人始终远隔千里，一别就是二十馀年，翁心存曾在日记里说“自壬寅冬一别，至今已廿一年”[③]。翁同书几次想藉入京述职之际，归省父母，然一直未能如愿。直至同治元年被劾回京，才得以与双亲再次相聚。久别重逢，早已物是人非，“相对唯有涕洟”[④]。

在交通不便、通讯亦不发达的清代，一封家书，是天各一方的亲人最大的期盼，承载着游子背井离乡的望云之情，寄托了亲人血脉相连的倚闾之思。国家图书馆藏《常熟翁氏家书》七函二十四册，保存了翁氏兄弟致父母以及兄弟子侄之间的家书，约计六百馀通[⑤]。其中的翁同书、翁曾翰等人家书，时间从道光二十四年(1844)至光绪四

① 参见《清史稿·翁同书传》，中华书局1977年版，第12264—12265页。

② 以上有关翁同书生平参见国家图书馆藏清同治常熟翁氏刻本《巽斋自订年谱》。另见周文晓编著《翁同龢年谱·巽斋自订年谱》，古吴轩出版社1994年版，第156—171页。

③④ 《翁心存日记》第四册，第1697页。

⑤ 此为整理合并之后的数据，少于之前拙文中出现的初步统计数据。

人又教以溪刻诈谖,以是不逞之徒造作蜚语。……前此非男之默默也,稍稍开口,立见不和,欲和则不得不默。……大帅营事繁地要,无如同室操戈,彼此直同水火。男惟有诸事推让,以省闲气,幸东营委员无多,似尚辑睦,不至效尤耳。

为了将帅之间的和睦,翁同书只有三缄其口,不激不随:

邗上戎事皆德帅主之,男备员而已,并无向者翼长之权。若强与其事,必致不和,故议攻议守不必为男言之也。然外面甚亲热,苟出队则男亦必从,彼此和好,并无违言,惟前劾温道,小有龃龉。……(不激不随,亦只做到如此。若再相劝,则旁人必有怂恿,以并劾者。)①

翁同书接任安徽巡抚之后,意气风发,很想极力整顿一下地方军务,“皖虽疲敝,然尚有兵有饷。男极力振作,必可冀其改观,幸勿垂虑。男虽须发已白,而心力尚强……”②。然而不久,翁同书深味“自立”与“和衷”做到一处的矛盾,他向父亲翁心存感慨说:

男为皖抚,不胜盘错。回思在都、在黔、在扬均胜于此,此人所不信也。来谕每勖以自立,又勖以和衷,此四字万不能做到一处。即如滋、克二帅之忌刻,欲别开生面、稍露芒角,得乎?欲据实上陈,得乎?竭力张罗,只做到和光同尘,地位不过,不失身分,不至如崇雨林辈而已。地方事事掣肘,盖凡驻军之地,十羊九牧,一国三公,举劾黜陟,概不由已。是非臧否,并无定说,即

① 咸丰七年二月二十六日翁同书致翁心存家书。

② 咸丰八年七月初八日翁同书致翁心存家书。

都中所闻，亦多偏私不足据也。[①]

从这通家书可看出，翁同书很想为国家、为百姓做点事情，然却处处遭到掣肘；即便是他费尽心力，也“只做到和光同尘，地位不过，不失身分”。如此，胡林翼所言“翁中丞读书仁厚，性柔少断，州县之事，皖中不欲假人，盖欲利此也”，其言外之意，可想而知。

德兴阿与胜保关系不谐，也影响了与翁同书关系，以至于连同僚之间转交书信这样的事情都不能：

胜帅虽骄蹇，不敢施之于男，称谓尚循同馆仪，来往亦用宾主常礼。男尝诒书箴其短，彼乃大折服，盖尚是阳分人也。独其与德帅大不相能，形之章疏，德帅谓男借刀杀人，可谓奇极，德几绝交矣，故有家书断不可寄德处也。[②]

后又因胜保奏疏，迁怒翁同书，而致使翁德二人关系进一步恶化：

……德滋园操守颇好，其布置亦□，只是性骄□□，疑以胜帅疏中有全军俱淡语，迁怒于男，几至绝交，所不解也。[③]

翁同书在军中的种种处境，翁心存看在眼里，急在心上，亦在信中告诉他一些行事处世的方法，然而却不能彻底解决人与人之间无芥蒂的相处：

前奉手谕，勖以整军、经武之方，惟有书绅自儆，但处同僚最

① 咸丰八年十一月二十四日翁同书致翁心存家书。
② 咸丰八年十月二十六日翁同书致翁心存家书。
③ 咸丰八年十一月二十四日翁同书致翁心存家书。

难。和则不介,介则不和。凡双衔奏事,但画诺而已;若单衔之件,小有参差,即不平矣。①

与德兴阿的相处结果如此,其他人便可想见。直言沽怨,积怨成魔,可以说是导致翁同书被弹劾的重要原因。同治元年,曾国藩以寿州绅练仇杀事件为借口②,上奏参劾翁同书,使他身陷囹圄,"以失守罪抵死系狱"③。

关于常熟翁氏与湘乡曾氏之间恩怨,通常认为曾国藩在世时"似有修好之意"④,其实,曾国藩生前已有悔言。同治八年正月二十二日(1869—3—4)翁曾翰致翁同爵家书:

曾中堂来京旬月,昨已赴任出都,叔父曾两次晤及。伊言次极为器重,且伊于文勤公前事颇为周旋,每与人言,辄有追悔也。

然斯人已逝,悔之晚矣。

三、亲身经历,历史场景复原再现

这部分书札主要集中在道光二十四年、道光二十五年、道光二十八年至咸丰元年、咸丰六年至咸丰十年,以及同治五年至十年、光绪元年至四年。据《翁心存日记》《翁同龢日记》,翁氏父子、兄弟之间往

---

① 咸丰九年五月初六日翁同书致翁心存家书。

② 参见谢俊美《翁同书传》相关章节。翁以钧《冤乎冤哉!》,《西行寄弟函》第154—162页;朱育礼、朱汝稷《常熟翁氏与湘乡曾氏之恩怨》,《西行寄弟函》;上海远东出版社2016年版,第179—194页。

③ 《翁同龢年谱·槑斋自订年谱》,第169—170页。

④ 参见朱育礼、朱汝稷《常熟翁氏与湘乡曾氏之恩怨》,《西行寄弟函》第179—194页。

来书信频繁，其中有直接的嘘寒问暖，亦有间接的亲情关怀，这便是在书信中向家人叙述自己所经历的一些事情，言语之间，详细记录了写信人亲身经历的一些事情，还有耳闻目睹的地方军政、官场百态。

咸丰三年五月，翁同书抵达扬州保山军营[①]，这正是清政府为夹击太平军而建立起来的江北大营。是年初，为了对付太平军，清政府已经在南京城外孝陵卫建立了江南大营，以挽救岌岌可危的清政府[②]。翁同书初到军中，踌躇满志，“自佐戎旃，精神百倍，居然掌兵权，亦自是乐事，征兵调饷亦自井井”[③]，与德兴阿和衷共济，极力整顿军队，渐有起色。然而，时日稍长，翁同书发现“通天下用兵处所皆无纪律”[④]，“书生喜纸上谈，诸将以舌击贼，而都下议论亦如揣骨听声”[⑤]，是为军中大病。翁同书身处其中，对于当时清军江南、江北两处军营的巧言虚饰情况，甚为忧虑。他在家书中常向父亲述说：

> 男自至军中，方知记载非必实事，古法未合今时，世间几无真是非，纸上都成空议论，即如石逆分股后忧方大，而当事□欣然，以为两贼内讧，石且投诚，洪且遁走……上年江北溃则谓无清江矣；江南溃则谓无吴郡矣，恇怯过甚也。逮贼稍退则谓瓜镇可复、金陵可图矣，虚骄亦过甚也。[⑥]

眼见军中盛行诡冒倾轧、粉饰奏报之风，翁同书因无计可施而忧心忡忡：

---

① 清同治常熟翁氏刻本《巽斋自订年谱》。

② 参见谢俊美《翁同书传》，第52—57页。

③ 咸丰六年四月初二日翁同书致翁同爵、翁同龢家书。

④ 咸丰六年六月二十日翁同书致翁心存家书。

⑤ 咸丰六年八月初三日翁同书致翁同龢家书。

⑥ 咸丰七年八月初二日翁同书致翁心存家书。

自军兴以来，各处奏报多非事实。有时恐猲云，贼至数万；有时铺张云，俘斩数千。凡克复之城，皆遁走也。顷见南军报捷云，伏地投诚者若干，可发一笑。……远方人揣骨听声，宜乎？不辨黑白矣。仅一琦故帅不妄奏，而贤人君子群指詈之千古，真是非何从论乎？……丰干饶舌亦太不情。文星翁为众兵所切齿，若非吾辈镇压，殆不知税驾之所，而商贤以下，皆与结交，故无言其短者。长袖善舞，执使之然。彼动言撙节，若如南军，（南军支应皆不按则例。）动辄增兵募勇，何从节乎？江北之紧要，不逊江南也。兵止及其三分之一，饷止及其五分之一，月月拖欠，欲以制胜难矣。……大抵大言而任气质者，必无实效，眼中所见号为贤能者，皆此辈耳。①

琦帅，即琦善，是中国近代史上颇有争议的人物，而军营内外之人眼中的琦善更是不尽相同。咸丰六年八月初三日翁同书致翁同龢家书云：

此间营垒整肃，刀斗森严，皆琦节相旧规。曾有王部郎者，自向军来视琦相，周视营垒，叹曰："吾未之见也。"入见所居戎幄，又曰："清苦若是乎？"又有吴人马远林钊自吉中丞军来，谓予曰："江北之军真军营也。若江南直不成军耳。"盖各路募勇众多，最坏营规。……琦相住极小账房，雨淋日炙。都中蜚语，谓居园斋，可谓千古奇冤。慧秋谷住大太平船，（费数千串。）而设翠蓝呢蒙古堡，空帐于岸上，反无议之者。……琦相夏绨葛，冬羊裘，或笠而骑，未有一鲜衣，雷、慧皆华服珍裘，无议之者。

---

① 咸丰七年十月初二日翁同书致翁心存家书。

翁同书认为"琦帅虽骄矜，然绝不以礼见责人，且刻苦无排场"[①]，当时军中"清廉公正之帅，只见埼侯一人，世以其骄慢、猜忌、刻核而并掩其长，岂公论哉？"[②]他感叹"当世无非求名利者，安得有英才？"[③]而"第一能用兵者"，却被众人百般诋毁：

> 纸上谈兵都不可用，以今昔不同且兵疲饷绌也。今之良将何在？琦帅第一能用兵者，无如众人百口訾之，故初则竞誉春翁，及春翁慷慨誓师，不吝重赏，期旦夕平贼，而每战辄挫衄，饰奏冒功，三军思食其肉。[④]

从中可见，翁同书甚为琦善鸣不平；而对于虚饰奏报、冒功请赏者，则颇为不满。然多言招忌，翁同书唯有自持自守，"爱憎毁誉，是非曲直，几无足凭，只求自立，不求悠悠之口见誉也"[⑤]。

家书中，翁同书还随手记录了其他一些人与事，如"亚罗号"事件、天京事变等，其中一些细节，当可与史书记载互证互补，从中亦可见当时人对事件发生的描述与评价，对于清末历史的研究颇具价值。这一重要文献的整理公布，对于相关学术研究的深入发展，将会起到一定的推进作用。

---

①③④ 咸丰六年六月二十日翁同书致翁心存家书。

② 咸丰七年二月二十六日翁同书致翁心存家书。

⑤ 咸丰六年五月初一日翁同书致翁曾源家书。

凡 例

1. 本书中所列诸通家书，原稿未曾分别每通家书的起止，部分家书是根据其上下文连续内容，或据其整体内容、时间而归为一通；或分列两处，另加按语考证。

2. 家书大体以收件人的长幼为序；同一人之下多通书札者，以书札时间为序；其时间相同的，以原稿前后为序，书札时间不确定者置于相关部分之后。

3. 每通以家书最后日期作为小标题，并在其后增加公元纪年，以圆括号标注其后。家书之下均加按语考证其写作时间，故而相关家书按语内容略有重复。

4. 原稿中补充说明的夹行小字，移入正文相应位置，并加圆括号，以示区别。表示自谦的小字如“男”“兄”等，改用正文字号。表示尊称而换行另起的文字，整理时不再换行，而是根据其内容正常排列。

5. 原稿虫蛀或残缺处的文字，据字体残迹及上下文意猜测之字，以方括号“[]”表示；约略可计数者，或个别不能辨认之字，均以“□”表示；不可计数者，以“……”表示。

6. 原稿部分信札装订，间有前后错乱处，据其内容列入相应函件，并于按语中略作说明。

7. 根据《中国近现代稀见史料丛刊》的体例要求，家书释文以简体横排，除涉及人名、地名和其他等特殊情况，不宜一律改作简化字，其他尽量使用通行的简化字。如“疋”作“匹”，“淛”作“浙”，“邨”作“村”，“窻”作“窗”，“庽”作“寓”，“姪”作“侄”，“冣”作“最”，“儗”作

“拟”等。

8. 为保持原稿的本来面貌，家书中数字或日期写法照录，如“廿”“廿二”“卅”等，不改作“二十”“二十二”“三十”等。

致翁心存函

道光二十四年六月初四日(1844 年 7 月 18 日)

男同书百拜谨禀父亲大人膝下:

前托叔岩、尊葵、子瑾、笑峰带去信件,想均达览。近接五月七日谕函,欣悉重闱以下,均臻安善为慰。书身体极佳,今日为曾源订昏蔡氏,吴薇客、张贴斋作伐,(久雨,今日晴朗。)一帖为定。翰詹召见名次,约在廿五、六日也。桂星垣前辈出守常州,向书挪移三百金。书嘱伊到郡日早为措还,作接眷之用。闻伊要至金陵见制府,未知何日?到任即能归款否也?肃此布请祖母大人暨两亲大人福安,不庄。同书谨禀,六月初四日。

【按】道光二十四年,翁同书"充殿试收掌官,时奉命翰詹官轮对,得召见,问家事甚悉";道光二十五年春,翁同书移居椿树二条胡同,四月初,其夫人挈曾源、曾桂两儿入都[①]。而写此函之时,翁同书家眷尚未入都。故此函写于道光二十四年六月初四日。是日,翁同书次子翁曾源与蔡氏订婚[②]。

据此函知,道光二十四年五月桂文耀(星垣)出任常州太守。

---

① 《翁同龢年谱·巽斋自订年谱》,第 162 页,古吴轩出版社 1994 年版。

② 参见道光二十四年六月二十六日翁同书致翁心存函。

道光二十四年六月二十六日(1844年8月9日)

男同书百拜谨禀父亲大人膝下：

五月中林关峰去时托带寸禀，五月杪桂星垣太守之郡，又附一禀，并会寄京纹三百两。两禀皆率略，原拟即肃一函，详布一切，适星槎四出，不无妄觊，遂因循未果。南信自接五月初所发一信后，亦久未接得。想重闱以下均臻安善，悬念之至。书今岁考差，诗知出处而未点，恐取而不高，分校亦未可必，幸身体甚健，日读诸经及《后汉书》，临写唐碑，以遣永昼而已。六月四日为曾源定婚仁和蔡氏，执柯者吴薇客及张比部兴仁。初七日于才盛馆设一席请大媒，请汪鉴斋及周步虞之子兰生作陪。兰生甚用功，文章日有进益，诗笔尤佳。书阅其文颇多改削，亦借以自遣，且即以习讲义也。邓子久授湖南遗缺知府，此召对外放之始，在彼亦已迟滞矣。粤中大致安静，北方雨多而不害稼，两河亦平善，殊可喜也。专此肃布，敬请祖母暨两亲大人福安。同书谨禀，六月廿六日。

去岁在粤时，澳门夷正以贸易吁请，其人懦，不足虑也。咪夷即花旗，忽有朝贡之请，闻咪不欲弱于英，已在厦门接仗，或云已斗两次。始则英负，继则咪负，故其忿未平。闽督入奏云，若由大洋赴津不能截之，但宽大抚驭可耳。浙抚奏尚属相安，惟人数较多，操演稍勤，以是广州守屡次召见，此程枢部所言也。（夷目仆鼎喳已归，另换一头目来。）介春先生四月中到粤，一面接印一面抚谕，粤中甚平安。

河工尚未合龙，汴梁幸非顶冲，然河南总可虑，而下注洪泽，则南河尤吃紧也。现在大库不盈，筹用良难。大捐之外，随地皆有捐输。富户人人皆官矣，又将谁捐？且人人尽先，则尽先亦画饼。各省捐输外吏必降价，以歆动人。部中仍复驳饬，往往以一字之分，而铨选迟速悬殊。邑中若有此局，以不预闻为是。张筱谱昨日升阁学，宦途可云得意。闻朱批其奏折云：汝在江南若有人言，则所损于汝者不小矣，慎之。可见眷注之厚。此五月中所书。

闻粤中已有成议，想岛夷不足虑。江浙如有讹言，切勿轻信。

此次世兄中获隽者，龚仲庸字最佳，（何白英丁外艰，吴竹岩断弦，已续聘矣。军机已传到，服色举动居然一变矣。黄寿臣连丧三兄一嫂，又夭一子。现在其大兄卒，尤悲戚，以动抚于兄也，为位席地而哭。）大卷白折俱好诗，亦在行殿试时，男以收掌备见诸卷，如仲庸者，极宜在前十本，乃以特方山宗伯一夹圈，遂少抑朝考，则明知而故摈之，（以足故。）遂至归班。（仍在薇垣。）伊见其弟馆选，相形之下抑郁万分，为之扼腕。金字极匀，亦以不得馆选为憾。赵兰舫写作俱佳，可望留馆，子春覆试二等四名，朝考亦在二等末，乃得县令，（分发广东。）颇怏怏，然究有出路矣。朱梦元馆选后即丁忧归，曾往还。杜防、吕圻等，皆未晤。（吕分发直隶，往还未晤。周立瀛，吉安人，分礼部，见过。）饶生覆试出韵四等，罚一科。此君性疏狂，不为人所喜。今年粤中门生文字刘时修、许应麟最佳，不中可惜。陈兰甫挑二等，明年或来会试。大挑单太多不能寄。

此次若得差使，不将房子还房东，当如来谕办理。今年试差无与去年重复者，定不得差也。蒙谕不必寄银云云，男差竣后，所馀诚属无几，兼以今年费用浩繁，并非有馀力顾家，惟家中用度亦难宽裕，故不得不撙节寄归，以仰纾重闱之筹虑。叔岩曾会划唐纹壹百两，又从子廉年伯处会寄京纹四百两，其信托子瑾带归，在汪墨仙处划付，计两项共五百金，可作迎眷等用，（家眷进京无须此数之多，此不过宽为筹备耳，凡寄归之项皆祈两亲收贮，万一祖母谓媳妇等出门，或有早应添补之处，可将男言婉禀。）或家中别有需用之处，亦可先用，统候裁酌可也。至媳妇用度，自不致匮乏，男所稔知。高丽参既未售去，（今年又寄一斤，则更多矣，或竟将此托人并物付去。至其售后，归価亦可价少廉，则易售也。）可速分送伯父母、文翁及岳母并戚友家，徒饱蛀虫无谓也。桂星垣放常州太守，招饮不至，馈之以肴。伊盘费不足，向男通挪，男允借三百金，已付二百，俟其临行再送百金去。此项俟其到任后归还，但恐年内未必能还耳。（言明无利。）还时或伊遣人来，或伊知会遣人去取，俱可。

此项三百金，（前日对星垣前辈言，只说是接眷所需。）敬拟以百金奉上祖母，以二百金奉上两亲。但愿他日常有差使，不至烦堂上远虑，并能少尽白华华黍之忱，斯为大妙耳。沈福必欲归，此时途中难行，且万一出差需人，拟俟秋间遣回南，明年仍令跟眷属北来。男已预为荐定星垣前辈处矣。陈福尚在鉴斋处，其妻归亦相安，盖尚有馀赀也。陈贵顾家甚确，惟性总未能定。赶车李四去年出差时，以旧人姑用之。途中偶鞭箠夫役，因呼至舆前，厉声叱之，伪欲遣去，伊自是驯谨。今年在都即令赶车，借人一骡，无故忽倒，偿三十金，而遂将李四遣去，诚以薪刍不谨，不得不换人也。现在又买一骡，仍是驽步赶车，另用一人矣。今年差必不得，浙差尤不可。必若得之，（若得江右差，当将外祖灵輀设法送归安葬，未知此愿得遂否。）岂非大幸？或者重闱怜念至深，男叨福芘，有此遭逢，亦未可知。若然则唐安固可途中添带也，否则遣沈福回时，定当顺便给一谕帖。至坤二、唐四固可用也。朱二泉年伯人太忠厚，是吃亏处。其令弟未晤也。

五弟悼亡后，意兴想不佳。闻近来颇能攻苦读书，亦是佳事，所谓不作无益害有益也。五少奶奶之灵柩总以早为停厝为是。京城中例，不久停。南中每迟之又久，甚属非是，幸勿迟滞为要。续姻一事，自不忍急急，当缓议，以维薄俗。弟妇本贤，玉甫又笃于伉俪者，想以此言为韪，但五弟性情稍流动，若谓不忍续娶，不妨纳偏房，由此又添许多魔障，转不如速续之为妙。男有一绝腐议论，谓男子悼亡，仍当体帖亡者之意。如绛妹志在读书、取科第，荔峰如念之，苟能补其恨。较之含敛、经忏为有益。想弟妇之贤，亦望五弟之成名。男不敢不以勉荔峰者勉弟也。弟妇之事，想已有信至惠州，尤须另作一信谢其寄项耳。周步虞先生之次子兰生自诸城入都秋试，鹤翁函托再三，周君执弟子礼甚恭，辞之不获，只得抗颜。伊仍住会馆也。五月七日曾叔岩等尚未到家，（子瑾并未改二等，研翁两次报升，问轩报一等皆伪也，岂以邑中赏报太丰之故耶？）想途中不好走之故，子瑾走时雨水更多矣。今年同邑公车到京，男应酬最周到。场后同郡公请一次，同邑公局一次，又自请一次，皆言尊也。叔岩、尊葵又在寓小饮一次，故诸君极为相得，想到家后必无不满之言矣。会试时年世谊同乡相好及门生络绎登门，坐客常满，彼时男既要用功，又复抱恙，似此尽力应酬，亦无可加矣。

蒋鸣轩住处，想在其亲戚祝家河头李宅；否则往太仓，伊意亦甚怕其本家纠缠也。蒋幼谷以拣发正指挥甲班，到班遂拣发中城，住贾家丙子行馆，时常往来。（吴年伯将公项所馀买置，甚小。）戴六品顶，分印结，仍可以选县令，亦计之得者，伊以其官猥杂颇不屑也。林笑峰、邱莲厓同分发广东，于十二日同车而行。伊必欲至常熟，曾托带一禀及阿胶（鼻烟）药丸等物。两人一车，地甚逼窄，不能多携物件故耳。林之病在粗率，邱之病在拘泥。办事则林有决断，世故则邱较圆通。笑峰居此颇相得，其直言规劝犹昔日，男颇受其益。至其粗鲁直率不通世故，则男方力规之，而又何至效其所为乎？此重慈之过虑也。

今年曾奉谕得假，可至兰若散步。而男实未暇，即考后亦未窥园。同年中颇有高兴者，如姚良庵、甘薪圃辈，兴致皆佳，汪鉴斋签分水部，（鉴斋萧然若寒素，盖力自收敛者，其用意良深。）已自不惬意，而工部堂官鲜两人同到署者，至今未掣签分司，（现已分司行走，惟捐免离河南省，尚须千金，否则扣选。）其意颇闷。甲班可投供，冀吏、礼二部，（三年中选。）若三年奏留后，则专补工部，而补缺甚难矣。此时选人拥挤，候选亦难。渠意明年必须回南，意兴萧索之至。

钱仑仙原名福元，乃高宗小名，十三日传旨，令改，（吴竹岩已补军机，续娶直隶刘侍御位坦之女，赘于其家，自宫室车马以至器用财贿，皆出于泰山，同人曾有馔房之举。）遂改名振伦，而廿二日放四川正考官矣。十四日严亲诞辰，备面数桌。（令客府郭姓者备办。年底慈寿及上元日皆然。）两代门生暨同年同乡来祝者颇多，（多不吃面而去。)惟广东门生之祝敬,(留京者十九人。)则受之,已足敷用而有馀,其馀则皆不受。十二日媳妇生日,广东门生亦来祝,皆辞之。六月中当仿此例也,十四日家中自可不备面。此地既受小门生祝敬,不得不备,亦各当其可耳。

廿一日忽奉旨停止召见翰詹,(不见抄报。)今日奉旨,廿五日起照前召见翰詹,计六月杪方得轮到。邓子久入对时,上问:汝去岁出差,正考官何人?以同书对。又问:翁同书即翁某之子否?又问:伊似年纪尚不大。对曰:年三十馀。上曰:吾非言翁同书,乃言伊父也。对曰:翁某年五十馀。上曰:吾记得伊不过五十馀,未至六十,何以不来?对曰:现在侍养。上曰:如此则伊尚不能来。可见严亲当差勤慎,日在九重记注之中。虽莱衣之乐,甚于朝衫,而江湖魏阙之思,何能无之?求忠于孝,移孝作忠,两念倚伏,不容偏废。伏望一切自爱,以副眷注之意。如夜宜早眠,宜养心力,治耳疾,勿谓沧江一卧,遂可以闲身自命也。书当召对时,亦必及之,只可随问随答,不能预拟。其冠服、角带、护膝、朝珠,当极慎重周详,勿以为虑。召见一事,或云为书房,或云为外放,(南斋现在无人,上意不必掌院保举。)书意以为延见词臣,储才之意甚广,亦不必定在此两途。得,固可喜,即他人得,亦可喜,盖毕竟词垣得以疏通也。今年不得差可预召对亦妙,且可以望乡会分房。若馆差,则必须年底始有望。

劬庵亲事本拟二十日,(薇研、劬莽、蕖田皆留馆,杨元白未来,张舒翰改县。)因俗忌五月,定于六月四日矣。女家以族长出名,用梁山舟学士之说,两家具柬各书,年家忝姻眷,郡某端肃顿首拜,无称呼。男宅书“恭求台允”,女宅回“谨遵台命”。一帖之外不备礼物,从俭朴也。王云阁已来,(伊送参丁须各一两,遇便当寄归。)匡俞臣未归,信已交之。新状元已四十馀,已还往,而尚未晤。今年三鼎甲之字,探花胜第二,二又胜元。然元亦深稳,似学张得天者,与时贤略异。今年殿试特严,披出一人未奏者尚多,馀亦不敢看。且中左门收卷处,特派护军统领二人,带翎顶者数十人在彼逻察,(是日惟收掌、受卷、弥封三项，人员及礼部司官二人在彼，馀皆赳赳者。）官员无职掌者一人不得入禁门。贡士交卷即出，禁人交谈，不得在外刮卷。曛黑即撤卷，不许补写，森严可畏。男以派收掌，得在彼遍观试卷，亦不能替相好出力。襆被宿主敬殿者三日，（文华殿之后。）读卷大臣在文华殿阅卷，又不得往观。日日昼眠，间至文渊阁眺望。至填金榜始出，甚属无谓也。

今年都中多雨，胜于南中，从来所未有。无论通衢小弄，皆羊沟矣。以上五月所书。近日因天暑，万乘违和。召见词臣，现又停止，每日仅召军机一起而已。闻昨日渐平复。六月廿六日。

吴吉甫捐州吏目，签掣第一，可谓大幸，然选贵州永宁州，缺苦路远，如何，如何？吴年伯考差完卷而已，断不能得差，足疾总不愈，闻决计引退矣。张仲远在捐输，例捐钱六千串，部中归入截取班，六千串化为乌有矣，可惜也。

【按】道光二十三年，翁同书充广东乡试正考官，副考官邓尔恒；道光二十四年，翁同书"充殿试收掌官，时奉命翰詹官轮对，得召见，问家事甚悉"[1]，因知此函写于道光二十四年六月二十六日，是年二月二十二日，翁同爵夫人杨氏卒，函中"五弟悼亡后……"即指此事。

据此函知，道光二十四年五月，桂文耀出任常州太守，因盘缠不足，曾向翁同书借银三百两，拟到任后归还；五月中，张芾（筱谱）升阁学；六月初四日，翁同书次子翁曾源与蔡氏订婚；六月二十二日，钱振伦放四川正考官[2]。

---

① 《翁同龢年谱·巽斋自订年谱》，第162页。

② 钱振伦（1816—1879），浙江归安县人，原名钱福元，字仑仙、楞先，号示朴。道光十八年（1838）进士，改庶吉士，授翰林院编修，官至国子监司业。同治进士钱振常的兄长，翁心存次女端华之夫，翁同龢姐夫。

道光二十四年八月初四日(1844年9月15日)

男同书百拜谨禀父亲大人膝下：

星垣太守之任，曾寄禀一函，朱提三百两。渠到后，恐未必即能归款。渠云：虽承让息金，然必当尽情，亦只好听之而已。六月廿六日，又从天成局发一禀。月底即奉六月七日书，欣悉一切。七月内竟因循未行肃复。七月杪又得六月廿八日手谕，知邱、林两君细述近况，上慰重闱之垂念。

男近体甚佳，自壬寅冬叩辞后，仅于今春服药两三剂，亦并未服丸方也。衣食尚能调摄，每日必略用经史词赋之功，入簾与否未可知。行装已具，一切当上遵功令，下禀庭训，不敢忽也。

祖母年高，慈亲事繁，均宜万分保重。媳妇恙不复发，大是可喜。惟五弟缘何忽得此疾，却勿轻视，宜减思虑、固本原，不应试亦得。伯父之证，似是石疸，今抄古方寄上，亦宜慎用，男心甚为悬悬，一月来颇妨夜眠也。男非特无躁进之念，并有过疏简处，它日问沈福可悉。圣躬已全愈，召对尚未有信。王蓉洲已歌鸰原入洛矣。黄子春之粤须经吴中挈眷，由潞南下。拟遣沈福附便而行，并寄一箱，仍须帖补盘费耳。肃此禀复。若初六不入簾，当详禀也。此请重闱福安，不庄。同书谨禀，八月初四日。

【按】"自壬寅冬叩辞后"，指道光二十二年十二月，翁同书叩别父母入都[①]。伯父，即翁人镜，字郎若，翁心存伯兄，道光二十四年十月二十四日病卒[②]。据上文道光二十四年六月二十六日

---

① 《翁同龢年谱·巽斋自订年谱》，第162页。

② 《翁心存日记》第二册，中华书局，2011年6月，第588页。道光二十五年十月廿四日日记云："先兄期年忌日，往奠，不胜悲戚。"翁同书等《先文端公年谱》道光二十四年云："十月，先伯父郎若公卒。"《翁心存日记》第四册，第1857页。

函知，桂文耀（星垣）曾向翁同书借钱三百两，拟到任后即归还。因知此函写于道光二十四年八月初四日。

道光二十四年九月初七日(1844 年 10 月 18 日)

男同书百拜谨禀父亲大人膝下：

八月初五日发一禀，十九日即奉七月廿三日手谕，以送场接场预备召见等事，遂复久稽禀复。来谕极言望信之切，而男之怠惰如故，尤深悚仄也。星垣太守想俟谒制府还措银，并信归款。今年连得差者亦不乏人，而人多缺少，扬觯者正复不少，湘坡竟与分校，男即春闱不得，亦无瞢焉。

昨补国史馆协修，自当勤于职业，初三日召对，仪节无误，外间颇有誉之者。然外转究竟不愿，温树则益不敢望也。至于安分立身，敢不时以自勖哉！笑峰行后甚寂莫，蓉洲赋鸰原而入洛。同邑周杨李场作皆可望中。吴年伯六旬，同邑制一幛公祝，（吉甫十八日动身，挈其一妾，因其夫人方孕也。）几逢彼怒，大指谓吾子非京官，无做寿之理，盖其胸中抑郁所致耳。汪鉴斋意兴少佳，其欲归乃避奏留，以冀选吏礼。若留本部，则补缺无期矣。

南中盛暑，祖母大人高年多疾，甚为驰念，未知近日益臻颐健否？参须当令沈福带回，黄子春既缺盘缠，又因妻孕，行期总在腊底春初矣。严亲多痰，慈亲患嗽，均宜善自珍摄。媳妇胀疾平复可喜，五弟不试无妨，其疾已愈否，念念。六弟、曾文除时萩诗赋外，似须略知史事世事，阅《通鉴》看邸报为要。

伯父得此奇疾，乃在本原，未知祝由能療否？曷胜愁闷。荔峰场作想佳，伊与二兄钱氏昆仲，若中其一，则可慰此间岑寂矣。男八月杪伤风两三日即愈，奏对时声音清朗。体中近日甚健，惟应酬极繁，笔墨亦繁。粤中门生多送文来阅，未免虚耗心力耳。陈贵患病一去不来，沈福将往津门看其弟再回南。陈、赖两仆又皆有家，时时言归，势须家眷到后方能整齐耳。肃此禀复，敬请祖母大人暨父母大人福安。五、六、端弟侍佳，并问媳妇好，子侄辈好。九月七日。

九月初三日寅初二刻，恭赴宫门递折片。辰正上召见于勤政殿东暖阁。上问：汝是编修？对：臣是编修。问：汝也是庚子科进士？对：是。问：汝想来是庶吉士留馆的了？散馆是一等二等？对：臣散馆二等。问：汝自然是二甲了，二甲第几？对：二甲第十七。上曰：甲第甚高，尚是前二十名，朝考自然是入选的了。对：朝考入选。问：考差几次？对：考过两次。又问：连今年两次？对：是。问：汝上年得何差？叩头奏：蒙皇上天恩，放广东试差。上曰：汝放过广东试差？汝是正考官抑系副考官？对：臣是正考官。问：副考官是谁？对：副考官邓尔恒。上曰：就是邓尔恒？问：汝父现在在家？叩头奏：臣父现在在家。上曰：是告养亲回去的？对：是。问：那一年回去的？对：道光十八年。上以指轮算曰：回去也有六七年了。对：是。问：上头有祖抑有祖母？对：有祖母。问：汝祖母若干岁？叩头奏：臣祖母今年八十六岁。上曰：已经八十六了。汝父今年若干岁？对：今年五十四岁。上曰：才五十四。问：汝是南边生长的，是这里生长的？对：臣是南边生长的。上曰：汝倒是在南边生长，后来方到京的？对：是。问：汝弟兄几人？对：臣有胞弟两人。问：读书否？对：臣弟一系文生员，一年纪尚小。问：汝家有在此下场者否？对：此间无下场者。问：汝弟呢？对：在江南下场。上曰：然则汝家此间无人下场？对：是。上又曰：汝两弟想都随你父亲在家，此间只你一人。对：是。问：办事与否？对：未派。问：撰文亦然。问：在何馆？对：国史馆。问：是纂修协修？对：协修。上曰：汝未得纂修，资尚浅耳。对毕出。

【按】道光二十三年，翁同书“大考二等，应广东乡试正考官，副之者邓编修（尔恒）”；道光二十四年，翁同书充殿试收掌官，九月初三日，并得皇上召见；是年，翁同书充国史馆协修[①]。知此函写于道光二十四年九月初七日。据此函知，道光二十四年九月，黄子春妻子已有孕，尚未生产。

道光二十四年十月初八日（1844年11月17日）

男同书百拜谨禀父亲大人膝下：

九月初七日由天成发一禀，嗣于中旬得八月廿七日谕函，敬悉重闱绥燕，忭慰奚如。杨钟鲁旋里，附致五弟数行，并嘱其口道一切，想可藉悉京邸近况。京闱分校，庚子居半，大为生色。男循分供职，并无荣利之念。寓中甚寂，体中尚佳，不烦药饵。饮戒未开，食亦甘淡，自当加意调摄也。子春境窘行迟，其室尚未育，只得令沈福先行矣。

祖慈精力渐逊，两亲仰事俯育，亦形劳惫。男每静坐驰思，殊觉远离之日已久也。至于矜惜名节，慎重言动，断不敢贻堂上之虑，此则可以自慰而自信者耳。伯父得此奇疾，深为焦虑而无如何。五弟恙不复发，甚为可喜，须畅开怀抱，养此身为有用之身。郁郁固不可，悠悠亦非是，幸以男意劝谕之。六弟、曾文诗文、字迹均好。此时须日日有进境乃妙。总之，材质均不在男下，若肯好学，必当有成耳。专此肃布，敬请祖母暨两亲大人福安。同书谨禀。十月八日。

本拟少湘梅莽若中，可以计偕时托其送眷，今则自须略缓。若三月初动身，此间到时约在春闱榜后最佳。曾文健，可留家。如渠必欲来，或祖慈令其来，亦可三仆一媪一婢足矣。（如沈福、唐安来，只消再添坤二等一人。）如唐四来，亦不必再用跟车人，徒增繁费也。京寓不能不换略大者，且此屋亦不佳，沈福当能言之，最妙。忽奉恩旨授

① 《翁同龢年谱·巽斋自订年谱》，第162页。

浙中一郡守，然此必无之事也。（新放之人皆壬辰，或有可望，且奏对亦无误，闻同列中有在帝前误称门生者。）

寄归碑刻数种，内多新出土者，如魏刘懿、隋宁赞二碑尤佳，或一示吴筱翁，俾簪诸录。又新见洛阳出土钱俶一碑，拟录其副，未知钱氏家乘曾收入否。

六弟、曾文诗文今即寄还，其文未能胜。男十五时赋则过之，但记男十六岁颇用功，大有进境。如伊等用功亦当大进。沈福已给伊盘费卅金。

秋闱磨勘试卷，又蒙朱笔圈出。戊戌仅钮福保等两三人，庚子仅四五人，（书及庄受祺、车顺轨、王祖培。）误开分房之周炳鉴适圈出，清秘堂及仪曹皆检举。辛丑派出十四人出榜，次日即须到朝房当差，嗣后又有三四次。今年此等差使转得三次，同年中有并此未得者。

【按】道光二十四年夏，翁同书伯父翁人镜得石疽之症，十月二十四日病卒[①]。据上文道光二十四年九月初七日“八月初五日发一禀，十九日即奉七月廿三日手谕，以送场接场预备召见等事……”一函知，是年九月黄子春夫人已有孕，即此函中所云“子春境窘行迟，其室尚未育”，故此函写于道光二十四年十月初八日。

道光二十四年十月初八日（1844 年 11 月 17 日）

接读另谕，本拟将欲寄之物酌留，适沈福云伊必须坐三套车，因念此箱可以携归，不值再分晰去留，故即令带归，想亦不至拂重闱之意也。至虑及丙午考差得否未卜，长安索米，诚非易易，然亦只好听

① 《翁心存日记》第二册，第 588 页。

之而已。家中置田以备打会，极是，极是。图处之纸当俟提及时取回，仲眉诚不可靠，然数年情分，则不可忘，男亦无甚要事与之交涉也。俞德茂茶行已关闭，而程氏乔梓则颇怨俞二先生。然毕竟俞氏吃亏尤甚，无人在京，而有此经营，本属不妙耳。至屈氏之项，则非经手人之过。盖敏翁之银本利号十馀万，其能还者已还，不还者亦无可追偿矣。其失计固在无人在京，然即如今年，遣戍伊犁之兵马司某本系穷人，又有此事，不已付之东流哉！

今年各省闱墨俱佳，浙省得名无，江南亦尚佳，（今年题江西"见善如不及"三句，广东"君子而不仁者"一节，次"洋洋乎"一节，不好看。贵州"父母在不远游"一节。）如谢老七，不可谓非文章好手。庞世兄竟中，（伊近学时即知其为中。）实为可喜。今年南北共得五正二副。（湖北"三仕为令尹"至"何如"，湖南"乐道人之善"，山西"攻其恶"二句，河南"好之者"二句，山东"君子无终食之间违仁，造次必于是"。）戊子以后所未有，而二兄又落第。如何，如何！北闱毕竟容易些，如真系极用功人，总可望中。而里中人又惮于远出，为可惜耳。

惺庵先生长君伯蕃捐知州，由国史馆誊录议叙铨选到班。既选后又不愿往，而愿再试部议，不准。反觉行止两难。今年老四文甚佳而又不中。大员子弟未中者，独东海耳。许滇生先生之世兄捷浙闱矣。此君书法甚佳，亦未可量也。蘅畦先生捐免参罚一折，早经议驳矣，不必再托人细查也。汪鉴斋前日见过，大是无聊。据云衙门中清淡，而习气又不好，又如画稿等事亦不惯。明年当暂归，以待将来之选，方为合算耳。

前日在琉璃厂买得明洪武三十一年海虞朱燧（住十三都潭泾上）手钞元人赋三巨册，（朱燧，字子新，自称海虞朱燧，有海虞逸民印、笠泽隐渔印。）名曰《至治之音》，皆元人试赋及杨廉夫赋，共将及二百篇，内有百三十馀篇未经《赋汇》收入。查《赋汇》凡例，称宋元无专书，未免星漏。又查《简明目录》集部有杨廉夫赋名。《丽则遗音》仅卅馀首，（内有《荆山璞赋》五，此有其三。）不知何人绫裱成三册页，外有紫檀盒。(字不佳,系草书,多误字。然字虽恶劣,却系能书人不经意之笔,纸类元板书。)男以十一金得之,计尚不敷装裱之价。(每册七十馀页,皆裱边裱楠木,底面且刻字。)每册皆跋数语,是元人入明者。曾见铁厓先生,不知邑志中载其人否?或有他书可考否,(《爱日藏书志》已查过,无之,或《敏求记》有之。)便中乞示知。其中所载玉临殿、广寒殿、会通河、角端诸赋,亦有阙故实者也。(跋称抄自西禧楼君文渊家藏巨册中。)

史馆曾两至,(磨勘一次皆免议签,而冯遐园师挑出一本,涂改不符罚科,原勘官免议。)现撰荆州副都统喀勒崇阿传,系属小传,以后当有稍大者。闻管椒轩一传当为执笔也。同年黄君麟祥赴玉楼之召,帮项甚大,男写廿四金已属至不可少,(有出六十金者。)此等正不在常用中也。粤东咪夷已说明,闻又有佛兰西四舰至澳,(粤东近日曾到四百□□。)声称欲行十字之教于金台及行省,不知此说果否?川中猓夷不甚安静,想尚曷制河南流民甚多,愿宣房早蒇,俾中泽之鸿得以安集耳。开捐之数甚寡,已略展限,许银呈并交。仕路济济,而不足以裨国用,如何,如何。

五少奶奶之葬事,亟应乘此冬寒而举行。或别都吉地或权厝北门等处。曷不谕五弟,令其早为裁度。至五弟悼亡虽切,亦应散遣为是。如能翻书作字,皆散遣之第一妙法,若吟风弄月,又恐有流弊耳。此乃男爱弟之言,想五弟亦以为然。男每清狂妄想:若得视学近省或外放皖浙等省,亲朋弟兄得以聚首,岂非乐事?而资浅年轻,又非更换学员之时,能无有郁郁居此之意耶?吴妈曾来两次,初则略加犒赏,既而遂即借贷,业已塞其请,而诫其勿复来矣。然眷属来,则渠必继至矣。

陈贵忽生鱼口疮而去,此必不安顿所致,久无确耗。其兄仍在鉴斋处,已取其妻至京矣。此间聋丞司阍尚稳实,赖升日在醉乡。今已令沈福之妻舅张福者来此当差,喜其无家眷可以看屋而已。寄归之物在箱内者,先以单寄呈,(鼻烟可用,官燕则诚不可用也。)不复开帐。（内洋布等物此间尚有，明年亦应有送者。）外有人参一两，系王云阁临出京时所赠，（到山东。）又新买皮靴一双，真挥夹领一条、水獭尾一条，均希收明。又南华菇两匣，去年在粤特买以备寄归者也。《圣武纪》两套，（以知州先赴江苏委用，由中书加捐。）本年贡士邵阳魏源所编次，颇有可观。伊又有一书曰《海国图志》，乃林少穆译出夷书，澳门新闻纸之类，魏源用以编辑者。大恉谓制夷，当用坚壁清野之法。海中可用咪夷、佛夷以制之，陆路可用俄罗斯、廓尔喀两处出奇以捣之，属国可用越南、暹罗以牵制之。一家之言，未必遂为至论，而其书则奇书也。索价六金不可少，恐南中有卖者，故不复寄矣。六弟、曾文，文笔稍嫌其弱，当扩其所见，诗赋当学，性理典制故实等题学抬头为要。今寄归《玉堂鸣盛集》一部，且可钉好，两人合看。家中似尚有一部，此间潘师处并无馀矣。本衙门召见，明日已竣，后有詹事府十许人而已。前日由天成寄回一信，在杨钟鲁去之前，其信太大而厚，虽加信资，尚恐其有失误，不知已到否。

男近日颇能习静，用功看书，习楷作赋，意谓明年若有大考，则可以无虞耳。伯父病势既重，深恐人力不能挽回，真万分焦虑之事也。汤大世叔告养回京，已经见过。敦甫先生精神尚好，求书者太多，近亦有厌苦之意，然犹每日书数联。此间诸事可细问沈福，纤悉具知矣。男亦深欲其归，一则可细禀一切，二则可备明年送眷也。盘费给以卅金，亦不为少矣。王蓉洲留滞河南，恐误试期。景况如此大为可叹！姚湘坡分校以来，意兴尤佳，东邻则益侘傺矣。京中近日稍冷，然亦只灰鼠狐腿耳。此禀。今日陈七年伯为其太夫人寿。十月初八日。

【按】此函无抬头，据函中内容语气，知此函乃翁同书写给父亲翁心存的家书。道光二十四年二月翁同爵夫人杨氏卒，道光二十五年三月，翁同书夫人携子入京，函中云“明年送眷”，故此函写于道光二十四年十月初八日，疑与上文道光二十四年十月初八日“九月初七日由天成发一禀……”同时发出。

据此函可知，道光二十四年十月，汤大世叔已告养回京。

道光二十四年十一月十八日(1844年12月27日)

男同书百拜谨禀父亲大人膝下：

前月中旬得九月中手谕，久拟发禀，而因循未果。前日又接十月廿二日谕函，知九月初一禀已达。又闻周立庵说其弟南旋遇雨，廿一天始到王营，沈福车轻稍速，计今早抵里。寓中近况垂询可悉，其带归之物，想已收明。王云阁所送之参，似尚佳，其参须殊平常也。皮领二，皮靴一，想可用。骨种羊帽檐当再寄。松子仁，未知佳否？箱中物件，祈即照男前单分开，洋布被面饭单等，此间尚略有之也。史馆仅作小传一篇，现在将纂文苑、(如陈祖范、顾镇等可立传，但须具志状，私传著作及经进书提要等。)儒林、循吏等传，(先大父系校官，虽祀名宦，未知将来可立传否。)或得操笔，亦未可知。至作传自当按照旧式，且具稿后尚有覆辑之员。至于缮写后校勘，则中翰职也。昨日磨勘第三次，江浙、江西、两湖、福建六省试卷分得十二本，除逐卷签免议外，签出应议三卷，湖南一，(重用荐条。)江西、湖北各一，(皆誊录草率。)俱与考官无涉也。

寓居太窄，街道沟渠亦不佳，必须移寓。已看得棉花头条胡同一所二十馀间，每月租钱京钱三十三千，上房亦只三间，旁小屋略多耳。(会客小三间，门房等三间，厢房内外东西两间，另有别院，屋尤破碎。)取其朝南有车厂，然以胡同不好，(然可以延师，并做厨房，则够住矣。)尚未定。此时京官正途，赀郎倍多于昔，故觅屋愈难矣。薇客忽迁居南柳巷，月租六十五千。屋极宽大，上房两层铺地板，绝似南方。闻风水不甚佳，伊移居后小恙，尚未出门。伊眷属二月初可到，仓仙则尚未到也。

此间自沈福去后，派陈升管帐本，（陈贵未来，想尚未愈，即愈亦断不可用。吴妈母子两月未来，陈福尚在汪处，不过望潘宅转荐耳。）极妥适。而赖、张二仆时掎扢之，致陈升不肯管，昨日跟姚老四去之。李升忽而回京，问知从河南（饷差）告假而归，满口姚主人，比跟惠州守之张福尤可鄙。伊求赏饭，男已言不必，而陈升忽因与张福口角告假，只得唤李升来矣。（大约张福之为人亦不甚妥，故谢方斋处亦不久而散。）拟俟家眷来，将帐目归上房，方为妥致也。（撞骗者却无，亦不至受其欺。）

祖母大人精神虽减，在高年究为颐健。两亲大人侍奉之馀，亦宜调摄。玉甫之恙若不除根，总为可虑，在自己保养耳。伯父之病，惟祝由佳者或可愈，勿以为迂诞也。眷属来时总以三月初为妙。一则天气未热，二则水潦未降，三则车价正平。此间移寓，总在二月，自已布置妥帖，即家眷到京分房未出闱，亦无妨也。专此肃复，谨请福安，不庄。同书敬禀，十一月十八日。

河南河工腊底春初可以合龙，高宝已塞。闻山东、江南一常行者有戒心。明年家眷来时，想须大车三四辆，联帮而行，自属无妨。下人则沈福、唐安、坤二、唐四足矣，女使须一婢一媪为妙，倘坤二之妻可以同来，亦似两得，然必其妻肯伺候、吃工食而后可；否则，宅内无挈眷闲住之理。如肯伺候，则此间或拨寓中闲屋一间，以处其夫妇亦可。若已多子息讨厌或另有难处，则亦不必矣。总之，有此意而俟重闱以下酌之可也。来时若从水路，则较安而稍迟，或自清江过坝，在杨庄另雇小太平一只到通，计亦不甚费。若嫌水路迟延，则径由旱路亦可，跟车人若即系戊戌所用却可得力。若用行中人，则大抵皆游手之人，并恐有误，转以不用为妙。其在家中动身时，若嫌太平船太笨，或即雇常州东门埠蒲鞋船略大者二只，（无家眷者，平门花蒲鞋则雇不得也。）似甚稳便。再如有至亲等能送来更妙，但难其人耳。旱路或用太平车或用大车装成太平车，稍费无妨，馀亦不能悬拟也。壬寅冬进京雇车不妥，多费百馀金。此事沈福不甚在行，或唐安较切实耳。

男在此循分供职，并无奢望，且即奢望，亦先能有倖获，即如召见外放，皆出特达之知，与掌院并不能为力。闻保送尚书房有定徐士穀、江国霖之说，亦不知确否？至保送河工，已注明不愿。闻定保胡春江同年光泰矣，其人才具优长，局面亦开展，有用才也。史馆须纂修方有月费八千，现在协修三四十员，男名在末，不知何年方得补纂修。而协修之拔补纂修者，必须功课较多，方为合例。奈功课无从到手，有经年不得撰一传者。三六九日到馆闲坐，两三时吃饭一顿而散，如是而已，非浴德之可比也。

寓中用度，此时原不甚繁，惟应酬甚多，姑以近日言之，除黄同年麟祥帮分廿四两不计外，董给事宗勉、王同年祖培、李同年希郊、汪水部体孚等，俱做寿。姚同年近韩、（良庵已改捐知县，其人甚浮。）李同年载熙俱丁艰。（须略重。）张同年楫小儿完姻，宋同年载赓断弦，李浩生续娶，吴蓉卿嫁女，祁竹轩师开吊，又加以诸师生日，（廿三日汤中堂寿辰。）偻指已三十馀金，真应接不暇矣。请客除前月同年一局，费京蚨二十千文，以后并未请客。近日扰人太多，拟治一席，招汪鉴斋、黄子春、张老六，（南山先生子，某科孝廉，工部郎中。）暨程年伯诸人一叙。

子春已举一女，大约腊底可行，然闻其夫人体甚弱小，严寒就道，行橐不充。乃知寒士虽成进士，亦复楚楚可怜。陕蜀题名等及零星物件，当托其携带耳。陈贵冬春之际尚不能来，来即遣之，岂肯姑息？此间尚少诓骗者，不意南中汪元祥屡见，可谓胆大矣。少湘几得复失，固属可惜。然男每见里中年少轻浮成习，为男子身，生士大夫家，而不肯种善根，培阴德，未必不以此损福。即如覃叔，以饱学美才，屡踬场屋，亦安知非口过太甚之故？第得意之人，亦未尝少轻脱之流，独同年匡鹤泉源骨重神寒，如璠玙之可贵，将来同谱中可入相者，此人而已。汪世叔报闰选庆阳太守，壬午年丈，惟罗萝村先生以阁学权侍郎，骎骎向用。滋园、钱桥两年伯秩较崇，然尚濡滞。李吉人京尹架子颇大，(相待却尚好，曾招饮，亦曾偕邓子久公请伊。)一监顺天秋闱，士子怨之至深，如龙子嘉前辈汝言之子以挟策下吏，必使荷校广场，亦属过当也。顾杏楼截取，现已首选云士年伯，(朱化山已卒。)以京堂降为主事，尚带处分，郁郁不得志，随波逐流而已。

梅伯言丈有西河之戚，赫耦香丈在仪曹，尚高兴。周蓉初丈亦得意，(蔡季瞻丈亦常晤。)其弟矗新科庶常也。曹同年兴仁在西曹多年，忽遵捐输例，改知县，殆闻金同年之风而起者，然需次尚早，祢不足以糊口，亦属不得已也。陈美文到江右，即分校，当能出色。莲厓笑峰无书来，不知如何耳。十一月十七日夜，漏下十刻又禀。

琦侯在藏，奏办诺们罕一案，未知若何？闻该诺们罕婪贮不可计，威侮达赖喇嘛，殆亦彼中人所共愤者耳。

粤东各处俱安静可喜，想国家柔远有方，莫不震叠矣。楚南事蒇，械阳大鹏至都。伏辜阳大鹏者，诸生欧阳起鲲也，闻其人尚非敢于犯上者，殆地方官办理不善，铤而走险耳。廷鞫时赋诗，有“书中滋味心常领”等语。守令亦皆被议，不为过也。秋审决囚，一囚已句到，赴市呼冤。司寇止辟以闻，乃得苟延旦夕。其实无冤，盖一山西人为一医者欠伊京蚨百馀千，追医入病人家，其家启后户医遁，因伤病家四人，斃其二。此犯甘伏法，而必欲追欠，殆所谓要钱不要命，可发一笑也。

汤大世叔以凤翔美缺忽而告养，不知其意。到京已见过，晤时极颂其孝思而已。黄子春前夕举一女，约年内可出京。吴蓉卿于月之廿六日赘李灏生于中街寓，想未免累及伟翁。长安居大不易，似亦非久计也。谢方翁景况虽窘，而开坊名在第三，且为国史馆提调，居然资深翰林，(已得御史，十七日又禀。)现有一御史缺，或可得。周鹤侪丈调长清，兰生中副榜后，鹤翁信来，(须又寄二十四金，非感激不至此也。)几于感激涕零。据云明年拟遣兰生到京，依傍门墙，而兰生现赋锦瑟，亦拟在都续娶也。(闻杨孝廉沂孙为研芬先生之女议姻。)陶鹿厓年伯有公刘之好，而兼坤道之吝，在浙则结弹章，在津则拂众意，引见后竟有察看之命，左迁督黔粮，殊郁郁矣。舒厚斋年伯未出塞，而复再为鲒埼写之，彼终不知其运稟若何。林君逢年以治事乖谬，侵冒捐款为大府所劾，恐不止于落职也。谢辛庵帅闻已从竹西入都，想其病无妨。前日晤江晓帆前辈，据云李麓源大令向辛翁转述大人言，子弟无就试者，而官卷中却有一本几中，仍斥者名同德，书告以嫡堂兄，相与婉惜而已。浙主司至今未至，校向年为迟。浙元文多言其不佳，而曾薇客极赏之，恐是门户之见，钱仑仙四川题是“敏而好学”之句。今年蜀中必有得人之目。前寄归之碑数种，（似可与伯兼小轩露城诸老一观。）却有可喜者。近又见六朝唐宋数十种，其人仅有一本不能觅得。此种日出不穷，如洛阳、同州、长安等处，年年有出土者，惟名迹甚寡耳。《圣武记》不知南中亦有印卖者否？《海国图志》此间已卖尽。魏默深今在江苏或吴中亦有其书，其实亦不足观。邹衍谈天，难诘其实也。《至治之音》三册，恐藏书家所未觏，然亦止元时科举学耳。朱燧倘有可考，祈示知。明年公车来时，祈将顾虞东、（并三家文钞。）邵松阿、冯伸廉古文寄来。（公车带书应无不可，将来家眷来时，如《十三经注疏》《仿宋通鉴》等书亦望带来。）十一月初六日同书又禀。

即可以此纸致吴处，不必再誊。闻吴筱轩先生采辑金石，兹有数十种俱曾借观，录其目以奉寄，如蒙采入，亦可以广闻见，续有所得，当再寄。

北魏：

老君洞长乐王邱穆陵亮造像记。（亮见魏祭比干碑阴。）太和十九年十一月邱穆陵氏，后改穆氏。

北海王元详造像记，太和廿二年九月，元详从南伐，见《魏书》，故有“亲统六旌，南伐萧逆”语。

比邱惠感造象，景明三年五月。

广川王太妃造象，景明四年。
孙永安造象，熙平元年。
齐郡王祐造象铭，熙平二年七月。
吴高黎墓志，孝昌二年。
石窟碑，孝昌三年。

西魏：
龙门山造象，大统三年。

唐：
造象铭，永徽元年。
刘元意造象记，又造象记，龙朔元年。
张君铭，乾封三年。
王留墓志，仪凤四年。
市香行社造象，永昌元年。
大周故润州刺史王美畅夫人故长孙氏墓志，大足元年。
卢八娘墓碣，长安二年。
孝子郭思训墓志铭，景云六年。
王庆墓志铭，开元九年。
大德珪和尚纪德幢，开元十三年，陈去非隶书。
薛府君夫人裴氏墓志铭，开元十四年二月。
某禅师墓志铭，杜昱撰，廿四年。
尼惠隐墓志铭，廿六年。
大奉国寺故上座龛记，天宝四载。
黄府君夫人刘氏龛铭，刘庭珍撰，天宝十三载。

宋：
钱俶墓志铭，端拱三年。

文彦若墓志铭，张刍撰，皇祐三年十月。
崔夫人墓志铭，治平二年。
赵宗道墓志铭，熙宁四年。
达大师塔记，宣和五。
韩恺墓志，韩琦撰并书，嘉祐七年。
以上皆河南出土。

【按】翁同书家眷于道光二十五年春入都，此函中“明年公车来时……公车带书应无不可，将来家眷来时”，知家眷准备次年入都，函中另述及翁同书开始为来年眷属入京做准备，知其写于道光二十四年十一月十八日，道光二十四年十一月初，黄子春喜得一女，准备腊月底起程。

“即可以此纸致吴处……以上皆河南出土”一纸中所列碑目与此通中“近又见六朝唐宋数十种”相合，故附于此处。

道光二十四年十一月二十五日(1845年1月3日)

另谕云云，敬已领悉，伯父得疾大奇，理不能瘳，惟冀冬间可以无恙。今闻噩向悲痛实深。窃念伯父一生忠谅，虽享年不可谓不永，而不当婴此奇疢，以戕其生。书之事伯父也，虽于敬长之道未尝敢违，然亦未尝有加厚之事，及今思之能无痛耶！身仕迩列，仅能随俗，微特东汉去官之例不能从，即《通礼》所载，亦难勉跂，惟有月内罢宴乐，一年内不听音乐为酌其宜。京朝官亦有贴期服字于门之制，然似可不必，仅于名片注期字，以缟带元服表诚而已。若出门应酬及差使，固不致以此废也。

重闱高年，睹此不顺意事，自深悲怀，切宜宽慰，即严亲手足情重，亦宜达观自爱为要。丧中诸事丰杀正得其宜。（书应否再寄奠敬，乞示知。此时因无便也。）惟云樵廪缺既开，一切自形支绌。书院阅文须早谋之，否则捷足者先得矣。今日汪体孚做寿，明日吴蓉卿嫁女，均托疾不往，正觉胸中作恶不止耳。十一月廿五日同书又禀。

【按】道光二十四年十月二十四日，翁同书伯父朗若公翁人镜病故[①]。因知此函写于道光二十四年十一月二十五日。

道光二十四年十一月二十九日（1845年1月7日）

男同书百拜谨禀父亲大人膝下：

十八日由天成发一禀，廿五日接初二日谕函，敬稔重闱康吉，快慰下忱。钟鲁行时，沈福行期尚未定，故信中未提。约初十左右，沈福亦可抵里，带呈之赋一篇，曾蒙潘师评奖，然实薄弱，聊以试笔耳。接眷事已具前信中，婢媪必须雇妥，磨勘尚有边省一次，史馆委蛇而已。一麾固非所欲，即作是想，亦在天恩，（若蒙外放，亦非本人不愿所能辞。）并院长亦无能为力。男从未有所干于院长。湖州宋黉已归，其卷即男磨勘，有小疵而隐之，卒为冯邀园师磨出添注，不符罚科，真属已甚。潘师精神甚好，其识度浑然，亦自有定力。惺庵师稍愈，闻已由袁江北上，其长君伯蕃选官而未往。今闻惺庵师病，驰赴江南矣。仑仙典蜀，试文甚佳，然尚不及黔。何子贞名下无虚士也。仑仙寄薛涛笺八匣，臧香两匣，巴缎一付，郁金两匣，俟新正托子春带上。肃此禀复，敬请祖母暨两亲大人福安。同书谨禀。十一月廿九日。

---

① 《翁心存日记》第二册，第588页。道光二十五年十月廿四日日记云："先兄期年即日，往奠……"

【按】道光二十五年春，翁同书夫人携子入都，函中“接眷事已具前信中……”说明此时尚未入都，知此函写于道光二十四年十一月二十九日。

道光二十四年十二月初五日(1845 年 1 月 12 日)

立嗣一层，事属可骇。(必有纵臾之者。)细思之，亦无不可。祖母见性之周匝，真不可到，凡事自有命，(人有修身，名不就，宦不达者矣。)乌可以人力与乎？然京师士大夫多若鲫，尚多不知礼者，况委巷耶！成事不说，夫复何奇。来谕所云亦终属一样旨哉言也。书若在家直言之，贸言之，或二兄能听之耳。明年万寿覃恩，不知元旦颁诏，抑俟十月。男欲以本身封典貤(赠封)伯(父母)，似可毋庸再问伯母，盖问则又恐推辞，况从前此说，伯母意似以为可也。至外祖父母曾请七品封，将来俟男稍有进步，再请貤封可也。男又禀。

【按】据下文翁同书“上年嘉平月祀灶日，沈泰由京旋里……一函”，知“万寿覃恩”，乃道光二十五年；又道光二十四年十二月初五日，翁同书致翁同爵家书中亦有与此通内容相近之处，如云“明年万寿覃恩，究不知元旦颁诏，抑俟十月。兄欲请貤与伯父母”与此函中“明年万寿覃恩，不知元旦颁诏，抑俟十月。男欲以本身封典貤(赠封)伯(父母)”乃同一件事情，故知此函写于道光二十四年底，疑即十二月初五日。

道光二十四年十二月十九日(1845 年 1 月 26 日)

男同书百拜谨禀父亲大人膝下：

月初接十一月十七日谕函，敬悉重闱安吉，并知沈福带呈信件均已收到，深慰下怀。蒙谕各条均当遵行。书身体自能保重，寓中诸事现令李升经手，究比新用之人为妥。赖、张两人服役尚可，聋丞心多猜忌，一去不复来矣。沈泰自津门来住数日，询伊约略可悉。星垣太守信来，云：前项稍缓时日，即当送还，想岁底必当料理，仍望祖母大人暨两亲赏收，以慰微忱。倘有外加息金，则可给与媳妇耳。肃此禀达，敬请祖母大人寿安、两亲大人福安，并贺阖家年禧，同书谨禀。华阳大拜潍县参知，近日事也。十二月十九日。《朱子新事迹》与册中跋悉合，惟无收藏印。

另示敬悉，参据王云阁云是佳者，不知如何？云阁以教习期满，得县令。又遵捐输指省分发山西，人稳而性吝，叶唐师亦不满之，云我取伊教习第一，外间颇有怨言，而彼颇从省啬，即常费亦不肯出，其为人大略可知矣。（来时住一车厂，其陋不堪，却又遣人迎两妾来，分发后高车顶马。）此时各省人员拥挤，绝无请拣发者矣。部员如唐兴仁、董平章、宁曾纶、邱璋诸人皆改县令，约费千馀金，而选不甚速，其他途尽失，县令又大为部员所碍。目下捐输纷纷，非特选法紊，即捐例亦紊。有极便宜者，有极吃亏者，甚至有竭力张罗报效，如以石投水者，并无成例。前谕寄一例本，遍问诸人，俱云无之。魏刺史持论之偏，诚如来谕所云，《海国图志》赵黄善振祚处已卖完，容再问别处。钦州隋碑当为粤中金石之冠，朱燧子新竟有可考，亦一乐事。跋中“家舅雪斋”云云，悉相符合，想即荛圃黄氏所藏，却无黄氏图章，跋语朱自跋，有笠泽隐渔印，益可印证矣。六弟赋偶忘寄还，尚在案头。箱内小有不符，系开单后添入。鼻烟两小瓶最劣，想即澳门土伍送一匣两瓶者佳，潘送者真无味矣，而诡称无上妙品，何也？洋绒单非贵重之物，此间尚有一条，可请祖母用以铺床，不必宝惜，因喜其可用，故特寄归也，不用转恐蛀损，可惜矣。被面等物原请慈亲分送人，或自用者，以半与媳妇则太多矣，（此间尚略有之。）或以分送岳家亦可耳。红夏布可送人，或仍收在母亲处。此间尚有一匹留与媳妇也。

朱卷等容理出寄归。

眷口到京，器用固少，而为人借去者亦断难取回。（徐处铜炉或可取。）男已买人一单，约京钱五十馀千，皆粗桌凳，外间下房已够用，拟再买略整齐者，约京钱数十千文，则足用矣。来谕细及老宅诸事，可谓斟酌合宜。里中诸费，结习难破。至于佛事，亦自难废。沈福此次缴还十金，乃出京时所借，在卅金之外，（据云为其父买一羊表。）言明到家缴还者，自可收之，计此项约洋钱十三元，可否将十元寄奠伯父灵右，（佛事无益，却不必多做矣。）剩下三元，另添三元，凑成六元，赏给沈福以酬其劳，似为两尽，祈酌示。（杭城大火，起杭嘉湖道署，延烧至陈钱桥年伯家而止，惟勾山太仆手迹仅存。）海州请入祀名宦始末及先祖志传等，乞抄寄。

【按】翁同书伯父翁人镜道光二十四年十月二十四日卒[1]。道光二十五年春，翁同书家眷入京。函中所云“眷口到京，器用固少……”是为眷口到京之后做准备。因知此函写于道光二十四年十二月十九日。

道光二十五年正月十四日（1845年2月20日）

男同书百拜谨禀父亲大人膝下：

上年嘉平月祀灶日，沈泰由京旋里，带呈一禀，未审何时甫能达览。嗣于廿六日接奉谕函，敬悉重阂康豫，阖室绥和，无任欣慰。游文讲席正可藉以销闲，亦未必无后起秀髦可以教育者，惟卷子虽不甚多，遍加评阅，亦殊费神思耳。去岁所得元人赋册，拟托子春携归，以

① 《翁心存日记》第二册，第588页。道光二十五年十月廿四日日记云：“先兄期年即日，往奠……”

供清玩。岁底又得嘉靖中吾吴尚宝少卿《陆公师道手钞画鉴》一卷，有欧阳率更笔意，以二金易之，当一并寄呈。今年贺节四五日而粗毕，两游庙市，未买一物。迁寓尚无定局，盖京官冠绅济将，每有屋出即有赁者，而卜居始难矣。王蓉洲来都，定当邀来，以践囊约，并拟邀尊葵，未知肯来否耳。《皇清文典》并未带出，可寄一部，将来得撰文，可取为样本。

男近日学作大字，悬腕虚掌，渐能遒劲流宕；第作小楷，则姜芽钝拙如故，所不解也。覃恩尚未奉旨，大约须俟慈庆圣节矣。程、吴两年伯去年均有添孙之喜；湘坡已升员外，今年可保送御史；蒋幼谷衡宇相望，时相过从。薇客稍健，楞仙太夫人抱恙甚重，闻近日略愈。鉴斋数相见，覃叔入新年来著作已寸许矣。明日祖慈寿辰，又须酬应一天，晚间拟招同乡小饮。十六日萧山相国招饮，恐不得暇。今日稍闲，谨具寸丹，恭请祖母暨两亲大人崇安，不庄。书谨禀，乙巳正月十四日。

筠谷中丞开缺，李石梧抚苏，漕帅抚关中，程晴峰督漕，而黄石琴遂晋粤抚，苏抚以陈莲史署，而不以文东川。陶莲生方伯特令陛见，闻石梧中丞所不喜。戴醇士学士召入都，仍直南斋，辛翁内直如故，骆宫庶固简在者，而山左另交之案，本交两星使，非专交骆也。邸抄脱去赓耳，焦笠泉疏上之后，某劾刘次白，黄寿臣劾桂制府，已烦渎矣。黄毅甫摭歌察论，宝献山相国遂奉旨无庸议，但明伦周贻徽皆准捐复道员，方彦和需次郡守贫甚，西泠两次融风，陈太仆第为池仲鱼。东河已合龙，顺天捐输将停矣。卓华阳正揆席领京尹如故，而不管部务。

前禀缮就，又阅半月，廿六日磨勘，远省卷皆免议。寓尚未定，容再觅。家眷能否于三月初启程，乞示知。沈研农寄来五十金，兹先将信寄上，其银当托公车，缘子春太窘，恐其挪用也。书又禀。

再，书曾另禀数行，无要语。今寻不着，想夹在书内，乞将致俞、钱、庞、曾信挑开一看，恐夹在内也。又肃。

新得书画真迹（皆的真，非赝迹）：

王耕烟临李伯时《龙眠山庄图》，十金，绢本，霉过，精采仍奕奕动人，康熙辛卯写于清晖阁。有八十老人王翚印、石谷印、耕烟散人印、上下千年印、△在丹邱黄鹤白石青藤之间印①。（首一字似是志字。）考辛卯石谷正年八十，而笔法细润，不异中年，是临抚用意之作，山头仍用大痴派。

明尚宝少卿《陆公师道手钞画鉴》一册，二金。

《诒晋斋临醴泉铭册》十金，纸本，书绝有力，现日取以临摹。有耆介春鉴赏印、宗室庆锡印。庆锡，今为阁学，介翁之子也。

议价未定者：

姜西溟精楷《头陀寺碑》残册，失去首一页，尚有千字，绝精，全出晋人，而风韵横生。

王梦楼《书赠曹荠原临苏米长卷》，有跋。

董文敏四诗七札合装册，价太昂。

慈庆恩诏元旦未必降，闻于初九日奏请，或即降旨，或四月恭上徽号时降旨，或迟至十月请貤之说，前禀已详。此间用李、赖、张三人，聋丞决意辞去，不可解，亦不能留，只得令李升来，究比两人为妥。张福现亦妥致，细察聋丞之去，亦非由掎扢。至于李升随芝亭而去，男早料一年必散，曾以语沈福，盖贵郎出门赴任，竟恃下人为保护，及到省后自已略谙官事，渐觉李升之无能，而亦不堪岁酬百金之费，故遂遣去耳。

今年各省墨卷以贵州为最，万漪舲、何子贞主文，真名下无虚也。

---

① 据《中国书画家印鉴款识》，此印当是“意在丹丘黄鹤白石青藤之间”。《中国书画家印鉴款识》，文物出版社，1987 年 12 月，第 98、99 页，第 122、123、125 号印鉴。

萝村年伯虽渐向用而精神太困顿，铁翁体稍健，武林融风者再，杭人皆已知之。李古廉尝以书来索鼻烟，已托公车携致，修钟楼似尚不如修辛峰亭，所传胠箧报复事，云是平湖赓、骆两星使尚须到。河工谳案本交两人，邸抄脱赓侍郎耳。

另谕，敬悉游文一席，人望皆归严亲，即都中同邑，舆论亦然。香轮师虽耆宿，然后进中，亦有不服者。心畬观察此举甚公，殆取人望及两令君之意也。至所谓整顿者，不过阅文较速，及公正而已，大要每课甲乙宜变化高下，遍加鼓舞。（如梅庵、荔峰两家昆仲稍宜抑后，以防舆论。）若得意者，不出前茅；平庸者，例置乙等。衡鉴虽公，怨言不免矣。若能精选（以明春为始。）课艺，（若官课之弟一、二名。）刊为一编，（每年有二三十篇足矣。）则成效之章章者，士心悦服，舆论颂美矣。（勿选诗，诗多不佳，勿收杂作，惟取制艺之清真峭刻，及有经义者，如朱兰友先生正谊课艺最善。）又如梅生笙谱等，一加称赏，即欣然满志矣。二兄、五弟似以师课不到为是，否则或另阅，不列名次，（定九师教习庶吉士，其嗣小厓另阅，不列名。）亦为允洽。至礼节试规，断不可苛，久当自化耳。

朱子新跋语，果旷达，与志所称合。《国山碑》拓虽不精[①]，笔势可爱。郛府君定“非”误，“非”，借字也。韩恺《志》已入《萃编》，前寄碑目误者，尚不止此。近又睹隋碑一，似是造象记或寺中碑，无年月，甚清楚，乃前人未见者，闻在山左。新见抄本《画鉴》一卷，乃明嘉靖中陆子传师道手钞，书法遒劲，有欧、褚馀韵，拟以数金购之。

儒林等传先已排纂，仅见朱筠传写定本。吾乡陈、顾外二部已难立传，王次山之直节，名虽重于乡里，不能立传，陈耕岩亦然。

安足庆劾楚浙两中卷录旧既属无谓，（继焦笠泉而上弹章者，黄

---

① 国山碑：位于宜兴张渚镇善卷洞上的国山上。

寿臣劾桂燕山，某劾刘次白，未免数见不鲜，于是黄縠甫劾蜀督，遂奉旨无庸议。）且折内措语失当，大为众论所訾，而尤可讶者，则湖北赵中丞炳言检举一事也。浙中仁、钱，山、会，归、乌[①]，皆通考，（惟嘉兴、秀水不通考，亦可怪，且如粤之南番，江右之南新，亦绝不相紊，旧例本不画一，而《学政全书》内又无准其通考明文。）中丞籍乌程，其子以归安入学中举，有浙中京官贻书中丞，谓宜检举异籍。疏入下部议，特宗伯及冯遡园，并主议革去举人，芒龄先生晓譬之，不能得。芝台侍郎力争之，将以罚科定稿矣。而芝台先生调部，于是仍以革入奏。中丞察议，限一年内，凡籍贯舛错者，自行呈明。此令一下，不知若何办法。若父子卖籍者，（兄弟无专条，或可免。）皆革，恐为已甚。若不革则又何以服赵景贤？且如许青士、瀟舲两先生，皆仁和人，大司马及诸弟则泉唐，廖仪卿、钰夫两先生，亦有闽侯之异，苏属九县四城如此正多，恐县中亦不无惊讶。查例载北籍改还南者，（恐当引此例。）止罚一科。又道光四年，天津一诸生自大宛改归，以同省异府免其罚科。赵景贤[②]非但同府且同城，而竟如此苛刻，诚所不解。春间铨曹驳吾邑俞氏异籍，共以为不通，孰知得风气之先耶？将来常熟人子弟，断不许考昭文，而两邑竟分矣。此事又奉谕旨，似可从宽。

【按】乙巳，即道光二十五年(1845)，知此函写于道光二十五年正月十四日。道光二十四年，翁心存主讲游文书院[③]。道光二十五年四月初，翁同书家眷北上抵京。写此信时，尚未动身。

---

① 仁、钱，山、会，归、乌：即杭州府的仁和县、钱塘县，绍兴府的山阴县、会稽县，湖州府的归安县、乌程县。

② 赵景贤(1822—1863)：字竹生，浙江归安人，道光二十四年(1844)举人。因其误注乌程籍，被黜。后捐复，授宜平教谕，改内阁中书。其父炳言，嘉庆二十二年(1817)进士，授刑部主事。《清史稿》有传。

③ 《翁心存日记》第四册，第1857页。

“筠谷中丞开缺，李石梧抚苏……”至“……此事又奉谕旨，似可从宽”数纸所涉及内容与“……乙巳正月十四日”一函相互关联，疑为同时发出，故附其后。

道光二十五年二月二十六日(1845年4月2日)

男同书百拜谨禀父亲大人膝下：

庞宝生携到谕函并书一束、谏果一器。(佳者十六七。)嗣于望后，奉正月廿六日手谕，知祖母大人复患便闭。赖一如诊视，滋补兼施，始得通畅，曷胜额庆。岁杪男少发一信，不知沈泰迟滞至此，致劳垂注，究不知伊于何日抵里也。今日王蓉洲带到家信，合前后细读，始知里中近事之详，可为叹诧矣。眷口北来，竟无上人同行，只好责成家人，未知能办理得宜否，曾文自宜留家就试也。此间房价极昂，而大小适中、平安吉利之屋，其直尤贵。现在周蔼馀前辈欲住男现住延旺街之屋，盖伊世兄已由中翰改捐知州，将出京。伊捐复道员，选期尚远，人少屋多，故欲移寓，而伊现所住椿树二条胡同之屋，男却合意。上房及厅皆三间，无偏院，价每月京钱四十千，亦不便宜。惟喜其南向，且从前卞光河年伯、赵蓉舫先生、罗椒生前辈皆曾住此，多升官得差者，是以取之。惟对搬极不易，总须俟三月底耳。

男身体甚好，充腴和畅，迥胜往年，眠早神恬，亦能健啖。史馆经旬一往，现校《一统志》。寓中自陈升去后，三仆皆驯谨相安。肃此布闻，敬请祖母大人暨两亲大人福安，不庄。同书谨禀，二月廿六日。

家眷动身，诸事实难悬揣，故不多及，或雇一小太平船至清江，其车则行李车外，自坐之车装一太平车样，铺软和较妥也。

【按】此函写于道光二十五年二月二十六日。是年三月二十四日，翁同书夫人携子从常熟启程入都；四月初一日，翁同书移居椿树二条胡同;四月二十五日,其夫人挈翁曾源、曾桂两儿抵达京城[①]。

道光二十五年二、三月间(1845)

今年四总裁在人意中,分校则不测。湘坡名籍甚,比邻伟翁,何以为情?蔡劬庵[②]甫授职,未考差而巍然分房,伊散馆已二等,岂召对称旨耶!闻伊去秋乡闱前梦分校,亦一奇也!同年好手多不得,益觉心平气和,惟整顿黾勉,作下科计耳。星垣太守意良厚,篑生真不可解,未知二兄讨好否?毗陵脚边路,里人之怕出门如此,不及无锡、武阳人远甚矣。里人求名,则须炫耀里閈;求利,则须送上大门。故司铎皖省已不惯,遂有上、下江分选之事,而选愈难,此求名之说也。(吉甫携眷就早,官于黔南万山中,又何以堪?)其求利则阅文,自不如太仓稊米矣。究之,阅文乃食力,而所谓逸获者,实则甚瘁,荀卿子曰:"无廉耻而耆饮食,是子游氏之贱儒也。"此之谓矣。

周兰生在山左,并未返粤,将入都来学。鹤翁(斗于望之。)似嫌惠州远,函属为之择对,书以不善作冰人复之。来谕所谓不相宜者,固然。且李蔡为人在下中,又家事未深悉,宦局亦悬隔,不敢参末议也。然而相攸亦不可缓矣,第一须读书人家,他县尤宜详审,先审门阀,次择人才。媒人之言,不可尽信,如谓家道丰、人才好,而不审门阀,此最不可。至人才,则古人具眼不嫌贫贱,今则极寒者固不可矣,

---

① 参见下文四月十五日家书。另见《翁同龢年谱·巽斋自订年谱》,第162页。

② 蔡劬庵:即蔡念慈,翁心存门生,浙江仁和人。道光二十一年(1841)辛丑恩科会元。《翁心存日记》第一册,第314页。《翁心存日记》第二册,第443页。

如温饱而青年好学，虽童生何妨，必待露头角，得科第，则已迟矣。尤难者，婢仆媪觊厚犒，冰人利谢仪，亲友讲外场而喜浮费，且必引至丰者为例，最为牵制，愈觉其难矣。此书所以尤不敢参一议也。以书平日之观人而论，亦有见其未弁时，私心许可，而其言固已验者，在当时则无可征信，即不敢立议，议之而亦未必八面圆到，如上所云也。齐大不可，又不可寒俭，年长不相当，而年少又安得已发未聘者，且又不能远离；即曰可以远离，而士之少年科第来都者，皆已娶，或已聘，其京官子弟，既不知其家法之底里，人才之究竟，而又远隔庭闱，男一人奚能定议？真踌躇却顾而无计耳。

里中事纷更，铃辕必不以琴堂为然，诸生或可赞。第学使素恶平阳，恐难免耳。士气之嚣，犹常事；士品之卑，乃隐忧。少湘诸事，总近荒唐。昔人云：子弟最怕有才，即少湘是矣。家眷来时似不宜令二钱武举偕，伊等粗暴易生事，一也。伊等纵恣，同店不便，二也。伊等多费，且易与仆辈有隙，三也。与其二钱不如苏縠生，非谓縠生有用也，正谓縠生尚无用耳。十八站旱路，寻常人皆可走得，公车诸公之仆皆村农，亦复安然无恙，亦可见矣。然江南、山东却宜小心，雄县闻系范楣生署任，似可遣一介相闻，然此信到时，恐眷口已行矣。前谕及去年用度一切已敬悉。嘉兴陈二璋已斥革，不止此一人。

【按】道光十八年，翁心存以“张太夫人年八十，具疏乞终养”[1]，奉母家居，杜门谢客，翁同书随侍南下。道光二十年，翁同书入都会试，殿试二甲进士，改翰林院庶吉士；道光二十四年，“充武英殿纂修，国史馆协修”[2]。道光二十五年三月二十四日，翁同书夫人携子曾源、曾桂等人起程入都[3]；四月初一日，翁同

---

① 《翁心存日记》第四册，第 1856 页。

② 《翁同龢年谱·巽斋自订年谱》，第 161 页。

③ 参见下文道光二十五年四月十五日翁同书致翁心存家书。

书移居椿树二条胡同；二十五日，翁同书妻儿抵达京中[1]。此函中又云“然此信到时，恐眷口已行矣”；道光二十五年十一月朔，翁心存云“长甥縠生今春适入都……”[2]与此函中所及縠生随家眷入京相符，因疑此函写于道光二十五年二月底或三月上旬，疑即上文二月二十六日附函。

道光二十五年二、三月间(1845)

俞氏甥成朗惊风获愈，大可喜。里中医竟无佳者，如何，如何？前年在粤，有武宁张明府汝霖惠送保赤良方，乃针灸之法，专治惊风。其法不用针，专用灸，灯火、艾火俱可。看来艾火更佳，穴有图，证有验，似尚简易可学。今寄一本归，或有人依其言试之，亦幼幼之一道也。村农用烧酒吸脐中诸处，细阅是书，正灸穴所在，烧酒即火，彼此一理，愈无疑矣。大抵病多可医，而每证于医，尤惠众医之凉热杂施。同年邹云阶振杰知医，其言曰，病不徒阴阳表里之宜审也。如太阳经及阳明经，病异即药异，误施则不见功效，故不独温凉之相反者，不可混用。即同一温同一凉，而其用判然不相假，稍鲁莽即误矣，其言似知道者也。观音膏至神效，晨以施送，可在皮纸上摊膏，以省工料，自用则布宜。萧山相尝施送，一日相国腰痛，剪尺许帛，如所苦之长短广狭，熬膏贴之，而束以带，一日顿愈，其良可知。今亦寄一方。

覃叔之第二子，行三，亦似惊风，前日屡濒于危，现有转机。

【按】“俞氏甥成郎”，即翁同书大姐翁寿珠之子。道光二十

---

① 参见下文道光二十五年四月十五日翁同书致翁心存家书。另见《翁同龢年谱·巽斋自订年谱》，第162页。

② 《翁心存日记》第二册，第589页。

二年正月，翁寿珠嫁于俞大文；道光二十三年五月，翁同书典广东乡试；道光二十四年十二月，翁寿珠以难产卒[①]。此函中云"前年在粤"，因疑写信之时当是道光二十五年。此札行文、字体与"今年四总裁在人意中……"一函类似，疑二者同时发出。

道光二十五年三月二十六日(1845年5月2日)

男同书百拜谨禀父亲大人膝下：

廿四日接三月七日谕函，知春初盼信甚切，信到较迟，并敬悉祖母大人旧恙屡发，实深系念。二月廿八日一禀，未知何时可达。(前次未函入之禀，已寻得付丙。)寓屋断不能不搬，今所看之屋，又不能不裱，大费安排，无可如何。连日酬应纷繁，大约须新进士引见后方可习静耳。(同里诸君场作多佳者。)谢兰江头场后，坚称肝气不入试而归，大是可讶。此人胸中似有城府，非尽天真也。会试中额甚宽，出榜大约是初八日。

天气甚热，(止可穿单衣，南中三月初可裘，亦奇。此间三月初黎明可重棉，午后可夹耳，今日换季矣。)男体中颇佳，仆人辈尚听驱使，一切可以放心。程汪薇客时相过从，诸事慎之又慎。现在词垣无外转者，(吃亏在台职不动。)名次尚在六十名外，须四五年始可望开坊耳。肃此禀复，敬请祖母暨两大人福安，不庄。同书谨禀。三月廿六日。

【按】道光二十四年，翁同书在京中因"寓居太窄，街道沟渠亦不佳，必须移寓"[②]；最后定下椿树二条胡同，道光二十五年四

---

① 《翁心存日记》第四册，第1856—1857页。

② 参见道光二十四年十一月十八日翁同书致翁心存家书。

月初一日移居[1]，函中“寓屋断不能不搬。今所看之屋，又不能不裱……”当指此事，故疑此函写于道光二十五年。

道光二十五年三月下旬(1845)

再禀复者，寓已觅定椿树上二条胡同东头路北第二大门，每月租价大钱二十千文，虽屋稍宽、价稍昂，(拟四月初一日移寓。)然其屋平安、谨慎、向南，种种可取，且周兰生即将到京，亦必为筹下榻之所。(上房三间两厢，客厅三间两厢，仅如廊门房三间，后上房三间两厢，旁有小夹道，拟留兰生并延师。吃饭皆在其中，厨房杂屋共五六间，如此而已。)此屋从前下光河年伯住过，赵蓉舫亦住过，周蔼馀虽不得意，不能咎屋，且今已捐复道员矣。

眷口来京，诸事只可南中定局，一婢恐不敷照料，郡中再买，则殊可不必矣。吴升若来甚好，男仆足矣。至上人无可送者，则送至袁江转可无庸耳。六弟、曾文考试未知今年有望否？五弟当早议续姻为要，曷不于夏间在家中大厅邀五六人作一文社，以收束其心？如俞、沈诸昆仲可也。云樵虽在毗陵阅卷，而不能接阅郡试卷，亦奇。其实常州咫尺地耳，岂远游哉？书院课五弟第一可喜，“敢问崇德”至“善哉问”，上截作三股，于作法似亦去得，反有挨讲朴老之致。重闱钟爱既深，属望尤厚，惟以循分供职，思贻令名，仰报万一。松米、胰子、肥皂等当寄归。惠邸之参，亦当托公车寄去。顶山墓田……

【按】道光二十五年四月，翁同书“移寓椿树二条胡同”[2]，函

---

① 参见下文道光二十五年四月十五日家书“初一日由延旺街迁至春树二条胡同”。

② 《翁同龢年谱·巽斋自订年谱》，第162页。

中云“拟四月初一日移寓”,故此函当写于道光二十五年三月下旬。五弟,即翁同爵。道光二十四年二月,翁同爵夫人病卒。之后,翁同爵一直不愿续娶。翁同书家信中数次劝说翁同爵“当早议续姻为要”。

“再禀复者,寓已觅定椿树上二条胡同东头路北第二大门……邸之参,亦当托公车寄去。顶山墓田”一纸与上文道光二十五年三月二十六日一通家书原件分属两册,但根据内容,此纸当附于三月二十六日家书之后。

道光二十五年四月十五日(1845 年 5 月 20 日)

男同书百拜谨禀父亲大人膝下:

初一日由延旺街迁至春树二条胡同,虽内室无多,而厅事爽垲,客皆誉之。夜间亦安静。初间接三月十八日信,今日接三月廿六日信,知妇子辈已于廿四日起程,一切上烦祖母暨两亲大人筹画,且家中随侍益少,顿形寂寞,途中舟车远涉、诸系怀思。男匏系一官,久疏定省,虽接眷可资内助,而望云益切下忱。自念道长廿年,窃霑微禄,不得不远离色笑,复以旅中不便挈眷来都,纵曲谅于庭闱,实难安于梦寐。爰有数愿请得具陈:一愿同书德日以修,学日以进,忠孝之性不改乎本来,文章之名无惭乎继起。二愿海波不扬,春晖益丽。子弟皆知自爱室家,罄无不宜。三愿闽浙典文,湖山乞郡,匪夸荣于闾里,庶稍慰夫瞻依。用是将口过、心过、身过,逐件划除,冀以为感应之初基耳。至于此间,谨慎持躬,宽和待下,恪遵训迪,弗敢稍逾。若夫内眷既来,则应酬得以分身,更当周到,亦不至偏于省啬也。

眷口计廿四左右可以抵京,到后当即禀覆。惟是既念重闱抚育之恩勤,复念薄宦行藏之牵掣,觉寸心日回环于高堂寝食之地。下念两弟一妹长子诸侄,非言之所能尽也。专此肃泐,敬请祖母大人暨两大人福安，不庄。同书谨禀，四月望日。

同书自幼喜看善书，好起善念，惟百行以孝为先，只此一字不曾分毫行得，如何能说佛家之回向乎？愿此后勉行到保抱携持时，一腔爱慕光景。别纸所书，如谓水程不必人送，此亦一偏之论、过激之谈也。毕竟远送亦厚意，陆行则势所不能耳。幸即付丙，勿谓不知好歹也。

【按】道光二十四年，翁同书“充武英殿纂修，国史馆协修”；道光二十五年，翁同书“移寓椿树二条胡同，内子挈曾源、曾桂两儿至”①，知此函写于道光二十五年四月十五望日。

据此函知，道光二十五年三月二十四日，翁同书夫人携子赴京；四月初一日，翁同书由延旺街迁至椿(春)树二条胡同。是年四月二十五日，翁同书夫人挈子抵京②。

道光二十五年四月廿六日(1845年5月31日)

男同书百拜谨禀父亲大人膝下：

昨日辰刻，(十九日由天成发一禀。)妇挈两儿到寓。(昨值吉日，又传胪之日。)前两日沈福至，翌日遣车马至篁村，遂起早进城，行李送务申刻亦至寓，(费二十馀金。)途中并未遇雨，(亦尚安静，惟途中亢旱已热矣，此两日天阴稍凉。)上下极为平安，下人亦俱勤慎。此间布置丰俭适中，可以仰宽慈虑，惟是旅邸可免寂莫，而家中益觉人少，且此次眷口之来甚费重闱一番筹画，又承五弟送至王营，未知何日抵里，心中转切驰思耳。刻下将赴伟卿年伯处陪汤中堂，先此肃泐禀

①③　《翁同龢年谱·巽斋自订年谱》，第162页。

②　参见下文道光二十五年四月二十六日家书。

闻,数日后详细禀覆。敬请祖母大人暨父母亲大人福安,并问五弟、二妹、六弟、子侄好。新妇两儿侍笔请安,严谕及五弟信已读悉,三四日内必详覆。四月廿六日辰刻。

【按】道光二十五年春,翁同书家眷北上入京③,即函中所言"妇挈两儿到寓",知此函写于道光二十五年四月二十六日。此时,翁心存在常熟奉母家居。

道光二十五年五月十四日(1845年6月18日)

男同书百拜谨禀父亲大人膝下:

四月廿六日发第伍号禀函,想经达览,嗣于五月初八日接奉四月十九日谕函,敬悉重闱康豫,欣慰良深;并知五弟于十八日抵家,颇慰悬念。县试六弟名次尚高,曾文亦尚不后,未知郡试何如?若得竹林竞秀,亦乐事也。曾郎在家娱侍用功,男及媳极为放心。此次眷口北上,虽盘缠稍费,而舟车无滞,上下俱安。此皆仰赖祖母及两亲福芘所致,惟是登程时之部署上烦慈虑,而既行后又深劳垂注,此则男所深切不安者耳。媳妇到京后,汤、汪内眷先来随往答拜,汤又招饮,并见六少奶奶,身不甚长,而貌颇丰腴。汤二太太待女尚好,汤大太太亦并未有言,惟伊家屡问六弟长短及考试昏姻等事耳,吴太太略觉老景。吉甫去岁又添一女,汪四太太往来甚密,(今日又来拜寿。)为人颇好。今日父亲寿辰,备面两桌,来祝者甚多。先生尚未择定,两儿略令温理。曾源前日读来谕,思南云而泪下。此儿似有至性,然茅塞未知何日开也。支蔡门下姓氏尚未钞得,下次再寄。肃此禀达,敬请福安,不庄,同书谨禀。五月十四日戌刻,新妇侍笔请安。

再禀者,现在寓舍略宽,上下人口顿增,自不能不稍费,惟丰啬自贵酌中。男已通盘打算,亦时与媳妇略加商议,(不致以细事口角。)

教子待下均当如谕，务得中道。用度尚可支持，此后如有所需，再当禀闻。

重慈便闭未发，即为大幸。寄归松仁，可用以煮鸭，（入鸭肚内。）用完可再寄。蓉洲、宝卿均用部属，乃美中不足。竹岩得探花，是科更觉生色，虽得庶常，为湘坡及门三庶常之一。帖舫诗人，出外甚觖望。黄士元及宋饶两生皆大令，馀如钟传胪启峋、章光斗、萧玉铨，皆大人门下士，亦觉生色矣。陈介祺、潘遵祁、沈锡庆、毛昶熙皆馆选，杜受履、黄恩霈即用，足见上之不设成见也。兵部事堂官处分甚重，朱师专补阁读学尤难，或仍不次起用耳。西曹延阁，文书事不甚要紧，刘琅未到，吴升愿与沈福同行，只得各给而立之数，遣之。吴升已札荐李麓源同年，又为沈福加一信致桂太守，俱未封口，交给伊等，令其呈阅后封固投递。物件已买齐，令沈福带归，另单呈览。五月十四日书又禀。

【按】道光二十五年四月初一日，翁同书移居椿树二条胡同①；是月二十六日，其夫人携子入京②。翁同龢与侄子翁曾文参加县试，同补诸生③。此与函中“县试六弟名次尚高，曾文亦尚不后”相合，知此函写于道光二十五年五月十四日。

道光二十八年八月十七日（1848年9月14日）

男同书百拜谨禀父母亲大人膝下：

---

① 参见上文道光二十五年四月十五日翁同书致翁心存家书。另见《翁同龢年谱·巽斋自订年谱》，第162页。

② 《翁同龢年谱·巽斋自订年谱》，第162页。另参见上文相关内容。

③ 《翁同龢年谱》，第23页。《翁心存日记》第四册，第1857页。

自前月杪接七月初谕函后，至今半月依恋，寸忱时萦梦寐。遥想喜信早到，廿四、初三两禀，亦将次到家。两大人欣喜之馀，又不知若何悬虑也？鸽峰营度定已就绪，本拟于葬日茹素，今又不能矣。皇上温旨垂询，殷殷向用，（大约因书院一奏，颇疑有初服之志，故玉音首云：汝父无恙否，今安在？谆谕前所及云云。）严亲理应早出，淳翁尤再三致意。他日奏对要语，即大僚及至好，亦止可说得一半。圣人公溥为怀，初无成见，而语言传述之下，外间易于揣摩，不如守三缄之义，使人浑然不见也。豹宜固劳，而天恩稠叠，不日履上三台，外人仰望之怀，议论亦略同，可否于冬间入都，万勿过迟。语具前禀，亦不敢赘渎也。

男自闻命以来，拜客、会客、赴席、辞行、束装，诸事忙碌不可言状。黔中考政出息，用度人才，已细问胡小蘧家玉，大抵满任可馀三四竿，即明年瓜代，亦不至赔累。（养廉三千七百金，终年仰给于此。又有花红银，州县所解一任约两竿馀，用剩可得一竿馀。此款业经前任用去，出棚无棚规，程仪不过百金，或数十金，火食略有贴补，不如江西远甚矣。）然不外极勤极俭方可。衙署极小，上房小五间，厢房两小间，会客三楹割其半，以治事，幕友止容四人，门房等只有四间，规模如此。

贵州天无三日晴，地无三里平，人无三两银，地瘠则用钱之人少，枪替虽多，而价甚廉，连号关节之弊甚少，士风亦尚朴。前此视黔学者，（蓉台先生放贵州学差，亦在此寓。）滇生师、贾亮才、王燕庭（庆云）诸君俱已问过。（亮翁考过拔贡，据□毫无出息，几有无贽而见者。）至考政，则庭训所濡染，业已稍知一二。加以可亭师李两人之勤慎，真可师、可友，一语一珠，于防弊惩奸、遴才待物之方，（礼节琐事。）可谓备矣，皆笔于书，以备遗忘。凡曾任学政者，无不细询。箧中有大人折底一本，（又钞得王燕庭黔中折稿，彼处各任皆有底本。）公牍偶存一本，皆可参酌，（关防告示已托楞仙撰就，四六极庄雅。）其馀诸事尚求随时训示。（考武事科考无之，且可缓。而男于考武事，业已备细询悉矣。）

李浩生不肯远游，伟卿丈颇不以为然。此时只延钮枬生成岳一人，（不带下人。）（乌程诸生，松泉之叔祖，年三十馀而不应乡试，毫无脾气，楞仙所荐。本事中平，人极秀雅端正。松泉云，非但不作弊，在粤三年，防弊事悉以委之。松泉是好学政，有《学政管见》一书。）沿途又请湖北两王君，（可在常德同行，皆黄陂诸生，萧汉溪前辈良城所荐，汉溪，端人也。二人皆五十馀，曾在楚南学政幕三年。一则能文可教读，一则可阅文，断不为人所惑者。）又请湖南常德余孝廉，（丙午孝廉，年才二十馀，陈竹伯启迈所荐，云其人极和平。）共计一教读，三阅文，亦已足矣。下人共带八人，唐安昨日始至，此人可靠，可打前站，充门丁者。大人考试事宜，问彼亦略得要领。任升极直爽而才短，又多口过。（然已属不可多得，同辈多恶之。）赖升已用熟，其病在饮少辄醉，然无他肠。洪坤虽无才，喜其胆小不惹事。陈贵贫甚可念，仍用之，亦不能作弊。汤二世叔荐齐升，初次跟官，无习气，惟酒性不好，业已具结戒饮。朱师母荐李顺，曾跟过王年伯庭兰，外貌颇可人，亦朴实。新来二人皆能书，稍胜于唐、任二人。唐四数月来在寓烹庖，（其人不骂不服帖，屡试屡验），尚要好。唐安又带一人来，只得带去，（带京师老妈一人，即现所用，年五十馀，并三二为南人，三二现甚强健。）令其在途中伺候师爷。轿夫头高姓，即现所用车夫，其人胆尚小，均经严饬。

各省均发水，湖北尤甚。到樊城（二十四站。）后再看，如水大可坐船至常德，（再起早。）定见与家眷同行。此间至樊城（天气晴爽。）路已好走，现雇大车五辆，车价颇昂。（京钱壹佰廿千一辆，计共六百千。）两儿坐一辆，钮枬生坐一辆，（派三四人押车。）馀则家人押行李。媳妇本拟坐太平车，乃核车价须计已京钱一百三十千。（太平车壹佰四五千，外加门廉等又廿馀千。）又至樊城要买行轿，一时难觅，觅得最恶者亦须二十金。因向楞仙借轿（四川轿）一乘，（极小而轻，杆又极平。）雇长轿夫两班至樊城，（二十四站，每站□人，京钱一千一百文,饭食不管。)轿夫均湖北襄阳人,恰好带去,系托四川部曹伍君濬祥代雇。贵州轿夫之健,甲于天下,(到樊城后另买小轿,与两儿师爷住,儿子与女使住。)路虽险峻,比四川为平。皇华行役,均可无虑。现在留寓所,令李升看守木器零物不动,(房钱付至年底,给银廿两,令其收眷口,移居门房。)衣箱寄子廉丈,零物寄云士丈,书箱寄汤二世叔,又有拜匣一只寄程。(内图宅券一包,又京纹柒百两。)另寄汤敏斋三百两,吴薇客三百两,云士丈三百两,此三项未尝以告廉翁,共计尚留京纹壹千陆百两,前帐只好后日细开。

男此次已动用七八百金,又带出四五百金,如不敷用,岳常澧道张桐厢、辰州守钟子宾可借也。江苏苏府一府三县,为艮翁所劾,(书吏出身,夤缘奔竞,县有不帖誊黄讼案、狎妓诸款。)不知大僚云何?大人出山如抚藩吴道常守、(宜速驰书紫垣。)李君映棻似可勉助,河工不必拜。直隶陈梅皋敬猷现署河间好缺,似可向伊开口也。肃此敬请两大人双安,问合家好。(现定于明日辰刻启程,夕住良乡。贵州省城信已发。)媳妇及两儿侍笔请安。此后保定或不发信,至樊城可发一禀。八月十七日。

再禀者,此间用物甚少,乞寄磁器两桌。(一备奁具,一可日用。)另家用磁器一桶,锡器亦须酌寄。(奁具内香案可以略小,馀锡器不妨稍轻而小,总比此地便宜。此间须大钱四百文一斤也,其馀如家用烛台、茶船、油盏等物,此处甚少,缘几次出京,大半拖散故耳。)此二者均可面托倪观察带来,万勿错过此便,伊必一口应承,可省脚费。至木器等只可在此间置办,似亦不必过多,又夏间无事可检出衣料,(六少奶奶衣服亦要做,宜即写信汤宅,开尺寸、问式样。)做二妹衣服。(比此间工价、料价皆省一半。)桌围、椅披等亦可做就,枕顶须多预备,(约五六付,缘此间送奁时,铺盖外另有被褥几床,内皆有双枕,不必过大。除和合铺盖须用大枕,馀俱容做枕顶略小者。本月可接一段,不必全用绸绫。)瓶袋等可不用,抬礼可略备,亦不必多。

【按】此函写于道光二十八年八月十七日。道光二十八年七月，翁同书放贵州学政；八月启程赴任[①]。是年九月初八日，翁心存收到"三儿八月十七日书，知十八日启程赴任矣"[②]，即此通家书。

"再禀者，此间用物甚少……抬礼可略备，亦不必多"一纸，根据内容，与八月十七日函相关联，故附于此。

道光二十八年八月十七日夜(1848 年 9 月 14 日)

……学政初到，金师云宜从严，宜外严内和，始严终宽。金师于场规防弊诸法，教导极详，言言金玉。至终日坐堂，早出点名，认真校阅，男优为之，惟素性稍宽，此刻不敢少疏。稽查号戳，严惩枪替，(小惩大诫。)约束家丁；详慎公牍，节啬用度，斟酌礼仪。既经备细问人，亦不必过虑也。总[期][不]负圣主，不玷家声，而数年来事事阅历，又非癸卯之比矣。

唐子祥兴化升平越直隶州，来京放差后，曾略问之。朱甲三前辈逢莘放贵阳遗缺知府，须告假回家，曾托伊带一信及皮女狐袄一件。(由汪小珊转寄母亲，途中可穿。)闻亦须十八日南行。男现派陈福于九月望前回南伺候，已给盘川三十金。过常嘱其令沈福送老爷、太太到京。

京中用度簿(可知日用)、门簿(可知往来疏密)，及零星簿，皆包好在李升处。木器灯盏帘风门在宅内，厨房物同寄出。箱中物件皆有清单，帐簿令陈福带归，钥匙亦带归到都，必须取回开视，衣料、(可用。)书籍，均易蛀损。钱宅下定，首饰二及红两匹均寄归。此宅极平

---

① 《翁同龢年谱·巽斋自订年谱》，第 163 页。

② 《翁心存日记》第二册，第 671—672 页。

安，但不宜与间壁打通，又行动宜在东方，一切照朱师旧样最吉，可询李升。

楞仙窘况及一切苦衷，皆应洞悉，前此皆松翁主意也。此时松泉逼楞仙嫁妹甚急，楞仙之子女实无人照应，又其太夫人血崩、乳核两症日甚，实真情也。季仙九孙符卿均□言之，喜事断不宜迟。楞仙贫甚，喜事中不能妄费，只可将就，即旧者无不可。珠宝除额珠外，毋庸送首饰，花样不能拘，衣服已开去尺寸，（二尺九寸，领袖亦开去。）实则浙派极短，京师亦行短，似宜再短些。（太太们见媳妇之衣，皆笑其拖地。）伊力量只好五时衣外，略备数件新者。皮衣是否可省，乞酌之。冰人蘘田外，已托蓉洲。曾郎亲事，如必须办，似可一切从省，肯入赘甚好，可否？

大人入都带伊来，实在不放心也。（居家习气恐易沾染。）至于新人衣服，自须做几件。首饰可否暂借应用，俟一二年内再补。大人此时数事并举，力量实形支绌。男仰体之忱，不能形于笔墨也。五弟想必留于南中，而此间又无人帮办，可否全行来京，转省南中用度。书房一席虽劳，而究系体面差使。近来京官愈穷愈阔，应酬断不可省，且如外官道府来京，或外放，京中一、二品大员纷纷先施延饮，如此方有留别，亦可笑也。（张子佩今日由潞南行，男送分八金。蒋奇男告帮，亦送八金。）勘合火牌，领得敕书，事已托廉丈。此后寄信只好仍托廉丈，由云贵提塘托折差寄，三十五六天可到江苏；亦可打官封至贵州，不书要语，以防遗失。

骊驹载道，别绪时萦。昨住良乡，今抵涿鹿，秋风送爽，积潦已干。钮枬生同行，颇不岑寂，肃此用慰绮怀，敬请子廉年伯大人钧安，（南信中并希道及。）年愚侄翁同书顿首。并请□叔三兄同□大人俪安。廿一日可□□阳，又行。八月十九日涿州旅馆。

【按】道光二十八年十月初五日，《翁心存日记》云："饭后陈福自都中来，得三儿八月十七夜二鼓一函，并钱宅聘礼……又三儿所寄皮领袖、京靴等物，又子廉一函、李林 禀。三儿托□□太守所寄女皮袄一件，陈福亦从汪小珊处带来”①，与此函内容正合，疑此函写于道光二十八年八月十七日夜二鼓，几日之后发出。

另有一纸“骊驹载道，别绪时萦……八月十九日涿州旅馆”，疑即翁同书致程正槊（子廉）一函，暂附此通之后。

道光二十八年十月二十七日（1848年11月22日）

男同书百拜谨禀父母亲大人膝下：

出京以来，途次屡呈安报，不知常德、沅州两信何时得达？惟禔躬茂豫、阖舍安和为颂。鹡鸰新阡，谅已安竣，途中魂梦依依，醒辄铜铅承睫，乱峰万叠，何……邱，而望云之思，又不待言矣。男长途安……晴和，黔山险埒，蜀中上下人口幸皆安稳。本月廿五日行抵贵阳，廿六日接印，今日拜发奏折，定于冬月十日开考。首郡嘉平，按临遵义。祀灶日前旋省，总期清而不刻，俭以养廉，以慰两大人远念。官廨尚为闲敞。此间人情醇朴，汉苗均属安恬，□主之情甚厚。用度亦不至十分竭蹶……劳顿而体中尚好，两儿尚未延师，不免荒功。下人极知敛戢，书役大率朴诚，幕友钮、刘似皆醇正也。

大人北上定在何时，端妹吉期宜早卜定，曾文婚事未知如何办理？万里迢遥，寸衷缱绻，想折差南来……敬请……安……年禧……两儿随叩。……弟妹……十月廿七日书于黔署之来鹤楼。

【按】函中“出京以来”指翁同书赴贵州学政任；“大人北上定

① 《翁心存日记》第二册，第678页。

在何时”，即道光二十八年七月翁同书传旨翁心存起复入京；道光二十九年三月，翁心存奉旨携家眷入京，故此函写于道光二十八年十月二十七日，是年十二月十八日，翁心存收到此通家书①。

道光二十八年十一月十二日(1848 年 12 月 7 日)

男同书百拜谨禀父亲大人膝下：

到黔后一禀想登慈览，惟总未得家信。昨接子廉丈一函，知都中□无南信。想家务孔繁，兼虑邮筒沉阁所□迟迟。敬惟两大人近体安和，阖家清吉，定如遥祝。千言万语，一时竟无从说起。惟望加意珍摄，早图北上，勿以黔中为念。

黔中风物清嘉，食品奇贱。地主乔中丞、罗方伯等相待极厚，缺虽苦而用度尽敷。士习近来甚醇，初十日开考贵阳□试□古。今日科试，其中颇有美才。男夙奉庭训，□以博询。现在条教周详，意在策勉边庠，振兴实学。士心向慕甚殷，年内尚须考遵义，祀灶□旋省过年。唐安、任升等极为奋勉。幕友现止二人，惟西席断不可少，当于新年延请。署中上下平安，今日中丞发元旦折，男亦附其便。适考试连日坐堂，夕则校阅□□案，作禀不及细陈，乞恕之。专此恭请两大人年安，并问弟妹子侄好。十一月十二日。

【按】此函写于道光二十八年十一月十二日。是年十二月二十八日，翁心存得翁同书“冬月十二日所发贵字二号书，并寄钱宅一函，是日正考贵阳生员正场”②，即此函。

---

① 《翁心存日记》第二册，第 690 页。

② 《翁心存日记》第二册，第 692 页。

道光二十九年十一月十二日(1849年12月25日)

男同书百拜谨禀父亲大人膝下:

前月廿九日接九月廿五日所发十一号谕函,欣悉两大人慈体安和。数月来,父亲代直之日甚多,冬间早起甚寒,衣裘炉火宜备,饮食亦宜调养,勿太俭约为要。此间学政事宜,虽于舆论尚孚,而战慄之心日慎一日。黔省并无土著,冒籍跨考竟无可稽,甚至枪替空名,诡异百出,幸一年中尚少此弊。(亦曾枷号数人。)盖责成廪保举发者颇多,场规严而不苛,不许下坐,故传递较难耳。所云楚北二人,即指可亭师之友,前已专启求为延此二人,而来否不可必。湘门两次信来,云即启行,而至今未至。托伊延友更不可必。幕中仅柟生一人,岁考卷多,殊为焦虑。今已驰书施秉延一楚南魏茂才,又与中丞商酌,订候补令钱子初襄阅,(子初名元善,壬辰同年,又侯师处同门新到省。)计湘门月内亦必到矣。何生亮清已丁内艰,今延伊明年课读,是一良师也。贵阳定于二十后开考,一月可毕。文场已是熟手,考武却是第一次,而贵阳弊甚多。(武童共有三千名。)如一人数名及顶替换人,空名待售之类,虽极精明者,竟无良法。如编姓印臂、预点拉硬弓之类,皆法立弊生,只可严谕廪保,暗记面貌。前在京曾询之金师李两人、(皆极严。)云士丈,(颇宽大。)大要如此。前所沉阁之京信已到,内件均符合。

贵州无土物,前托主司携呈皮器、橡茧、(朱太守亦带皮器,又相台五经。)滇缎,今俟杨心畬带呈皮桃盒一套,(心畬人甚诚正,而累颇重,拟借伊四百金,恐戋戋者不足云小补耳。)馀无可将矣。五弟捐教已知之。贵州捐教只一,不论双单月,两年可选其缺,亦有佳者,与江苏迥异矣。江南现届揭晓,不能无望。

署中均安好。近日天阴而不雨,却须穿大毛貂褂。黔中惟兴义、黎平稍有瘴耳。湖南新宁滋事戕官,去黔尚远。粤西土寇从广韶来,名曰流匪，与黎平水路相通。黔土瘠而苗强，外匪亦未必来也。专此肃泐，敬请两大人年安，并祝母亲寿诞，伏祈慈鉴，不庄。媳妇侍笔请安叩祝，两孙随叩。十一月十二日。

【按】道光二十八年七月，翁同书简任贵州学政，执掌一省科考；次年，奉旨留任①。函中“文场已是熟手”，说明非初次掌理考试，知此函写于道光二十九年，是年九月二十五日，翁心存“灯下作三儿书，发贵字第十一号”②，即翁同书“前月廿九日接九月廿五日所发十一号谕函”；十二月十九日，翁心存收到翁同书此函③。

道光三十年正月二十四日(1850年3月7日)

男同书百拜谨禀父亲大人膝下：

腊月折差回，未得家信，想系差弁未取回信之故。是月廿五日又发一禀，折差带去。前托杨心畬带一禀及银四百两，(伊借用恐未能即交。)未知何时可达？比惟两亲康健为颂。六弟想已到京，闻江南官卷中吴、沈，则吾家皆落第矣。

此间元旦雾雨，未刻护日，人日以前，颇有辛盘近局。初八日，中丞接户部寻常文书，知会江苏捐米章程，乃用蓝印，遂议照忌辰服元青褂，去仪仗鼓吹，停早晚鼓，禁春灯戏剧，罢宴会，官场民间皆惊疑，而礼部文不到，(向来二十日必到。)二十日中丞得陆稼堂京兆十二月十二日书，有“皇太后不豫”语，人心略定。次日得楚南学使车云衢同

① 《翁同龢年谱·巽斋自订年谱》，第163页。

② 《翁心存日记》第二册，第753—754页。

③ 《翁心存日记》第二册，第771页。

年书，（正月八日。）云现值国恤，彼处尚未奉文，皇太后于十二月十一日申刻升遐.四阿哥之福晋于十二日薨、正阳门城楼不戒于火等语。旋得程晴峰制府书，知滇中亦惊疑，未令民间知之。迄今又阅数日，仍无信息，令人寝馈不安。

贵阳数雷雨，署中安好，定于二月二日延何孟寅开学，十一日起马考安顺。（路三站。）现在安顺考棚修理未竣，俟文到行哭临，礼毕到彼省，得停考三日。考安顺后，渡盘江考兴义，还考大定、遵义，是为上游四郡，约六月初回省。今年想无恩科，不录遗，较为从容耳。

黔省地瘠民贫，幸年丰物贱，通省皆然。惟下游镇远、黎平屡有犷苗劫掠。黎平地连粤西，有都匀江即古豚水，由广西可达番禺城，下粤东谓之西水，（此夜郎下南粤之路。）古州八万以下，苗匪犷悍，殆不可制。镇远为无水（即潕水。）上游，地连沅州，乃滇黔孔道，而所属施秉黄平，及都匀之清平，（皆进省大路。）纷纷刦敚，非一年矣。胡咏芝林翼，今之赵广汉也，署镇远半年，奸宄屏迹，中丞以其专杀虑生事，遽以朱甲三逢莘代之。（教习年伯。）大案数出，去腊劫公车八人，中丞遂于十二月杪派胡咏芝往剿，兵勇几二万。正月十二日破革夷寨、沙邦寨，（皆黄平州地。）盗首保禾逸去而羁其母妻弟妹。今进攻山丙寨，尚未攻破，行旅从此无戒心矣。湖南新宁事起贪吏，遂至伏莽。腊月初五六日，官军失利，冯桂山疏劾提镇，道闻裕东岩与冯不睦，更觉掣肘。又闻新宁贼突围，出走保山冲，恐遂与粤西贼合，幸距黔竟尚远，然调邻省兵则黔其首选矣。湖北汉口盐船火尽熸岸商力绌，恐遂有改行票盐之事。陇西事未知已覆奏否？张椒云先生不来，易以吴子苾前辈。使粤时晤于临江，（时署临江。）风雅而实心办事者，骆吁门方伯甫过此，唐子方年丈已归里，住省城，须尽白而健，通达治体，不久当复出也。肃此谨禀，即请两亲大人金安，不庄。媳妇暨两孙侍笔请安，并问六弟、六少奶奶好。

寄京之书宋板《礼记》，本缺一套；《礼部则例》，则择其需用者一套带来，而署中现亦有一部。寄京之林注《左传》[①]，相传董思白《书鉴》《庚子题名录》，乞寄来。寄京衣箱中有衣料，恐霉蛀可惜，乞母亲开看，可以做衣，六弟亦可用。碗桶内之碗，皆官窑，可爱者间一治肴可用。宅内日用饮食太觉清苦，每日多用二三百文，便可资顺养，上房院内必须搭凉棚。千万千万，正月廿四日。

【按】道光二十九年十二月十一日申刻，“皇太后慈驭上升”；隔日，“四阿哥福晋薨逝”[②]，知此函写于道光三十年，是年二月二十七日，翁心存“得三儿正月廿五日所发庚字元号书，并外十件”[③]，当即此通家书。

道光三十年二月十三日(1850年3月26日)

男同书百拜谨禀父亲大人膝下：

正月廿五日肃布寸函，嗣后正盼北音。二月初三日，中丞接陆稼堂京兆信，由马上飞递，系嘉平十八日所发，内有邸报，知父亲升授阁学喜信，初四日折弁回，(四次谕函均收到。)欣悉两旬之间，叠奉恩纶，遂跻卿贰，天恩高厚，举家感戴。回忆乡关退处，弹指十年，昔则全乌鸟之私情，今乃焕夔龙之远业。来谕所云，父子立朝，皆宜感恩图报，敢不仰体以自勉乎！廿五日命授八阿哥读，查八阿哥本系匡鹤泉授读，不知何以易人。鹤泉堂上多恙，岂有事故耶？

---

① 林注《左传》：即林尧叟《春秋经左氏传句解》。林书笺释字句，浅显易明，影响深远，后世采用颇多。传世林注本子有元刻《春秋经左氏传句解》、《音注全文春秋括例始末左传句读直解》、《增入音注括例始末胡文定公春秋传》等。

② 《翁心存日记》第二册，第769—770页。

③ 《翁心存日记》第二册，第786页。

园寓如未能更爽垲之宅，则城寓自不可省，兵马司街之屋，当檄堂师任阁读学时，有同门浙孝廉请更宅，外墙框略移向东南，收寅甲气，言当放学差，从之更造。而是年师得两差，今又连得升擢，是风水吉利之征。男意现尚敷住，不宜迁徙，且屋少则易照应，惟马号太小，或与蒋誉侯商之借用亦可。至门房西之空屋，不宜穿墙开门，不比在东方也。（东方为青龙，今空屋在西。）若老墙根之屋，望之师住此自利，然不顺意事亦复不少。张亮基住此则利，徐廉翁两子（皆中书）住此损其一。今归桓翁，恐欠修理，目下银贵于官房，不合算。而门外大影背若坏，工程颇大，宜酌之。

男定十一日起程，因俟文书，恐尚要缓数日，回省约在六月初。署中安好，已延何孟寅开馆，（孟寅之命，六乙鼠贵，真格必贵。）两儿必得益。仆辈近均谨饬，亦渐熟渐顺。男办事亦渐头头是道，不动声色矣。积雨初晴，春寒已解，山花盛开，出巡诸郡，正觉应接不暇也。

父亲入直事繁，诸宜节力，外省书信可令同乡吴君书之，家务一切，六弟自可照应，须嘱李升待人格外谦恭和气，方免外人议论。潘师家阍人，满面笑容，最为和顺，为主人弭谤不少，可以为法。李升善骄傲，不可不深戒。（此间下人之项，岁杪再□，遇便或先酌寄。）伊患贫已久，尤须严饬其十二分谨慎，否则将不可问矣。

两亲于男夫妇四十初度远蒙赏赐，而男竟无物可以上呈，无以展其诚敬，奈何！闻杨心畬途中舟破，不知所寄物尚完好否？专此肃泐，恭贺父母亲大人大喜，并请双安，不庄。同书谨禀，媳妇附笔请安贺喜。新用长随王升，罗苏溪荐来，人颇安详。朱绶堂未到。二月初八日书，十三日发。

再禀者，前此慈驭升遐之信，陆稼堂书来，于正月十日始悉，直至二月初三差弁回，始见京报。来谕递慰折，止用请安字样。男与中丞商议，照旧式用文章。（今此折不递矣。）缮折甫就，今早礼部文到，颁发仪注，内开大行皇帝龙驭上宾，始知正月间又遇大丧，部文（系正月廿二所发）无驾崩月日，计在十八、九日。中丞急集僚属，议即发丧成服，于明日为始哭临之日，摘缨白袍者。廿七日，男因士子云集安顺，起马牌已发，只得缟素（于三日后）出行，减从撤馔，于心庶可少安，已飞饬途次遵照。

伏念大行皇帝，真尧舜之主，吾家世受国恩，父亲受恩深重。前此屡沐殊施，顷者由司成骤登卿贰，男虽七品官而幸列清班，叠司文枋，一丝一粟，皆大行皇帝之赐。今日僻处边隅，攀髯莫及，椎心抢地，实出血诚，惟有激发天良，图报今上。期于毕生廉洁正直，不负朝廷豢养，男之志也。查嘉庆廿五年旧式，署中有裘学使慰折，中丞处有河南学政迁浙慰折，皆情词曲尽，盖鼎湖之变，又与腊月之事不同。学政固应具折，况于世受高厚之恩者耶！谨缮就慰折，交与中丞，托其（折差）填日一带去，先行呈阅，与小军机商定粘贴蓝印花呈递，疏上想照嘉庆廿五年式样批垂泪览之，或一批痛字。男细思此折必应递，似无庸疑惑。若竟不疏慰，殊非臣下之谊。又或仅用素折请安，词不达意，亦为失体。盖在京林下大臣（外省品级较大之学政，必递慰折。编检亦必有递者，亦毋庸画一也）如汤、龚则可。远方奉诏，非在京目击可比，言之不可无文，（另寄蓝印花一，惧词有不妥者，易之。如可将就，不必再易，两人可商。）千万令该折弁赍进，庶不干疏漏之罪也。男又禀，（中丞折先一日递，男折于次日递可而，枢曹商定。）二月初十日。

今日同城官绅齐集哭临，男将折稿与中丞彼此商定，中丞云：似仍应用黄里黄面折请安，记嘉庆廿五年折匣仍用黄，则包折纸亦应用黄，并用黄纸蓝印花，（又云：不知要用红印花否。男意既是慰折，断无用红印之理，此说似谬。）男思究竟应用何式，终恐舛错。因令人写就未封，亦未粘贴印花，乞父亲阅过，但无大误即可呈递，必须与枢廷商之，（此时必已有成式，可与吴补之、程容伯、聂雨帆、邵蕙西商酌。）折内用倚庐字，查《礼部则例》，大丧（初丧）屡见倚庐字，似为安洽。中丞（中丞折尾请进京叩谒。）折中亦及圣母升遐一层，似不可少。至详叙履历，则庚辰年河南学政迁浙旧样见翁亦叙履历。男折稿请同城诸君看过，俱云尚妥。如有未合款处，只可求父亲代缮。“世受国恩”句似不可少，请安折应递否，应用黄否（中丞用黄折），包纸用黄否，印花用何纸何色，均请酌定，千万详慎为要。男又禀。二月十一日亥刻。

计备慰折一件，请安黄折（俟酌）一件（黄绫套），夹板（黄）包袱（绦全），以上二件未封，乞酌定封好粘贴印花，已备黄纸蓝印花。又奏事处蓝印文一件，以上在折匣内。

另备请安白折、（似万不应用白色。）白折封各一，均已写好。又蓝印花三（一黄二白），黄纸红印花二。又另备奏事处红印花一件，似万不应用。以上备而不用，或掷还或贮京寓，乞示知。

谕函所及，谨具别纸。□对于后。滇黔折弁多昏愦，且有带货销售之弊，行走迟延则诡词粉饰，甚可恨也。（此次嘱其持折亲送至翰林花园。）考武以步箭为凭，兼论弓力。每中箭，详记中边就中，又挑其审固而稳熟者，尝问提督秦君钟英。渠乃陕西神木人，己卯状元，（性伉直，善炼火药，工为叠战阵。）深于此道。据云，注矢宜速，发矢宜稍留，右手于发矢后平向，后两指分开，其矢枝枝到靶心，最为稳矣，非倖中可比，又教以看技勇法似可遵行。

此间考武弊极多，殆不可胜诘，考贵阳盘获枪替数人，枷其一以示众。（武场安静，较胜往年）。现考安顺一带，造册用编姓法。幕友已可敷衍，金师所延二人，似可毋庸议矣。道路太远，亦未必愿来也。椒云先生系金师之师，调□藩乃其财运。至吴子苾，由繁调简，恐系近翁微词。子苾权临江守时，曾一见。绶堂老吏，尚为稳练，中丞其同年，忽然大不喜之；若无升任消息，则回黔恐难得意。

城园只可两处分住，亦不能惜费，现在鹤泉之屋，则仙居也。两人勤俭朴实有守，而能断大事。（微喜臧否及说新闻是其一病。）与鹤泉之平正深厚，皆庚子同年第一流。棣如可惜，且其堂上有两衰亲。此君本性佻达，言论猥俗，（黄徵三、蒋誉侯等之深交也。）原非载福之器。

江南榜题名已见官卷，殊难得尝，奈何！六弟附彭咏莪同行甚妙。云山小试，未知吾家有进学者否？源郎文有出入，即在家亦未能出色。假报甚奇，想以后报阁学□其假矣。黔墨远胜滇池，少穆先生甚夸异之。然亦两主试能取士耳。湖北文似尚冠冕，未细看。（子贞到京始奉讳，是其孝思所感。）仑仙之谬甚矣，不特谬而且狂悖矣。男与伊亦并非深交，且亦素嫌其小脾气，第或与之直言，往往一笑而罢，不意遂至于此。二妹小产无恙，聊慰男之远念，馀无可言者也。劫炭金系小事，自可度外置之。男意欲以三十金寄外祖母，乞于都中觅妥便確寄。

楞仙之为人，惟有骂之之一法，否则只有淡之之一法。渠性多疑，又有偏见，每谓闺人多妒，然如钮松泉□□之妒则曲护之，而又为之置小星使，其家益不和，其意何居？

元青袍已做，此间闻信后即素服、去鼓吹，俟诏到后缟素廿七日，元青袍褂百日。学政当照三品以上例。二十七日内不作乐、不宴会。此间内弊虽不可不防，尚不至十分可虞。武场射侯只好照旧，惟过于宽广，男量弓步却远。黔中文案首俱去得，武童则时有出入，亦尚去得。阮年伯有信来，用官场式，而开口便云思职，以垂暮之年，复为贫而仕，是老名士口吻。男与此间大僚及守令皆款洽，无甚龃龉者。顾少瑛送十二金已可，其位容再补。季仙翁处复当称年伯。黔中无罗纹笺，故除大僚外，皆权用红纸，先与说明。出巡、谒庙、讲书，现在廿七日内暂停。其百日内可用祭服，事竣即易元青。此系未奉正月部文时所禀。现在衣白布袍，翻穿羊皮褂（马褂），二十七日后易元青袍□，□日后易别色袍元青褂。十三日又禀。

【按】道光二十九年十一月初八日，翁心存次女翁端恩因病小产；十一日，病愈[1]。十二月，翁心存"擢内阁学士兼礼部侍郎

① 《翁心存日记》第二册，第762—763页。

衔”[①]，二十四日，奉旨“授八阿哥读”[②]，道光三十年正月十四日，道光帝病重，召朝中重臣榻前受命，立皇四子为皇太子，午刻驾崩[③]；知此函写于道光三十年二月，当是十三日发出。是年三月十日，翁心存收到折差带来的翁同书此通“二月十三日所发庚字二号书，折差来”[④]。

道光三十年三月初三日(1850 年 4 月 14 日)

男同书百拜谨禀父亲大人膝下：

昨接正月谕函并邸报，敬悉奉命襄理丧仪。恩眷优厚，仰惟先帝隆施，(荫生自宜与五弟。)今上殊遇，举家感戴，非可言宣。第事务既繁，尤多难白之隐，黾勉从公，委蛇退食，想见直庐光景，圣皇御极，百度维新，大孝尊亲，依依舜慕，敷天率海，喜卜承平。前具慰疏未封以授使者。俾呈阅审定，然后赍诣阁门，继思大人或主礼闱，飞函嘱六弟，商诸雨人殿撰及枢垣。此函附五百里折便驰去，计到在差弁之前，第恐遗[失]耳。父亲今理丧仪，想春官不与，则慰疏正可候裁。

男于二月十四出巡，十六抵习安。今已考竣，明日往兴义矣。可亭师之一叔一弟已到，(昨始到省。)现在署中，自是好帮手，惟衙斋竟无容膝之地，途次亦无下榻之区。边省情形迥殊，西江东粤非目击不知翻费踌躇矣。肃此禀请父母亲大人近安，不庄，同书谨禀，附致六弟信。三月三日安顺考院。

---

① 《翁心存日记》第四册，第 1857 页。

② 《翁心存日记》第二册，第 772—773 页。

③ 《翁心存日记》第二册，第 777 页。

④ 《翁心存日记》第二册，第 787—788 页。

【按】此函写于道光三十年三月初三日。是年正月，道光帝驾崩，咸丰帝继位。翁心存奉命偕同诸王大臣襄理丧仪①，此即函中“父亲今理丧仪”一事。

道光三十年四月五日(1850年5月16日)

男同书百拜[谨禀]父亲大人膝下：

……日，由兴义还，至清镇……由省至，带来省信，内有二月廿八□□号谕函，得悉京寓平安，并知京中近事。严亲小恙请假，想即康安。慈亲不服水土，不解其故？恐是日用太俭、饮馔太劣之故，何不易庖人之稍精者？男慰折想已到京，计严亲□□理差……圣主龙飞善……谟烈乾纲汉……而天下和平者。男忝……旨靖共厥职以……阑入黔之黎平，现已退出数百里外。三省并力，蹙之如釜鱼阱□矣。本省黄平苗劫敓有年，中丞委胡咏芝太守林翼击平之，获贼二百，而骈诛其渠魁，从此由京入滇之大道，安如衽席矣。见斋中丞久任封圻，深沉持重，其待……

【按】道光二十八年十月，翁心存“葬张太夫人于白鸽峰新阡，始俶装为出山计”；次年三月，翁心存携夫人挈次女及翁同龢入京②。三月二十六日，抵达兵马司中街寓邸③。道光三十年二月二十四日，翁心存“头眩呕吐，不能入”；二十六日，“具折请假五日，奏事，传旨赏假十日，安心调理”；二月二十八日，翁心存

① 《翁心存日记》第四册，第1858页。
② 《翁心存日记》第四册，第1857页。
③ 《翁心存日记》第二册，第710页。

"作与三儿第二十号书，交折差去"[1]。此与函中"内有二月廿八□□号谕函……严亲小恙请假，想即康安"相合。正常情况下，一月左右可以收到，故疑此函写于道光三十年三月底四月初。

是年五月十三日，翁心存"得源孙四月初七日所发第五号书，内三儿一书为四月五日在清镇途次所发"[2]，与函中"由兴义还，至清镇"相合，因疑此函写于道光三十年四月五日。

道光三十年六月二十四日(1850年8月1日)

男同书百拜谨禀父亲大人膝下：

五月廿九日由遵义试竣旋省，适先期接得四月廿四日谕函，知京邸自两大人以下均称安适，甚为欣慰。杨心畬处挪用之银，自未便促迫，伊亦有信来，想将来出都时必可归楚。甘省拣发杨万皆未得，近日外放者多由保荐。楞翁疏言，荐举之弊，正与圣人求贤若渴之意相违。黄惺斋年伯守大定，治绩卓然，清狱讼、育贤才、纂郡志，直是汉之文翁。男每念此人，不登荐剡，是无公论，果为丽泉尚书及中丞疏荐。现在省垣，计九月到都，男尚有家信并银三百馀，(内有钮寄七十金，唐安五十金。)托其携带也。金师所荐，一为其族叔；一为其嫡堂弟，校阅两棚，均为得力。衙斋虽小，勉强可住，(不必外荐，盖无可荐，且本为我而来。)待之恭敬，可无虑也。阮侯庭年丈带来信及蒙赏衣料、帽檐、翠镯、金环，敬领祗谢。阮现署开州，而何君至今未到。(朱绶堂所带物件亦已收到，绶堂与中丞同年，不知何以中丞忽恨次骨，今已告病去矣。)

玉峰试曾文首列，可以食饩，是大快事，不知两侄能进否？修三

[1] 《翁心存日记》第二册，第785—786页。

[2] 《翁心存日记》第二册，第801页。

吴水利甚善，闻吴中可望有年。惟夷艇屡叩津门，申粤东进城之请，制军驻节沪渎，则风鹤又将告警矣。

父亲恭理差使，现可稍节劳勚，而趋直办公，皆费神思，夜间必须早睡。母亲体中不健，又嫌岑寂，其实习静方可养神，万勿记挂黔、吴两处。五月中，高堂寿诞，(男以六月九日乃万寿节[1]，因改于三月九日为男生辰。)竟未寄微物达诚，实深悚仄。黔中上年黄平一带，多探丸胠箧者，今为胡咏芝林翼所破，覆穴擒渠，一方安枕。至于楚弓楚得，而西邻受福，乃出意外。现在粤西土寇蜂起，久恐难制，滇边土司亦小有争敚，犹是蛮触相争之常，不足虑也。两淮鹾政，窃谓更张极是。闻楚民欢声载道，惟官场裁匣规数十万，与岸商共言不便耳。

此间二十日不雨，米价翔踊，人心惶惶。署中人口平安，男在遵义发足疾，旋省而瘳。出棚计在八月中旬，(考平越、镇远、思南、石阡、都匀。)散馆及新进士引见之信，早已知之，惟日望拔贡廷试名单，未知六弟及贵州诸生能苻愿望否也。专此肃泐，敬请两大人近安并问合寓好。媳妇、两孙侍笔请安。六月廿四日。

【按】道光三十年七月二十七日，翁心存得翁同书“六月廿四日第八号书，云曾患脚气，已愈。黔中二十日不雨，颇忧旱”[2]，与此函中“此间二十日不雨，米价翔踊，人心惶惶……男在遵义发足疾，旋省而瘳”相呼应，知此函写于道光三十年。是年六月二十三日，翁心存得知翁同龢取录江苏一等第五名；二十八日，拔贡覆试，翁同龢列江苏一等第一名。七月初七日，翁同龢“以七品小京官分刑部学习”[3]。

---

① 万寿节：皇帝、皇太后的生日称为万寿节。清制，万寿节与元旦、冬至日合称为三大节。

② 《翁心存日记》第二册，第 816 页。

③ 《翁心存日记》第二册，第 809—812 页。

道光三十年七月二十日(1850年8月27日)

男同书百拜谨禀父亲大人膝下：

十三日折差回，奉到五月廿八日谕函，敬悉两亲康豫。接阅邸报，又知蒙恩调补户部右侍郎，农部事繁兼司圜法，想益无暇晷。每月似当遵旨到署数次，亦不虑三天旷课也。澂怀直庐不知今住何所？蜀葵池荷盛开，想慈亲必携弟妇往观。拔萃试想早竣事[1]，未知六弟及贵州诸生若何？至阅卷官堂衔全开，却载在《则例》，荫生仍与五弟，甚属相宜。男前禀所云，特因不列官卷，恐有窒碍，非有他也。曾文冠军食饩，自是可喜；祥郎取佾生，亦是进机。云樵兄向平之累，殊不易了。蒙示老墙根屋，云士丈亦不以为然，今已婉辞，甚合鄙怀。山虚水深，万籁萧萧，男尚能记忆，傅君授徒最广，其志良苦，安知留馆后无奇遇？且由词垣入台，亦未为迟。赖雪舟，必当有成，入薇垣，亦未为屈。匡君汝谐，惜不与馆选，其书法尚在覃叔之上。邵汴生当成大器也，阮侯廷丈今署开州，其诗才颇可。何君惇元至今杳然。朱绶堂引疾去，因柳州一带道梗，尚未成行。此间黄平案已结，大路肃清，盖黔省若无盗即是福地，然上游多夸，下游多苗，山谷荒岨，伏莽易而守望难，无可如何也。黔中虽得透雨，而高田已损，即今已在七月底，而赤日杲杲，不逊江浙木樨蒸，雨师屏翳不知何处去矣。

署中均安好，幕友下榻处虽窄，亦能安之。何孟寅天才亮特，黔中第一，其教法亦循循善诱。源郎颇肯用功，松郎时有颖悟过人处，始悔从前之弃而不教耳。男足疾早已愈，前日偕中丞各公观稼，甚乐。今定于中秋节后，即考平越、石阡、思南、镇远、都匀五属，前以广额应否即广，咨请部示，计中秋前可到。查《礼部则例》，当以奉文即广为是。(黔省道光初元，却于一次办理。)省中诸公皆劝即广，今又

---

① 拔萃：唐代科举考试科目之一，清代用来代指拔贡。

函询湖南车云衢矣，大约即广为是。（庚辰、辛巳连广二次，未知何故。）至广取之数，有庚辰、辛巳旧册可照。现饬吏录一清单，并将春海先生任内原册带出，不至有误。日前由桱堂师处致六弟一函，（顺天府及大宛官封甚速。）未知到否？黄惺斋年伯进京约出月初动身，有银信托伊带上。专此布达，敬请两亲大人近安，并问合寓好。七月二十日，媳妇及两孙侍笔请安。

【按】道光三十年六月，翁心存"调户部右侍郎兼管钱法堂事务"①，知此函写于道光三十年七月二十日。是年六月，翁同龢"选拔贡朝考，以小京官用，分刑部学习"②。

道光三十年八月二十七日(1850年10月2日)

……琳以保荐进京……信一函银二百两，皮器一木匣，计……此次折差回黔，又无家信，支吾其说，不知有心与否，不便深责，亦姑听之。比惟两亲大人近体安和，合寓均吉为颂。华尧峰所带之物已交，来信则竢揭晓方……而合作甚鲜……言……今日邓子久来□涂过……云士年伯已愈，呼延冠山犹未霍然也。此间□望后得雨，近日放晴仍热。年谷颇歉，幸楚湘大稔，米不出竟，民间尚有盖藏，故米价不长。

中丞近日参劾属员缉捕不力者屡矣，上意甚严，不得不然，而陈言者未免为怨府。……十分认真与张石卿……张晓瞻所举在此光景甚□，此行□可。蒙不次之擢徐项民丰玉者，太仆咏之先生喆嗣也，爱民爱士，有守有为，平□夷盗功最多，而为胡咏芝所掩，意殊怏怏。

---

① 《翁心存日记》第四册，第1858页。

② 《翁同龢年谱》，第25页。另见《翁心存日记》第二册，第809—812页。

张石卿密疏与胡并荐，今特旨擢黄州守。此人乃外史第一流也。

桂林尚无确耗，闻八月初又小……黔边极远，亦似无须……所奏开之铅厂本……中丞奏请停止，极是极是。□滇中铜务邓子久知之甚详，大抵运员之弊与蠹相表里，或又言滇将无铜，不知与子久之言何以牴牾也。六月中，中丞会衔疏劾滥举孝廉方正一事，想已见邸抄，亦创见之事，制台却无……固不甚通气耳。

署中……理岁试报部册□九月底□□□□才十月内拟出棚，□遵义、大定，即旋省。□岁所有下游各属，均于岁考广额，其上游则在科试举行，均与部覆相符。所有公事，均细心检点。肃此禀沥，敬请两大人近安，不庄。同书谨禀。……媳妇两孙侍笔请安。八月廿七日戌刻。

……间可到京……有过生者品……陈青丈旧友……推重过……有优贡刘鸿章者，小遽所□可请也。谌生焕模如未得馆，可略周之。伊甚贫，念之不能置。又禀，馀空。

【按】道光二十八年七月，翁同书简任贵州学政，八月，挈眷上任。十月抵达贵州，考贵阳、遵义、大定三府。次年，奉旨留任。道光三十年，岁考大定、遵义等处；回省又出按思南、镇远等地①。是年四月初三日，贵州拔贡谌焕模、章永康等人前来拜访翁心存②。据此，知谌焕模是年拔贡入京，此函中翁同书云"谌生焕模如未得馆，可略周之……"当指此事，故疑此函写于道光三十年。

① 《翁同龢年谱·巽斋自订年谱》，第163页。

② 《翁心存日记》第二册，第792页。

咸丰元年六月二十六日(1851 年 7 月 24 日)

[男同书百拜谨禀]父亲大人膝下：

……读四月廿五日谕[函]，敬悉严亲安和。虽部务极繁，不形劳□。母亲体中不健，未知何故？殊增驰恋。五弟此时想已考过，必得内用。六弟场期渐近，能稍习静否？南中想时有信，曾文持家如何？科考在迩，侄辈当有采芹者。二妹……年中考……属六……竣……真弊……生诗……书法并工者□四十人。虽□□□省，亦不过是将来甲乙科必多。寇世兄□斋仲香花次白之子，皆一等前列。都匀陶莲生方伯嗣子，亦冠军也。黎铜一疏有旨下，(朱批另有旨。)督抚会议五月七日即到黔省。中丞颇愠(闻……颇严，如有后患，惟该督抚是问)……然毁誉……可置之度□。现虽……然毕竟稍暇，读书……教子……可次第行之……勿悬虑。何孟寅于考前搬出，迟日开学。□郎功夫颇进，诗字均有可观。至松郎虽顽劣，前数日忽作《舜在床琴》文，奇妙无比。又令作《师冕》一章文，居然高手。又令……魏君为……两大人双安……媳妇率□□侍笔请□。六月二十日。

杨诒堂明日过此，已为延湖南魏君，品学可信。吴子苾方伯调陕藩，而中丞以此地人少留之……晴盼雨，粤西数有败问，今则久无信矣。

……时官……吴甄甫先生……严捕务适思州府有□□行劫四□□家巨案，中丞□参思守朱、杨两人，现又□施秉劫案，闻中丞将劾施秉令矣。男前疏沽怨甚深，然所益亦不少，若措词轻，则不如勿言。今虽特立而不惧，且此间监司守令多相敬者……过锦……可清二人皆男所知……寓好……未定，魏君乃胡咏芝……誉，亦往往不足凭也。现在黔省□未雨。同书又禀。六月廿六日。

五弟在南不得荫生宜如何？……大定……何荔衫署青溪，甚滑……

【按】此函写于咸丰元年六月。咸丰元年五月，翁同爵“考试荫生，取一等第二名，引见内用，以主事签分兵部，在武选司行走”①，即函中所云“五弟此时想已考过，必得内用”。

咸丰元年七月底(1851)

[男同书百拜谨禀]父亲[大人膝下]：

……带到五月廿二日谕函，始知四月内家信并未带去，缘上年各省皆有祝万寿折，惟滇黔无之。中丞属备就留省，迨四月内并信送去，而中丞又云今年直省俱不备折，因取折回，而差弁忘带信去。(时已将策骑而行矣。)行两程始……带京。此□膝下……未告知中丞也。□□□蔡云士……例不迎送带来信□对纸顶子摺绅南词□已收到。廿一日滇弁赍到六月十一日谕函，知四月内信果由滇差带到，连悉两大人慈体康和，五弟考列第一，签分兵部武选司行走，额庆奚如，惟南中曾文年……大水，恐苏……否。

今年滇黔皆□雨，此间恒旸……米价未增，粤□尚无确耗，黔地均安静。□前陈之件廷寄督抚，会筹缉捕。甄翁于盗案极认真，中丞亦劾思州一案，施秉一案。现在有案必报，渐觉肃清。中丞相待如故，亦无愠色。吴子苾方伯现尚留此，其人静深温厚，孔诚甫廉……文已到八……明春引见阮侯……剂……也。寇年伯高□□门犹未往还，其季子……等。萧仲香之子已补廪，中丞决科卷仍男阅。贵山第一袁思翰可中也。唐子方丈器量才干为黔人冠，时与还往。此人闲退亦属可惜，何荔衫现署青溪，有才而世故太深，远不……

今年秋闱……十日起录科……耶。杨诒堂过□所荐魏君事不谐……，两友只好俟场后别为物色。滇中两主司皆患疟，呼延尤委

---

① 《翁同龢年谱·翁玉甫先生年谱》，第177页。

顿，云士丈已渐愈，托寄其家信一函，可嘱其家勿虑也。谕买之捍尖褂出在滇黔，滇中极贵(有二百金者)却……七十金……母亲所……当……典试初一日必□。上科差囊颇丰，非……也。今左君係中丞首府同乡，自必□色，无须吹嘘。唐镜翁理学一宗考亭，正人进用他人，当为史策之光。王雁汀有体有用，不激不随，不识有术以理财否?署中……分馀人……字近日稍……或托……两大人近安，并贺五弟……用之……近好不一，同书谨……媳妇两孙侍笔请安。寄上贵平纹银贰百两，其费已交该弁收明矣。荔峰得孝廉方正，亦可喜。

【按】咸丰元年五月，翁同爵“考试荫生，取一等第二名，引见内用，以主事签分兵部，在武选司行走”①，即函中所言“五弟考列第一，签分兵部武选司行走”一事。据《翁心存日记》《翁同龢日记》所记，通常情况下，一封信三、四十天可收到；此函所云“廿一日滇弁赍到六月十一日谕函”，其中“廿一日”当指七月二十一日，因疑此函写于咸丰元年七月底。

咸丰元年闰八月二十五日(1851 年 10 月 19 日)

男同书百拜谨禀父亲大人膝下：

连月折差之便，均有禀函，又托郎拾珊司马汝琳带去信一函，贵纹贰百两；托左瑶圃信及银二百两；华尧峰信及银三百十两，皮器一匣；郎亦有漆壶卢一巨簏，谅先后可达。敬惟两亲大人近体安康，百事如意为颂。京闱主考房官单尚未见，昨始闻顺天题诗得庠字，未知如何□法？两湖同首题，东陕同三题，亦奇江南题，可见性情亦尚易□也。前此折弁回黔，所有七月十一日、八月朔日两次谕函，同日接

① 《翁同龢年谱·翁玉甫先生年谱》，第 177 页。

到，诵悉一切。黎郡封事指陈太切，强怒于言，弱怒于色。近日中丞以讳盗劾开泰令陶履诚，乃苏人也。官声素好，胡咏芝极不喜之，到任即言其短，故有是事。今科主司瑶圃乃中丞首府同乡，每人可具威仪，虽逊王小山而亦不为菲也。吕尧仙三日内可到，吴子苾由蜀北上，安顿眷口于□而进京，此君深沉宽和，爱收藏，在此尚相得，然于公事亦略不谈及。崇廉访尚未过省，杨诒堂处仍请贵阳廪生。过锦云品学可信，梧江青丈所深契，已于榜后促其赴滇矣。

蒙示城寓口袋胡同屋稍爽垲，甚为可喜。里中小试有两侄，可望入泮。筹郎聪俊，均慰远念。至乡试□失较大，转不敢奢望矣。粤西金田会匪窜出新墟溃围斫营，犯永安州，见于侦报，未知果否。辛阶方伯尚驻南宁。现在黔境均安，男遵谕，爱惜精神，束身寡过。首乌难制，且与脾胃不宜，任升常服首乌及他补剂，而须发愈白，因此不信。可托人略带数枚至京也。

贵州文录遗□□录送。现缮岁册，九月底武录遗，十月内拟考遵义。四言韵文，已照旧式重书刊布。御书之本，未知何日始可颁到。至圣庙额，至今尚未奉到也。右军墨妙，旷代奇珍，温旨赐观，儒臣荣遇。于中丞处获观御制御门听政诗，想都下咸得庄诵。黔中秋成，虽止六七分，幸历年丰稔，米价尚不至十分昂贵。署中上下均安，下人亦尚谨饬，幕友□两金一钮，均品醇学粹，从□□宅门一步。何孟寅教读尚尽心，惟渠□事甚累。此间竟无土产之物，滇南翡翠由百色走羊城，在此三年未见一物，容于任满时访之。捍尖皮，远不逮滇，直亦较廉，俟托人购觅。专此肃布，敬请两大人近安，不庄，同书谨禀。闰八月廿五日。另四纸。

……颖园……附寄……四十……启视耶？盍试用（用时须插锡笔格……）之若……竟不合用，可以三十枝交祝……其尊人蘅畦先生，以践前诺。倘自己合用，则他日另寄祝可也。此间无佳信笺、佳徽墨，乞寄少许。（乞即寄白吏折五十个，一并交折差带回。）

【按】咸丰元年，翁同书办理贵州科考，“出考黎平、铜仁，皆岁科并试，复科试镇远、思州、石阡、思南、平越、都匀。还省录遗”①，知此函写于咸丰元年，是年闰八月。

咸丰元年九月初十日(1851年11月2日)

[男同书百拜]谨禀父[亲大人膝下]：

闰[八月廿]五日发十一号禀函，廿六日差弁回，□八月廿四日不列号……知□父亲入闱典试。闻北榜广额五六……总数将及三百名，可称极盛。亟欲一觑题名而不可得也。两弟回避，而五弟即于八月南旋，想途中有伴，不至寂寞，南闱及小试颇盼佳音。宝生竟……之役，殊出意外。容伯截取改简前……以领班章京而有此事，甚难为情。邓子[久]到京，想有升擢。其人干练深稳，亦尚光明。[郎]拾珊小有才(……带二百两及皮器)而浮滑，□在椅城之下也。吕尧仙人本勤能，加以锐气，似不甘随□波靡。吴子苾由蜀栈北上，计抵京在腊月初矣。黔省均尚安静，米价亦不甚昂。粤西未……御制，盼……军中有壮哉，乌向谋兼勇嘉尔赛……济忠之语□又有庸□字，盖指梦白石梧……月杪贼出紫荆山，□入永安州城，桂管大震，调湖南兵赴援檄黔中採办□药二万斤。嗣闻败贼于永安，系邹钟泉致见翁书中语，想尚可信耳。专此肃布，敬请两……并贺……庄，同书谨禀。九月初十日。媳妇率两孙附笔请安近喜。

【按】咸丰元年八月，翁心存“阅考试御史卷，偕协揆杜公受田、冢宰柏公葰、少司农舒公兴阿典顺天乡试”②，翁同爵回避不

① 《翁同龢年谱·巽斋自订年谱》，第163页。

② 《翁心存日记》第四册，第1858页。

考试，告假离京返乡[1]。此与函中"父亲入闱典试……两弟回避，而五弟即于八月南旋"相合，故此函写于咸丰元年九月初十日。

咸丰元年九月二十二日（1851年11月14日）

……昨见北闱题名，惜无熟人在内，惟幸……中式，□生性缓而拘，似其器识尚为宏达。萧庭滋、谌焕模，皆佳士，□当获中耳。父亲兼□吏右，想铨部画诺□，每幸钟邸已另派侍直，则内直稍得暇晷耳。河溢丰北，眼前恐误，回空下竹搴茭颇縻左藏，又廑圣主……西紫荆免脱，桂管震惊，匝月以……不一。黔将在军者，惟新升左江镇之……而以行伍起家，甚有［胆量］，［馀子］录录不……也。见斋中丞婴疾［甚剧］，□服生军力阻不听，已定于廿八日交印藩司疏□解□矣。甄翁雷厉风行，略嫌操切。督抚两院意见各殊，固非易处也。同书又禀，九月廿二日。

（残）又……携去雄晶佛一匣……日徐石民进京……（……内皮器……有单）想冬……可到。石民承咏……家学体用兼全，静深有本。其才识在胡咏芝之上。咏芝□□其功，致两贤相□，然其才锋亦自咄咄逼人也。同书又禀，九月廿二日雨夜。

【按】咸丰元年闰八月，翁心存兼署吏部右侍郎[2]，知此函写于咸丰元年。

---

① 《翁同龢年谱·翁玉甫先生年谱》，第177页。

② 《翁心存日记》第四册，第1858页。

咸丰元年十月十六日(1851年12月8日)

[男同书百]拜谨禀父亲[大人膝]下：

九月廿五日发拾贰号禀，本月初五日差弁[回]，接奉四十二号谕函。欣[悉]两大人近体安和，合家清吉，并知京兆得人之盛，锁院唱酬之乐，更深欣慰。三天儤直稍闲，而复奉兼署吏右之命，趋……务殷繁，圣主恩□□家感戴。至于水衡告绌，圜法难筹，身□□□自深焦虑。粤警……捐例未足□□□矧灵渎为灾耶。两弟回避……即结并南旋。途间恐为水阻，然溢出之水势散□□□亦无足虑。

曾文不中，或有望于下科，其文尚不□十分庸熟也。此间何孟寅亮……试，正可令两儿自行温习。署中均安……亦尚谨饬，男前之多言，实招时忌，而……大形龃龉。幸自守……分例所有……滇生师及燕庭前辈，皆□□其详也。[吕]尧仙相待甚厚，男因其现护抚篆，每事远嫌。孔诚甫亦是长者，首府县亦尚是正人也。男定于十九日往遵义、大定两郡……可竣事。[旋]省路程平坦，且系□□最盛之区，可以开人怀抱也。叠次谕函[均已]收到，并无遗失。捍……俟觅得寄……皋何以愿入谏垣，真不可解□□与相善，酝藉聪明，伦辈所罕及也。肃此缮请父母亲大人均安，不庄。同书谨禀，十月十六日。媳妇及曾源、曾桂侍笔请安。

【按】此函写于咸丰元年十月十六日。是年八月，翁心存典顺天乡试，翁同爵回避不考试，告假出京返乡，途中遇水，直至十一月方才抵达常熟①。

① 《翁同龢年谱·翁玉甫先生年谱》，第177页。

咸丰元年十二月二十日(1852年2月9日)

[男同书百拜谨禀]父亲[大人膝下]：

男于十月二十日出省，按试遵义、[大定两]郡，照例广额试……兼获隽材。惟□□为水西地，奇寒徹骨，风雪漫山，试毕遄归。于十一月廿七日抵省，三十日接奉四十□号谕函，欣悉京邸自两亲……祥郎取古，可望游庠，不胜欣慰。……水沸□者帀月，布帆安稳，已抵袁江。[想]南行更无阻滞矣。……取古学自可列□优等。云樵兄兴致想不如从前，荔峰之孝廉方正，闻浮费至千馀金，似不如捐官矣。□□以邑令校官用并□小京官在内，若欲作京官，则又计之左也。桂林未靖，瓠子又……空虚策将安出，置交子之务流弊……卜式之徒乐输亦少。寿阳素负时望□□嘉谟至雁翁……求洵时俗……觏者也。

父亲兼权铨部，政务殷繁，宜节力自爱，饮食供奉，□[勿]过于节俭。且如通侯书启一事，宜觅一代笔之人。都中多能手，岁俸不过……而可省自己之心力，亦不致疏于……识是否，曹子祥(署大定守)处之信已递去，子祥□以男之上疏为多……新有劫案□□严批勒缉，久之未获，而续有劫伤，竟不能无惴惴。本任黄惺斋年丈卸西道篆，即引疾，留之不可。此缺应子祥题升，今有盗案，未获得否，未可知也。粤西兵不得力……嵎如故。幸去黔界尚远，南宁等处……为劳辛阶划除大半。至贵州萑苻虽□。而夏秋以来搜捕……督责过深……正多棘手。忽复奉廷寄有……黔省多盗，本年经学政某疏陈仍未严□，并云因首府曾任铜仁，故万山厂之匪，函商不辨其实。万山于六月内驱逐一次……矣。闻疏系黄绂卿同年所上，外人……仲香手。男系建言之人，惟有持平远□而已。幸奉旨所……匪已有就缚者，□于回奏也。吕尧仙颇有主张，亦尚通方。□秦甫宽和易简，的是好官，而屡被甄翁谯让，□得不遇事从严，承观察志初履任，是坦白一路人，亦已久于外任。蒋莲生中丞……素有书札往还，其侄有已西拔……世愚侄柬。

黔境均安,惟夏旱稍歉收耳。署中均好,男自课……[寄]上贵平(寄费均已付去)纹银□百两,乞检收。另钮□生寄□□两,乞□□信送羹梅中翰处。又寄上武乡试录,□尧仙前序,亦男所撰。张文标双料水笔三十枝,每枝纹银五分,可以自用。另单……每枝三分,寄与筹郎,又红岩磨崖……张寄杨中鲁。此碑在永宁州荒山□□厓赤书深入石理……去年张春□□守攀絙猱升,亲至石壁下看之,真奇迹也。肃此敬请父母亲大人平安,不庄。同书谨禀。十二月二十日。媳妇率两孙恭叩年安。……物件单一纸,乞即买就交折弁带来。

【按】此函写于咸丰元年十二月二十日。咸丰元年闰八月,翁心存兼署吏部右侍郎①。是年冬,翁同书"科试遵义、大定"②。

咸丰五年十一月十五日(1855 年 12 月 23 日)

男同书百拜谨禀父亲大人膝下:

前闻奉命勘估工程,在涞水行馆晕跌,伤臂甚剧。男寝食不安,及连得京信并阅邸报,始悉销假召对。乃谢神佑而安旅怀。近奉十月初十五日手谕,知举箸握管渐可复元,益为欣慰。惟恭送奉安,又须劳顿,仍切悬悬耳。密谕云云,敬已铭诸肺腑,咏陆浑山矣。

男自来邗上,力矢忠忱。苟利害所在,无不力争,有介胄不可犯之色。曩有桥梓在军者,每建议矫诬,辄折五鹿之角。其太荒唐者,怵于男言,往往不敢施行。其匡捄有效者,不知若干事,倘非男能持正,早见其决裂矣。今之在军者,仍惮男也。

---

① 《翁心存日记》第四册,第 1858 页。

② 《翁同龢年谱·巽斋自订年谱》,第 163 页。

两亲大人诸可放心，男非不能自立者。第远志无味，而当归有味耳。朱庄新营过窄，而茅檐嘹口，竹屋观书颇胜于旧。腰脚渐健，目力尚佳，高枕重茵，轻裘醇酒，善自料理，不敢以贻亲虑。长围已合，极为得力，正二月必可成功，语具与两弟信中。肃此禀泐，恭请两大人颐安，伏惟慈鉴，同书谨禀。显侯时相见，蔼蔼可亲。十一月十五日。

【按】咸丰五年八月，翁心存奉命查勘慕东陵工程[①]，八月二十五日，因头晕不慎跌倒在地，伤及右额角、颧骨等处，右腕伤势尤重[②]。是年，"托帅为长围以困瓜洲，冬，移营八里铺"[③]，与此函中"长围已合，极为得力"相呼应，知此函写于咸丰五年十一月十五日。是年十二月初七日，翁心存"三儿十一月十六日书"[④]，当即此函。

咸丰六年五月初一日（1856 年 6 月 3 日）

男同书百拜谨禀两亲大人膝下：

窃男于二月廿四日疏陈兵食六事、水师五条，是时瓜洲有数日之粮尔。廿八日越围毁营，男在炮台与陈军门、雷方伯扼守。是夜退至三汊河，次日兵溃，次日至邵伯收兵，连疏告急。十二日奉旨帮办军务，次日收复扬城。十四日带队至蒋王庙援剿，四月十五日自邵伯移营蒋王庙，廿三日收复三汊河，廿八日亲督队伍攻瓜洲，登东岸八里铺炮台。此数月来事也。

---

① 《翁心存日记》第四册，第 1860 页。
② 《翁心存日记》第三册，第 1057—1058 页。
③ 《翁同龢年谱·巽斋自订年谱》，第 165 页。
④ 《翁心存日记》第三册，第 1077—1078 页。

六弟登科，闻之欣喜，惟望其得鼎甲，遥想曲江锡宴，车骑雍容，与此地之跃马提戈大不侔矣。托帅和衷好善，陈印若持重得士心，雷鹤皋伉爽无城府，皆良帅也。其功之不成，则命耳。雷不知兵，其用人听言亦多未当。至见人台坐称本帮办，恐以告者之过。每相过从，颇有退让之风，实未见其意气凌人。男素洽军心，兼得民誉。现与德帅汰羸卒，以节军储；明赏罚，以固兵心；严纪律，以肃军令，似乎日有起色。德帅有书函问起居，望速即作书复之。伊目不知书，而每使人诵而听之，书词宜于㧑挹之中见真挚之意。男与为昆弟交，函简皆称愚兄，则严亲自不可称愚弟，(似可呼以滋园都护大帅。)未知应如何自称，祈酌之。

前得谕函，深蒙垂念兵事。袁禄春回，又奉手谕，以佳兵轻敌为戒。男非敢，然前书姑以宽亲怀耳。箧中书悉付劫灰，危坐观空，转得少出囊底之智。今日闻吉雨山事，遥望九华山火，令人愤懑，世事如此而无识者，泄沓如故，可为太息。在邗上樱桃四见矣，正不知此贼何时扫荡？德滋园(行一)都护(加都统衔。)虽有谋勇，尚不任此。若男更何足道？而遍观戎幕间，更无其人，奈何？奈何？男于捐务毫不沾手，以杜后患。盐粮外一介不取，亦已足用。专此恭贺大喜，虔颂寿祺节安，不庄。男同书跪禀，五月初一日蒋王庙大营呈。

【按】咸丰六年，“贼占空城无所得食，乃弃城遁而聚扑蒋王庙大营，次日余统千人至蒋王庙，适德公与贼鏖战几不敌，余军至，助之战，守乃得无恐。未几，予遂筑小营于蒋王庙之南，与德公大营相望，寻攻克三汊河”①，知此函写于咸丰六年，是年五月十八日，翁心存收到此书，“得三儿五月二日书，蒋字第一号，并德滋圃都统书”②。

① 《翁同龢年谱·巽斋自订年谱》，第166页。

② 《翁心存日记》第三册，第1126页。

咸丰六年五月十四日(1856年6月16日)

男同书百拜谨禀父亲大人膝下:

初二日报录人至,喜得六弟大魁捷音。初十日始见小录邸报,次日始得家书。此皆父母亲福荫教育之所成就,门第科名,海宇倾羡,所谓邦家之光,非闾里之荣者,信矣。严亲查工回京,计在初十以后。召对时必蒙垂询,想见天颜有喜也。都中邑馆兴修时,部郎余公实为相视风水。据云十年内必出鼎甲,今十年中出三鼎甲,尤为佳话,而余公之术亦神矣。

男蒋王庙新营深沟高垒,绳直砥平,望气者以为佳。今果得此瑞事,几见军中有贴状元报单者乎?明早祭纛祭炮毕,始督队进攻瓜洲。目下军心已固,必有效验。德帅极重香火之情,前有贺函,望即沕复,千万千万。兹乘万寿贺折之便,(可令于六月初取回信,大约六月初二、三即出京。此系满兵,似是防御之类,非绿营弁兵可比。)肃沕禀贺大喜,并请寿安,不庄。同书谨禀。五月十四日。朱春舫、周兰生今夕同具杯勺称祝。

【按】此函写于咸丰六年。是年四月,翁同龢以一甲第一名进士及第,授翰林院修撰①,此即函中所云"六弟大魁捷音";五月二十六日,翁心存收到此书,"得三儿十四日蒋王庙书,渠于初二日已知六儿登第之信,初九日始见题名录,并得德滋园都护兴阿贺书"②。

---

① 《翁同龢年谱》,第27页。

② 《翁心存日记》第三册,第1128页。

咸丰六年六月二十日(1856 年 7 月 21 日)

男同书百拜谨禀父亲大人膝下：

六弟名冠蓬山，翕符士论，为两亲欢。而邗上和门泥金焕采，贺者趾错。此皆海内盛事，乐何可言。沈北堂庆萱带到谕函，(伊仍在文方伯处。)检之至，又得浴佛日手谕，条分缕晰，训示周详，惟当韦佩绅书，服膺弗失。

三岔河收复之后，扬营光景悉复旧规。苛政已除，倖门尽塞，条教号令已布城乡。德滋园忠勇有才气，亦颇持重，西鞠皆讷而勇，文方伯舆论中平，与大帅不相能，将来终难合式。江浦再陷，未易克复，盖北岸浦口、九洑洲与七里洲相对，皆有贼营，往来自若。前年九洑洲既克旋失，今年宁国之贼东下，由金陵北渡，故浦口顿形吃重，而江浦以西和州及乌江皆贼薮，而皖省不之顾也。瓜洲之贼，本不过四千人，镇江不过六千人，金山不过千人。自宁国金陵之贼二万馀东窜赴援，吉雨山不能截，始有扬营之事。

今则镇江之贼，(瓜镇往来自若。)计有五六万，上至金陵皆贼之地，其民雠兵而德贼。张国樑虽勇而不能戢，其部伍(虽令不从)自水师(四年)之上驶仪六，江面始无贼船，然水师能击江中之贼船，(对渡者亦不能截。)而不能平江上之贼垒，(贼炮甚密，每战则水师必受重伤，而不能伤贼。)非水师之不力也。纸上谈兵都不可用，以今昔不同且兵疲饷绌也。今之良将何在？琦帅第一能用兵者，无如众人百口訾之，故初则竞誉春翁，及春翁慷慨誓师，不吝重赏，期旦夕平贼，而每战辄挫衄，饰奏冒功，三军思食其肉。由不知形执，不善用兵，而视事太易也。瓜镇本已穷蹙，自南岸放贼下援，遂不可问。此间但能扼住北窜之路，即为大幸。若冒昧图功，未有不败者也。

另谕作士气、(现在日日教勖之。)备器械、(小枪炮，男借之于吉营河漕，并由粮台制备，其大炮则春翁购，为水师之用，札提一百八尊，足用矣。）汰羸卒、（已汰矣，其存者皆可用。）停募勇、（雷勇已裁其半，文勇不肯多裁，其长毛勇六百，馀则奉特旨自楚北来新至扬。）选健将、（善战者皆在死绥之列，今皆优游，以取大官且大帅之权也。鞠殿华者，男极爱之。然驭下过酷，都守以下无不毒捶，致帐下反戈相向。又如禁民耕种，擅杀良民数十人，至及妇人黄口，岂良将所为乎？但究系勇将耳。）爱士卒、（男与德，素得兵心，陕、甘督标之兵，尤愿尽力。）定赏罚、（托雷之失人心，以此德能力矫之，而爱憎厚薄，亦不能免。）申纪律、（通天下用兵处所皆无纪律，惟昔日琦帅有纪律，以杀人不眨眼之故也。今江北军营尚整肃，惟吃烟者太多。若南岸，则各营皆有妇女，馀可知矣。扬州雷之勇、慧之兵勇皆无纪律，自托至而西岸之兵亦纵弛。今似无此病，且如男营四百馀人，重壁重濠。夜则撤桥以守，彻夜支更传箭，至日出乃已。每三、四更指名唤某弁某兵，无不立至，并无一卒宿于外者，况将校乎。苟有犯，必予杖，甚且贯耳以徇，亦可谓节制之师矣。即文委员亦无敢夜间在外者，迥非托帅之比。）严巡警、（夜间更鼓分明，每日点名三次，教演刀矛枪炮，坐作进退之法。）诘奸宄、（现仍严查，可疑者，必拘执严讯。）明侦探、（男营即有三四人日至四里铺确探，其它营尚多。来回话者，必面询曲折，无一日懈弛。）储粮饷、（地丁原有五十万，无如徐州用之。本省兵饷用之，又加以蠲免，又加以蒂欠，又加以留支，大约不过二十万。漕米变价十万，淮关数万，淮北盐课十二三万，如是而止耳。今年特旨所拨四十馀万，除江海关解二万外，馀悉以无款可拨咨覆，而户部犹持空帐搪塞，捐为皆系有着之款，可笑也。文营厘捐颇巨，亦有二三十万。然除养勇二千名，月制军械接济外，每月解粮台一万串或数千串而已。方伯为人似尚细密谨慎，然不能筹饷，又善于说官话占地步，而心思亦太多，与男却算相得。伊与文孔修中堂同族，与彭相亦有来往。）固人心、（厘捐悉归文方伯，与雷无涉。其自邵伯至清江，则皆河台所管，此时一应捐局，悉行裁汰矣。濠夫即霍家桥（雷所设）之民勇也。男已向文方伯言之，而裁却，无如张太守廷瑞又禀方伯，谓此勇若裁，则仙女庙邵伯皆不可守，而贼必至到清江裹河，方伯乃不敢裁。今不知已裁否，张太守乃文方伯心腹也。）审地执、（瓜洲实难于攻，若既克，则易于布置矣。）揽英才、（当世无非求名利者，安得有英才?）崇退让、（当勉之。琦帅虽骄矜，然绝不以礼见责人，且刻苦无排场。若雷、慧、晋，则皆绿幰红盖，馀红盖者尚多，雷慧皆出入放炮。琦则二人肩舆，或乘马无盖无炮。托帅四人肩舆，馀并如琦、雷，乃不用炮。慧见镇将台坐，雷仍谦恭，不至若传闻之甚，大约胜慧架子最大。）和将帅、（德虽至交，亦时有尚气任术之处，待之以不亢不卑。）慎奏报。（德所奏仍多粉饰，男力持之，时以此小有违言。刘星房惟知献谀，并无风骨。）

此皆此间之大概，军中诡冒倾轧之风最甚。若一味脂韦，则欺凌狎侮者踵至。故有相度者，不可以语将才，大约仁为体，智为用而已。

闻五弟要送荣侄回南就姻，似可少缓。南中迁徙无常，道途荆棘，殊未易行也。折纸等已带到，此后不必再寄，惟望馆选录、认启单、齿录（新科）等件。昨折差回扬，又奉严谕，已将德滋园信送去，渠甚乐。春舫、兰生并已致意，袁董仍相随，唐洪等仆亦已谕知矣。袁浦已得雨，扬州以南大旱，吴门十室九空。向帅有恙，以军事委张国梁。南军无纪律，其挫衄溃逃尤甚。肃此禀沥，敬请两大人颐安，并贺蕃禧不戬，同书谨禀，六月二十日暑窗。

【按】咸丰六年四月，翁同龢科举夺魁，即函中“六弟名冠蓬山”一事。四月初九日，翁心存“以寄三儿信并折纸等六包托蕴检之携去”①，当是翁同书在函中所言浴佛日所得手谕。

咸丰六年七月十九日，翁心存收得翁同书此通家书，“言袁浦已得雨，扬州以南旱如故也，并缕军中事甚悉”②，故此函写于

---

① 《翁心存日记》第三册，第1113页。

② 《翁心存日记》第三册，第1144页。

咸丰六年。

咸丰六年八月二十七日(1856年9月25日)

男同书百拜谨禀父母亲大人膝下：

月初发一信，嗣因俗务坌集，久未驰禀。十四日阅邸报，恭悉七月二十四日，男蒙恩旨擢授詹事。越三日而家书至，惟部文未到。男已缮谢折，拟即附军报拜发。此次迁除，虽依资循级而差，幸得免大考，况条冰直上，仍列清班，使绂交辉，兼襄戎事。严亲方权掌院，六弟又冠蓬山，足为词林佳话。感天恩之稠叠，喜家庆之方长，而望云爱日之忱，益不能以自解。

此间大旱之后，飞蝗蔽天，米价翔贵。近与德滋园邀水师总兵陈国泰到营，密筹水陆并进之策，尚须候风而行，亦未知有济否？昨日黎明，与滋帅亲督马步队进攻，兼看地势。男亲到五里湾，去贼营止二三里，视之显显矣。德帅善驭诸将，能得士心，而与男莫逆，真金兰之友也，即其与严亲书，必嘱书记曰"须恭敬毋忽"，可以知其心矣。九月分饷尚无着落，真是无可如何。和帅已克三河，想九月中可至丹阳。现在东坝金坛之贼，皆已遁走，可保苏常无事。里中久无人来，想俱安好。专此肃泐，恭申叩谢，即请颐安，不庄，同书谨禀，并问合宅好，八月二十七日，是日阴。日内滋帅将遣人进京。

【按】此函写于咸丰六年，是年七月二十四日，翁同书擢升詹事；九月十五日，翁心存喜"得三儿八月廿八日书"[1]，即此通家书。

---

① 《翁心存日记》第三册，第1145、1159页。

咸丰六年十月十二日(1856年11月9日)

男同书百拜谨禀父亲大人膝下：

上月接七月廿八日谕函，所以慰勉之□□□，兵疲饷阙，固是实情。请饷之疏娄上，而大农所□拨，名为有着之款，该省辄以无款可拨一语塞责，而枵腹以待者，索我于枯鱼之肆矣。再疏三疏犹是也。其馀一切情形，固当和盘托出，第其中亦有曲折。而大帅虽不识汉文，遇有章疏，却必口占大意。其属草者，星房也。不喜人参预其事，即立异且不可，况单衔论列乎。大略疣赘，如满汉侍郎而已。史公牛马走徒读等身，吏人雁鹜行尽□□，以此知径行己意之难也。然滋园相待却甚□，情如手足，男亦必以诚告，不可[言不和]矣。[惟是]和可也，同不可也。滋园好处在直谅沉勇而亦宽和(待兵勇)。其病在骄盈疑忌，而近操切(待文武。)喜听小人之言，此殆非可以口舌争也。

淮北大旱，赤地千里，近水之禾又尽于蝗，斗米五百，钱银每两换钱(钱荒也)一千五百，上月每兵发银一两有奇，今糈台如洗矣。盖年荒而地丁不解也。捻匪焚盐船而淮北无课也。江南亦匮，而上海关欠解□□捐不旺，而文方伯不拨济也。积此数者故如洗矣。□间左次将帅仅以身免，士卒可知。此□饥寒[交迫]，众兵以德帅恩威素著，男又素得士心，故无聚噪之事，然可听之而不筹乎？请山陕饷之疏朱批另有旨，至今未见部文行知。

男目击兵情，废寝忘食，恳切函致抚藩臬上海道运司淮关等处。据江苏函复，月内当有数千金接济。如能凑至万金，尚不至于溃散。男又与德帅、文方伯筹借米三千石；另饬扬通二属□□千石，稍救目前之急。月内尚当据实奏请□□庶克有济。所幸兵心甚固，[将]帅辄□，贼酋自相猜害，或有机会，惟南岸丹阳月需饷二十万金，(苏常在外。)京口另须十万金，(江北自扬至浦口，月止须用七万。)亦呼庚癸。张国梁每出一仗，必须重赏。近在句容打一败仗，伤人甚多，和帅过扬时曾共一饭，颇开展，性伉爽而亦复深沉，兼之熟于世故，其才可作督抚，今自丹阳往句容矣。

八月中，金陵城中伪北王韦长辉杀伪东王杨秀清，并诛其□□□人，檄伪翼王石达开回金陵，将图之，石达开□城而逸，悬购甚急。近传十月初五日，石达开潜入城为变，诛伪北王之党数十人，韦贼遁走，似乎有隙可乘，然瓜洲只是负嵎，男与德帅射书散胁，无计不施，仅有真贼四人投出，恩豢之，以为囮，而贼防愈严，亦射书我军，备极嘲詈。其文甚通，俨然儒生手笔也。如何，如何！

里中久无信来，洪坤现在回家，曾带信去。闻祥侄等将入都，适兰生至苏催饷，嘱□□北路旱荒情形。如未定行期，再加斟酌。倘定□[进]京，则过扬时当令唐安随去，□派[得力弁兵]一二人随送也。邓香甫贤芬现往吴门，其人果不群。鲁通甫系名士，其学颇深，然此间无力延之。专此禀复，敬请父母亲大人颐安，不庄。同书谨禀。十月十二日。

【按】此函写于咸丰六年，是年十一月二十三日，翁心存收到"三儿十月十二日书，(昨廿一日到。)言邗上军待饷甚亟"[1]。

咸丰六年十一月十九日(1856年12月16日)

男同书百拜谨禀父母亲大人膝下：

连接京信，祗奉谕函，刘慈民□□接安信，并询悉都中景况。十七日滋帅人□，得九月[手]谕。是日阅邸报，知月初父亲奉命参知政事，又以书成恩叙，赏孙男曾源举人。极耆臣之荣遇，为荐绅之美谭。家庆国恩灯花太喜，而曾源有志下帷，竟得遂观光之愿，尤属□□望

① 《翁心存日记》第三册，第1179页。

外，真令人喜而不寐也。六弟议叙，想尚□□裁奏请耳。男前呈谢折稿，仰蒙嘉奖。盖缘近日稍留意宋人四六，故用笔稍熟。

此间攻不足而守有馀，昨出队仍未得手。招降一说，不但上系慈怀，抑且深廑圣念。其实逃出者虽多，（此乃草疏者故意铺排，言过其实。）而留用者不及二十人，万无他虞。若□□□投出，自当谨防，断不至稍有疏忽也。滋□□而且仁，其待男直同骨肉，惟疑忌亦时不免，而幕中人又教以溪刻诈谖，以是不逞之徒造作蜚语。其实更生只是媢嫉狭隘，二于秀才，乃滋帅旧友，并非更生引进，且其人亦不过少年高兴，并无实在招摇之事，近亦知敛戢矣。前此非男之默默也，稍稍开口，立见不和，欲和则不得不默。今主帅似亦知之，即□□之初到，怨男不为出力，岂非错怪？及检之知□□无用自己营求，得派营务处大帅，□□并不体面，意颇自得。而日与更生为难，不胜则又佯诎服焉。迨检之此次派兵援徐，始与男修好。将来自徐回，恐与更生终不和耳。

大帅营事繁地要，无如同室操戈，彼此直同水火。男惟有诸事推让，以省闲气，幸东营委员无多，似尚辑睦，不至效尤耳。五羊城之事都□□有所闻，兹钞呈所闻大略，乃金都（安清）转函中□寄得自上海者。幸饬两弟□□，勿以示人。其金陵贼酋自相吞并事，则所闻甚确，但亦不必示人耳。邓香甫已到宝应任，必为能吏。邗上冬暖久晴，遗蝗可虑，军中无饷，几至变生，赖圣恩准拨晋陕月饷二三万。恒月川方伯知扬营孔亟，立解三万金。（此时樽节至七万馀金已敷用。）月初得此凑放五成，众心稍定。如年底能[放]□□方可过去，否则放半饷亦可敷衍。若非滋[帅恩]威并用，早已啧有烦言矣。男强健善饭，遇事安和，既得士心，亦洽舆诵。专此肃贺大喜，并祝寿祺，不庄。同书谨禀，十月十九日戌刻。

本年……十日，广东有华艇装载私盐，上有夷人旗号，船内有真夷，有假夷，经官人获……匪犯夷目来要□□□即正法，而船中逸犯诬控中国将伊夷旗践踏,盖夷人最……能从……府枷责数人,未能满愿,直闹到公使,照会总督屡次往返,皆未妥贴。至二十五日,公使将此事移文统带大兵头,兵头备文邀总督面议,以次日十二点钟为……次日……于未刻开仗。接连五日,兵船直进省河,占据各炮台,于……兵勇皆溃,彼此损伤不少,烧焚房屋甚多,直到总督衙门(已烧尽)。夷人当日退出……系初三自粤开来,此时尚无头绪,各处信息传闻轻重不等。至……夷船到省,夷兵入城,以上四层,众信皆同也。又有说未破城之先九十三乡……民拒……官悬立重赏。又有云,连年未净之盗,省内省外数万人,皆已从夷,到处□□大抵……民从夷皆必有之事。而兵民夷三者,蛮触互争,头绪搅攘……有说在内城者,有说在城外,令绅富出来讲和者,不知的确。昨……载有华商数人,并带得虎门带勇黄姓来书,说初二以后……以多,初六晚又打一仗,前后夷兵共伤数百名,内著名盗匪为贼前敌者,亦死五……各路……在旧城内,夷人在说和,要还旗升炮,制台来赔礼。制台只允升……事,惟广……人赔还房屋,民气甚壮,夷人无可奈何,且系水师兵头一人……都在抱怨……使要英国公使出合同,包定十三行存货,如被内地……国赔还,现在弗郎西亦出来和解,尚未定局。

英……为照会……本国旗被横行之事,至贵国钦差不□妥善……陆兵丁自应攻坏。贵国战船广……外炮……轰城墙崩裂,又用火药焚坏城门,我水陆兵随即入城,其焚城……提……贵国钦……待我提督(钦……)……行无礼无信,以致百姓被祸受累,若叶不去……困苦……将□东多难情形合行照会,为此照会贵护道……冀事早……相安和好,是所同望,须至照会去。咸丰六年[十一]月初二日照会。

……留署六合县温绍原禀:据金陵密探来报,逆首杨秀青是被伪北王韦逆所杀,其党羽一概就戮,为数甚众。所调翼贼石达开,已于二十六日进城,□□多人均被韦逆诛戮,石逆于三十日由南门繁城而出，与伪丞相张遂[谋]一同逃走。韦逆张榜有拿获石达开者，赏银千两，封万户侯[①]；拿获张伪相者，赏银五百两。刻下城门犹闭未开，深恐石党复仇，其已死杨逆之杨宗兄自城内峨眉……实仓，冀图报复。洪逆与韦逆即自大行宫扎营，至小营地方逐日交仗，皆韦[逆]……不可……无不惊慌虑陷，石党咸欲逃走，又路无路可逃，人心实已散离等语，甚为确凿，[若]……抚剿，似可解散得手，且石逆有云，已往上江，愿来投忱……进扎原营贼。城外各贼营，当可先为我有矣。肃此驰禀。

……据……音，门口犹有漂出贼尸不少，前后约以数千计，多半长发断头，折臂亦有，尚穿红黄各□被捆绑而杀，并未解绑者。韦逆昨将和州并观音门贼首锁拿前去，因其为杨党也。探……和……二十八日□□巢县，再攻无为。如可得手，即行东下巢县，紧接含山、和州，而和州之东……窜至江浦城内，职道昨已函致浦口各营，严为防范，六合亦当水陆……[滩溪]一带，虽相距较远，究竟皖境尚未肃清，亦不可忽。所有施官竹镇二集，仍酌留弁勇在彼防守，□□既撤回城，其六合界内山棚贫民及西北一带地方灾黎，昨职道率同……查办……承田主，妥为领养，按日给与口粮。此外赤贫无依，实在乏食……按保造册，[由职]道首倡捐粮，并劝谕绅富商贾各归各保，捐出麦稻杂粮，按月……资接济……种菜蔬，补充口食。向来西北最悍且贫，民间得此心可稍安，则东南一[带]……[较]轻民……李令同官绅仿照办理，尽可无虞。至六境种山各[棚民]多在西北一带，近年从未滋事。职道责令董事棚头无论贫富，挨户造册，开列男妇……子各予腰牌。此后凡外邑棚民，一概不准擅入我境，违即严拿究办……弥内患而御外侮，上副谆谆训诲之至，意肃并禀陈……

初十日又禀：据接全椒刘令来报，□合肥县函知，钦差大臣和定……初六日自庐州起程，历六合前赴江南，约两三日准可到六合，

---

① 原件作“侯”。

肃此驰报……江浦城内逆首伪将军薙发改装，带同六七人肩挑行李，俱藏兵器，潜赴来盱山内，勾结……围六合等情，职道当即派委员弁改装易服，驰往西北一带……中所……与滁来盱各山紧连地方，密为踩探踪迹，如来至附近……获，惟该逆诡谲多端，各处必须严防，昨已飞致滁来盱天各州县及浦口营中一本严密踩拿在案。肃此禀陈。

……伪将军(年约四十岁，[黄]面薄唇……两腮微凹，新黑瓣线穿旧元青绸面花羊皮马褂，旧蓝布大褂，用黑绸汗巾繁腰。)

……(年[约]……馀岁，白面微麻，上下牙齿□色，白瓣线白鞋，穿旧蓝布大褂，黑布夹马褂，蓝布套裤，力颇大……兵器……)

据金陵密陈□纶蒋锦□来报，翼贼因与北贼雠深，昨于初六日由上江带人冒名进城，诛杀北逆家眷，[党]羽甚众……带数百人由朝阳□太平二门逃出，皆往下行，伪天王现出赏格，欲擒北逆斩首，城□仍闭，未闻前此城内贼甚少，今将各卡伪官俱调进城，只进不许出……皆同，甚为确凿，肃此驰禀。

……北逆韦昌辉昨在卢妃巷被洪逆拿获，当即凌迟处死，尚有党羽张子朋、张子盛未获，现在四处……将韦逆首级送赴翼逆石达开处，欲请其带兵进城……紧闭，城□并无多人，贼逆昨在观音门扎就一营，雇令贫民看守。此探皆确，肃此驰报。

□□日又禀：据……韦逆……均已被杀，仅存第八房妾，于九月三十日生有一子，其党以之接顶北王伪职。现与[翼]……在城交仗，翼逆恐江南设有不虞，现在添派党羽……接应固守计。又探得来盱山匪汪士荣等自投贼逆以后，现复互相……安县刘令拿获山匪吴绍礼，搜出贼逆伪文等件正法在案……处侦探在于文界地方严密访拿，肃此驰报。

十一日……据金陵密……开之党约数千人，仅寸馀，先至上河，恣意掳掠，迨经调往……领三千馀人驻扎上河，亦皆短发，并闻石达开先曾晓谕伪……长六寸，宽三寸，上写“太平愿忠”四字。又闻石达开已赴安徽，率……否，至石皋桥，贼首黄瞎子为杨秀清之党，先虑韦逆□害，意欲就近过江投忱。兹因韦逆已杀，复经洪逆调其进城慰谕，并封以丞相伪职，添党固守，约共二千……操演枪炮，其垒以大石砌筑，甚坚。并有划船数……桥内□停泊，意似窥伺北岸，除饬沿江员弁、水勇随同艇师……严密防……驰报。

初七日又禀：……飞报，石埠桥之贼又在靖安厂太子洲一带掳掠民船百馀只……埠至县，并有大股另由浦口及江浦亦至县城，据称所闻甚确嘱……派员弁、兵勇四路严防外，特恐该逆竟以大股分水陆数路夹攻，则我兵勇……必应接不暇。可否仰恳大人格外恩施，迅调红单师船，协同李参将堵……之贼□职道会同官兵防守城垣，堵剿江浦等处，陆路之贼如蒙……暂时会防，尤为虔祷之至，肃此驰报。

……于初六日夜传令大小炮船，并上下各处贼船，均多带火药炮子，定于早晚间一齐攻我师船□□贼之声东击西，更防陆路抄袭等语。除飞致上下游水陆□□□严防□□□□团练及水勇各在要隘地方，随助艇师以壮声威。外职……探会同□步官兵督饬各员勇防守城整队，如果贼至，奋力攻剿，惟段要口师船，其势甚单耳，再肃此驰报。

□□□八日又禀：

探得……五日夜突入金陵城中，搜杀北逆。北逆兄弟三人，临时闻信……赴……巢穴中，北逆之妻并其子亲丁共十五口……金陵城中，一切调度悉听石逆掌管，故行文江南北各贼营……赏格，凡从前北逆所行捕拿石逆伪文伪札，悉令烧毁……字存留。现在伪天王实系洪秀全之子，年仅十七岁，人甚……石逆尚能容留，以击群贼之心等情合肃……

札……点元勋黄［札示］：江浦县军帅师帅知悉为传饬遵行。事缘昨承……札饬……奸。韦昌辉于前假冒遵奉圣诏，擅弑东王残……翼王回朝，又思谋害，以逞其奸。其恶之罪大者，不敬天父……天父下凡为……欺天欺主，害弟害兄，残虐无辜，协制臣……

敢怒不敢言，且于我翼王见机出京之后，更肆威凌……众臣进谏，幸蒙天父天兄大开天恩。我真圣主圣恩降密旨……灭奸逆，以整朝纲，而彰天报业，将该奸族奸妻奸子均行[就戮]……逆韦昌辉在逃，尚未缉获，现已传知各省，佐将编……大奸，天法必不能宥，断难逃天父天兄手段过也。再者……有妖文妖示，每多毁谤翼王，词句字迹切不可存留片纸，只……示……传知统下，务要严密访奸逆韦昌辉解送前来奏封厚爵。如不受爵者赏白银千元，更仰将该奸以前之奸语告示，尽……留……但事关至要，幸勿迟误，切切毋违。特札……

□□二日又禀：连日满城大索韦逆，直至十四日始于清凉山后将韦[逆]……身碎骨示众矣。十六、七两日，由上江蜂拥驶下贼匪船只甚多……系石逆馀党从湖北败回者。沿途杀掠，势甚猖獗……知江北吃紧，欲分二三千贼来帮守江浦，以备应援金……照浦城贼匪，谅十日之内尚不能到。如乘此际逼近……南岸逆贼，毫无接应，迟则从上江下来之贼渡江拒守，则……羽……肃飞禀。

……据江浦县知县袁瑞麟禀：……互相仇杀，至今未已。金陵城门仍未大开，八月十三日为翼王石逆……从……匪数千人顺江驶下，将匪众扎在城外，于十八日[带同伪]丞相张遂[谋]进城，适遇出斩东逆馀党，石逆即令释放，随见伪……既犯叛□之罪已经族诛，亦足以蔽其辜，其馀官兵人等何罪……忿忿不平。[伪丞相]张遂谋亦云，既然如此羊虎同群，料难久……出来，遂从城头坠出城外，扬言不日带人来袭金陵，定……匪往湖北鸿山地方扎住，意存观望，坐视金陵成败。而伪……捕行文四路擒拿，志在必获。此近日逆匪互相仇杀情形。肃……

……示札录……拿扫除奸宄，以安良善事照得。现奉北王宝谕，情……清及奸逆……为不轨，该奸妖杨秀清已伏天诛，但此两妖之奸……等，倘……逃窜各处者，一则奸该除尽，二则恐其滋扰四乡……发告示……各处乡官良民查拿，论功奖赏银两等因，奉此……

贴为此示……乡官良民一体周知，凡遇见该两逆之奸官……[放]胆擒拿锁押，解送来城，以便论功奖赏，以为同除……各凛遵毋违，特示。

元勋……为札饬江浦右营(军师)帅(某某)等知悉照得，现奉佐天侯大人……谕情因奸妖杨秀清，弗知天命，潜图夺篡。该杨秀清……石达开秘怀二心，与奸同谋，突于八月十三日由外省回……印及敢叠以本章，逆天渎主，幸圣主圣明上鉴观……御照密指……奸石达开自知圣鉴难逃，奸情显露，遂……更时……奸党张遂谋等吊城逃窜，当蒙天王诏命北……[各]省将兵乡官乡民严行擒拿，并加重赏。兹蒙北王奏蒙……[石]达[开]……金封万户侯等因，为此札示并着检……镇仰尔等日夜梭巡，四路寻觅踪迹，总期极意搜求一日……懈；一处未获，则一处不可稍疏，希图即获早清净。奸氛……其各凛遵毋违此札。

……翼王假装胜兵，带人进金陵城，闯入伪北王巢内，诛杀……内人俱慌乱，伪北王所属之人有从南山奔逃者，刻下逆贼……并江浦城……亦因之惶乱无措，正可乘机攻剿合无仰恳……人营带……劲旅痛加歼剿，城垣当可克复，是否有当，伏候……飞禀。

……十日又禀：探……逆夤夜进城诛杀北逆之信。现今探实，系石逆假……突入北逆巢穴搜杀一夜，俱系从人。北逆预先知风逃脱及……查验并无北逆首级。刻下金陵人心惶乱，满城大索，并无北逆……昔[为]人阴狙暴戾，人皆畏惧，故石逆得有内应……起应之，惟洪逆尚无实在确信，俟探明确再行禀闻……十……

……情形□□节略恭呈……宪……本年七……杨……城内求雨。彼时贼婆伪王娘九人，赤身露体抬贼杨秀清游……抬至贼……处，云称天父下凡，命我来唤你到天父台听讲道理，洪秀全及杨秀清共至台上。其时杨秀清睡在台上，洪秀全跪在台下。杨逆胡言天父下凡，要责你二……无道所……我代你求天父只打四十板，将洪秀全衣服脱下，责打四十板□□□□□七月二十日，贼逆杨秀清打开东门，向师退守丹阳逆贼要称……重天府叫众伪官员俱称逆贼万岁。逆首洪秀全知道杨秀清有谋……诏北逆韦昌辉回来。北逆于八月初四日夜进城谒见首逆洪秀全……杨秀清处两下口角，不意北逆手持腰剑，将杨秀清一剑将鼻砍下，其时两……见……将至伪殿，北逆将贼逆杨秀清首级砍下示众。八……四处拿获东伪官羽党。陆续共捉男女七万馀人，四百五十人……西门外□□杀戮，尸弃河内计流五日夜。后于八月十七日翼逆石达开……连夜从湖北而来，进城谒见洪秀全，复后见北逆韦昌辉。两下口角，石达开云……如何……心亦有不轨之意。当时北逆云，翼逆你私离汛地，可知罪矣□□□与东逆串同一党，翼逆随带从贼三千馀人，开东门连夜向安徽逃去。八月十九……翼逆逃……伪丞相陈玉成。此人名曰四只眼，追拿翼逆又出……羽党约一千馀人，俱行诛戮。……虚，无人保守。先将石埠桥贼营四座已调二座进城，尚留二座看守……贼二□馀人。十月初旬……翼逆羽党讹言。现今翼逆在安徽一带招积土匪八十馀万，共从贼……逆，闻知其时要行刺首逆洪秀全，而洪秀全躲避不见，后洪……传伪旨[擒]拿北逆，于十一日巳刻有伪贼管粮官巡至东门更楼，将北逆拿获……逆洪秀全处留□□斩，将尸煎汤，叫众贼伪官服之。

七月初……银四十……粮官三十名，向和州运漕桐城一带买米进城，南京外十八门居住百姓一体安民，屡次进贡，将乡民封为监军等官，开铺面生意，并捐各铺……局……匪居住，又放上元县审理民情，亦有告状人等。翼逆……宁国府招积□匪□系男女二万馀人，连从贼约四万有馀人。句容县□□□□从贼头□伪丞相三名，共计本城被掳百姓约二万馀人出仗贼匪……

南京城内男[女老]幼约有□馀万，均有底册。现今贼首兄弟封为安、福二王。九月二十……洪秀全出招贤榜云，从来非常之功（常贼避讳），必待非常之人，有非常之人……之功……蒙天父上主皇上帝老亲爷爷差我下凡，为真正万国……现[今武]士虽多，文人缺少，朕遵前朝古制，恐埋没英贤，所以招募……朝造黄金之台，□□璧之聘卿等。果有经济之才，勿以自荐为可[羞]……屣……贫贱加以官，不论资格以授职，待之骨肉以至亲，待之宾朋以礼。朕望卿等若大旱之望云霓也，不可埋没，早早来归，是朕之所望……

【按】咸丰六年十月十八日，翁心存充翰林院掌院学士；十一月初一日，以《宣宗成皇帝实录》告成，恩赏次孙翁曾源举人，并着翁心存以吏部尚书协办大学士；十一月十九日，翁心存以协办大学士调补户部尚书[①]。函中"……得九月[手]谕，是日阅邸报，知月初父亲奉命参知政事，又以书成恩叙，赏孙男曾源举人"，其中"月初"，即十一月初，知写信之时乃十一月，即此通家书写于咸丰六年十一月，而函末题署"十月"，当为翁同书笔误。是年十二月十二日，翁心存"得三儿十一月廿一日书，昨日到。已见余得协揆、源孙赏举人之报矣"[②]。

协揆，清代对协办大学士的称谓，即协助百揆（指大学士）管理政务。清梁章钜《称谓录·内阁大学士》云："案今以大学士协办为古之参知政事，故有称参知者，有称协揆者。"

"本年……十日，广东有华艇装载私盐……咸丰六年[十一]月初二日照会"一纸所言广州城中之事，当即家书中所云"五羊城之事都□□有所闻，兹钞呈所闻大略"，故此纸暂附于此。广州又名五羊城。

此函中所言"其金陵贼酋自相吞并事，则所闻甚确，但亦不必示人耳"，故"留署六合县温绍原禀……早早来归，是朕之所

---

① 《翁心存日记》第三册，第 1168、1172、1178 页。《翁心存日记》第四册，第 1860 页。

② 《翁心存日记》第三册，第 1184 页。

望”数纸，记述了天京事变前后的历史细节，疑附于此通家书之中。

咸丰六年十二月初五日(1856年12月31日)

男同书百拜谨禀父亲大人膝下：

日前恭修贺禀，亮邀慈鉴。昨奉上月初九日手谕，敬稔恩隆，三接福备，一堂桂子桐孙皆叨庇荫，循环雒诵，喜动眉尖。谢疏早经拟就，乃仿宋人洪文惠诸公为之，似亦不为铺张。此次贺元旦折内不应附入，当竢初十日，附军报拜发。先将稿本录呈，蒙示疏草，立言简要，非男肤浮之文所能仰企也。

长至日祥侄至自里门，此子醇厚驯谨，克绍家风，其处事待人颇似乃父。伊云明年三月携眷偕嫂进京，于计良是。过扬时男自能照料，随行家人唐沈之外，有王坤可用，已另为觅一童，当再为觅一健仆，彼时尚可派一二妥弁护送。邳宿间现已安静，惟山东有积潦处耳。二妹亲操井臼，尚能以诗自娱。楞仙作事之奇，令人不可捉摸，问祥侄略得其概。此间冬暖久晴，遗蝗可虑。瓜洲屡攻不拔，我兵只办守而不办战，饷需久乏，蒙恩准拨晋省三万，陕省二万，按月接济。山右先解三万金，后来纵不能按月起解，或犹有望，晋省则仅供一月，已咨明另请改拨，计二月即有绝粮之困矣。德帅和衷共事，情同手足，攻剿布置大小事，皆伊一人任之，而与都转公谋之。至幕中二于秀才不过狂妄无知，怨之者广为蜚语，非事实也。

兹乘元旦折差之便，肃请父母亲大人寿安，并贺年禧，不庄。男同书谨禀。十二月初五日。折差正月初方出京，如有物件(朱卷最盼。)可于年底交之。

【按】此函写于咸丰六年，十二月二十二日，翁心存收到此函,"扬州折弁来,得三儿月之五日书,知祥孙于长至节到营省其伯父,今已遣归矣"①。

咸丰七年二月二十六日(1857年3月21日)

男同书百拜谨禀父母亲大人膝下:

正月得谕函,匆匆遣弁,未及禀复。今月十六日[人]还,又得手谕。敬悉锡宴内廷,经筵直讲,便蕃宠渥。夙夜勤宣而圜府法穷,司农计绌。昼则仰屋,夜则揽衣,无可如何也。京邸清况,男所稔知,惟祥侄之行,亦非获已,男已驰书止之,(今年无书来。)未知听否?邗上戎事皆德帅主之,男备员而已,并无向者翼长之权。若强与其事,必致不和,故议攻议守不必为男言之也。然外面甚亲热,苟出队则男亦必从,彼此和好,并无违言,惟前劾温道,小有龃龉。温道者,楚人佐杂出身,亦无甚本领,然好自伐。由是颇有虚名,男不识也。德帅才之,又以幕客于君延誉而荐之,既而渐咈德帅意。刘星丈素不喜温之为人,检之赴浦口,(此举皆此君之力。)过六合,温不礼焉,大恨次骨,必欲杀之而后快。日夜短之于帅,屡欲重劾之。男婉劝而止,至是劝之不可,不得已而听其单衔具劾,若再劝之,将并中矣。赖主上圣明,有嗣后会参之旨。德帅亦颇以为歉,男亦和好如初,(此事已过矣,泯然无迹。)毫无芥蒂。(不激不随,亦只做到如此。若再相劝,则旁人必有怂恿,以并劾者。)其实温道也者,亦实带数分谬妄,人不知而误称之也。

清廉公正之帅,只见琦侯一人,世以其骄慢、猜忌、刻核而并掩其长,岂公论哉?托帅宽厚而欠断制,德虽过于精明而刚决有馀,亦尚仁厚爱朋友,自是可与有为,偶有小失,只可置之。至于若刘若蕴者,

① 《翁心存日记》第三册,第1187页。

皆能骄能谄，教以揽权，教以刚愎，而二人又复冰炭。要之，不足论也。德帅喜谀恶直，（其待男却算恭而有礼，亦尚其挚。）又自满而骄，群推以诸葛复生、汾阳再出亦已久矣。伊得都统，父亲似当函贺，但美其功名之盛可矣，不必言此间戎事，非伊所喜也。江路阻而淮盐壅，淮引地皆食私，即淮私亦不可诘，所仗者淮北耳，淮南别无方法。上年大旱，场灶无事即已大幸。郭雨三廉而刻，精明之至，其属胥怨乃反被劾，似失其平。渠书来诉冤，凡数十纸，非虚言也。

前呈旧书数种，无足珍者。今又得秦氏书，绝佳。如《姓氏遥华韵》及《刘涓子遗方》《续千文篆注》之类，皆精钞如欲进入四库者。秦敦夫家居武断，乡评不佳，其子孝廉，今其孙贫极矣。男当稍稍收其书，亦无力多买。至男之簖纸尾，惟宜观书却不妨武事，如延见将校，亲督攻战，分遣侦探，外观皆与德帅同，而我二人情谊之深，上徹天听，下孚兵民，师克在和，计日告捷，愿两大人毋以为虑也。

雨多麦芃，晴即出队，气象甚好。土桥水师总兵陈国泰勇往善战，似尚可倚，我二人皆深交之。贼食渐少，或可成功进攻，实无把握，惟遵来谕，力遏其北轶。再上年秋间之件，男曾见过滋园所陈，亦得体，男俱与闻之也。正在缮禀间，陆寄庵表弟至。伊捐从九，本欲进京而不果，意欲投效，已坚拒之，（据云祥郎行计已缓。）只好留住数日遣去，究费一番张罗。徐氏母姨之大表弟随贡差进京，过此亦曾相见，却无所求。恒月川屡次书来，甚感严亲之垂青于伊郎君也。肃此禀复，敬请颐安，不庄。男同书谨禀，二月廿六日。明日滋园赴朴树湾，男拟至三汊河。

【按】咸丰七年正月二十九日，翁心存听说德滋园弹劾候补道温绍源，颇觉诧异。他认为“此君虽不知其人若何，然堵御六合，保障江淮，功在民生，固宜待之以恕，未可以一眚掩大德，致失人心也，即草数行与三儿，备加诘责。夜读上谕，始知德帅单衔具折，三儿固未会衔也。元戎太专，佐之者过弱，吾滋惧也”[①]。当是翁同书收到翁心存诘责家书，故写信解释，故此函写于咸丰七年，是年三月十五日，翁心存收到此通家书，“清晨宅内送到三儿二月廿六日书，凡四件”[②]，随即翁心存作书回复，即下文咸丰七年四月二十日翁同书所收“三月望日手谕”。

咸丰七年四月二十日(1857 年 5 月 13 日)

男同书百拜谨禀父亲大人膝下：

奉到三月望日手谕，欣悉公私顺适，两大人福体颐安，深以为慰。蒙示行己待人之要，谨当遵守，男与德帅辑睦，兵民皆悦服，累战均有俘馘。昨午刻至八里铺，亲督进攻，曛黑收队，贼已乏粮，惟南岸不能断其接济，自向吉溃挫之后，由龙潭下蜀高资，以达京口。兵不能到，民皆蓄发，贼往[来]自如，由陆运米，或由便民河泛舟而下，均不能过问，初谓水师可以截江面，而正不然。船大无风不能行，一也；三面受炮，二也；必避浅避礁，三也；江面纡回，远望不可见，四也；举帆起椗，良久乃上，五也，且南北大炮林立，(皆夸务所设，兼之官兵屡溃所失，而吉营洋炮尤多。)每水军接战，必坏船伤人，亦实可畏，而水师总兵亦惟陈世忠可用耳。

余万清虽系楚南败将，而到此无误。向吉溃而独屹，然此其徵也。有人为蜚语至日下，于是吴□王孙疏劾之，赖悦翁疏辩乃已。和与余故有隙，兼入福将军兴之谤，其劾卢应翔，乃借题卢系向荣所收，非余所收，亦非办营务者，折内云该员来谒见，其簠簋不饬，此何等语也？德滋园欲为余疏辨，男力阻之。此时德帅营中文员似稍收敛，更

---

① 《翁心存日记》第三册，第 1199 页。

② 《翁心存日记》第三册，第 1212 页。

生心术不正，二秀才则已销声戢影矣。检之自负文武才而未免贵介气，曾为男言之所以杜苞苴也。吾家送物不受，正其□□处，不知我辈交情耳。

有德克津布者，字秋厓，系火器营（僧王所管）营总加副都统衔，年六十馀矣，与男有昆季之敬，乃天下第一好人。（惟其言多夸饰，不尽可信。）此次进京，必来进谒，幸以真意款接之，其人盖图四先生之流也，亦有书箱一只托伊带去。邗上雨足麦茂，惟银贱米贵，而饷自晋省之外，皆归无著。上海专顾江南，不顾江北。今移文争之，未知如何。

大钱一项，前年开二局于清江，而文方伯亦设一局，□毁江北之制钱，以铸大钱，而铸弥轻劣，已而当百当五十不用，已而当十，亦不用。其时抑勒州县，硬派铺户以累民，又倡为军中可用之说，搭放兵饷以累兵，始而扣折可用，后乃弃诸途而无人拾矣。买卖台日日斗殴，有头破血淋者。米铺钱铺尽行关闭，军心汹汹，几至生变。托帅等乃奏停之，文方伯殊不乐，颇怨男不主抑勒之策也。州县及各劝厘捐委员所收大钱，皆以□□收买搭解而获其利。然则所谓地丁搭收搭解者，果出于小民所缴乎？

严亲掌天下财赋出入，目击时艰，自深焦急，然无可如何也。尚希颐神自重，蒙示以书籍自娱。男敬呈数种，先将书目呈览，另有分寄清单在六弟信中。男体甚佳，每战必亲督阵。平日戎事无废而讲诵不辍，如张奂，明窗大几，展卷观之，亦一乐也。庭中已搭凉棚，不患暑歊矣，肃此敬禀，祗请父母亲大人颐安，不庄。男同书百拜，呈书目三纸，文处昨已送去，德秋厓副都护约五月底可到，德滋园新得正白旗蒙古都统，（由副都护升。）可作书贺之。（都统系一品官。）四月二十日晴窗。

【按】咸丰七年五月初七日，翁心存“得三儿四月廿日书并德滋园书"[1]，知此函写于咸丰七年。是年闰五月初三日，德秋崖抵京，携到翁同书所托书箱、漆匕箸并家书等物件[2]。

咸丰七年五月初一日(1857年5月23日)

男同书百拜谨禀父亲大人膝下：

兹乘火器营营总副都统衔德秋崖克津布回京，呈上书一箱，乞照前单收明留阅，并分给可也。文方伯处两箱，计六月亦可到京矣。秋崖与男换帖至交，可见而问之。然其人虽至诚，而其言却往往失实，厚待而慎听之，则两得矣。赵侍御元模条陈厘捐勒索，廷[寄]令何、赵、德翁严查并传谕文等，因此近事也。鲥鱼、燕笋风物颇佳，茗盌、芸香戎机不废。肃此禀请两亲大人颐安，不庄。同书谨禀。五月朔，并问合家好。计呈书一箱，另一包三部，寄源、松两儿。漆匕箸四分。

【按】此函写于咸丰七年五月初一日，是年闰五月初三日，翁心存收到此通家书，"昨火器营参领加副都统衔德秋崖(克锦布)自邗上回，携到三儿书并书箱一只，书包一个，漆匕箸一匣"[3]。

咸丰七年闰五月十四日(1857年7月5日)

男同书百拜谨禀父亲大人膝下：

五月初，托德君克津布带呈禀函书籍，计月初可到。得源郎书，知双亲颐健。阅邸报，知屡蒙召对，恩眷优隆，无任欣慰。邗上已得

① 《翁心存日记》第三册，第1228页。

②③ 《翁心存日记》第三册，第1234页。

透雨，秧已插齐，蝗亦少戢。上月晋饷仅得二万，本月尚未到。禹笑更人，恐并不及郭公矣。上海解款杳然，大约悉索以供南军耳。溧水贼遁至湖熟，而句容尚未合围。皖北仅保合肥，闽中又陷邵武，疆事之棘如此。吴下转益繁华，此何为者耶？李研卿昨有书来，（四六斐然。）欲从军河工。京员向无此例，当力拒之。龚叔雨托邵又翁，以为请谋诸德帅，竟诺之，尚未见到。德帅近颇和衷，每见必深谈，亦似悔前此之执。昨送信来，意甚殷殷。父亲可令六弟作一书复之。此次折差二人，内有火器营护军校奎光。现在男营，一切可以细问。男体甚健，看书、肄武，两不相妨，现庀攻具将之以慎，呈上宋版韩集六本，恭请两大人颐安，不庄。同书谨禀，闰五月十四日。

【按】此函写于咸丰七年，是年闰五月二十八日，翁心存收得“三儿本月十四日书，并《昌黎集》等三部”。

咸丰七年八月初二日（1857 年 9 月 19 日）

男同书百拜谨禀父亲大人膝下：

两月有馀，未具寸禀，缘自水炮台告成后，男偕德帅□在四里铺攻打触暑，往来疲乏之至，无暇执□故也。奎光差旋时，男亦在四里铺，询悉一切。前后得家书五六次，敬悉两亲康豫，合第顺平，以欣以慰。瓜垒之坚，非目睹莫知。张殿臣国梁拥众数万，士饱马腾舁犒金而后战，然未闻其贾勇先登，则此贼之悍可想。（文方伯处回信已收到。）

男自至军中，方知记载非必实事，古法未合今时，世间几无真是非，纸上都成空议论，即如石逆分股后忧方大，而当事□欣然，以为两贼内讧，石且投诚，洪且遁走，今果□□事乎？就令有之，而武陵主抚可为殷鉴，况断无其理耶？上年江北溃则谓无清江矣；江南溃则谓无吴郡矣，恇怯过甚也。逮贼稍退则谓瓜镇可复、金陵可图矣，虚憍亦过甚也。贼之凶狡有过于绿林、黄巾之俦。窃古伍两卒旅之制，（滋园曾蒙朱批云：汝忠诚勇敢，朕所深知。）钤束其众，必以节制之师当之，方不致败。故曰：此真剧寇也。上年江北无德，江南无张，不可为矣。皇上恩眷二虎，臣独隆□，亦由此张所出既微，能下士同甘苦，兼在南岸□三吴所倚，故人望归之。张感德疏荐，来往素密，男亦手书致殷勤，互相崇奖焉。德起走卒，简为期门，佽飞射必冠伦，三岁而升三等。虽未能绝伦离群，然其果敢善战，长于驾驭，所见大将，未有其匹，惜刚愎骄矜而善疑，是其所短耳，究竟如此将才不可多得也。

蒙密谕以在军宜慎事君勿欺，自当三复书绅□，处事必顾全局，行己必防后患，待人必留馀地。□奉旨垂询营员一事，于据实覆奏中，（朱批：知道了。蕴秀著饬令来京，钦此。附片：臣某专办文案，奉朱批：甚好，钦此。）务从宽厚，甚合圣意。盖外间办事只可如此，（刘于等早移出，西营萧然。）上所深知也。根翁颇能整顿，第保举太真，又似过当。太真之为人，男灼知之。若朝廷过听，以为可恃，（南城外议论褒贬，往往太过。）则贻误必大矣，以之防六合可耳。江南兵饷，月需四十馀万，它处至省必需十馀万。此间当长江一面之寄，控扼二□□里。每月全饷止七万两，文方伯疏言，不过十□。盖兼制造军装粮台一切杂费而言之，已为天下军营之至省矣。军士素恨雷七先生，以其用勇也，恨文方伯则不知何故。上年若非男至召伯，则方伯退走高宝，（已奏明退往后路而不果。）召伯合镇与稰局，俱不可保矣。数千人之口，岂能以威劫之。若非善于驾驭，早有皖省之变，大抵军营与粮台各不相谋。幸自去春以来，一切捐务悉行停止，□无后虑耳。

男等若住帐房，则夹帐房一架□，须二十馀两，二架即直五十金，而布极粗劣，雨淋日炙，三四月后即片片成胡蝶矣。席棚三大间，止须十馀金，经年如故，而人不受病。若办帐房粮台，断无此经费。江南兵勇，亦兼用席棚。若向在孝陵卫，则自造瓦屋。和张在句容，亦起瓦屋，今和至京口，亦造三间，非邗上所能比也。南军皆有长□，故立营咄嗟可办。此间一有差徭，则居民惊匿□□。邓军门绍良曰：江北大帅不及江南一将，何[清]□□此乎？是可知已。秋老人最长厚，而言最虚诳，不可信也。又尝欲谋为翼长，不得则怨，故尤不可信也。公子翩翩挑唆则有之矣，却无恣行威福之事。德帅于今夏将文案兵房事分与检之，大为更生所忌，彼此益相仇。更生恨二人，故二人为肃所措。今三人皆去，转安静矣。何根翁意气用事，显与德帅为难。圣意主于调和，男惟[虚与]委蛇而已。现治军书，已屏经史不观，心[中]□然，颇可养浩然之气。肃请两大人颐安，不庄。同书谨禀。

今日星翁来别，登舟行矣，检之云，回京恐人疑，吾在此不知若何把持，务望于竹报中详言。以兵房一事，为人所忌，致为蜚语中伤云云。八月初二日。

【按】咸丰七年，翁同书与"与德帅谋，出新意制水炮台"[1]，此函开头提及"水炮台告成后"，翁同书触暑生病，故疑此函写于同治七年八月初二日。

咸丰七年十月初二日(1857 年 11 月 17 日)

男同书百拜谨禀父亲大人膝下：

前奉严谕，以待陈参将绘图致稽，禀复。荣郎过扬，询悉两亲起居及京邸近状，且慰且思。男意气甚好，体健心舒。瓜洲之贼仅有半月之粮，闻南岸又有援贼。倘能击退，则一两月内必克。否则，全功尽弃矣。京口城外，贼营罗列如故，呈上江南、江北全图及水炮台图，览之可知大略耳。肃此敬请两大人崇安，不庄。十月初二日亥刻。

---

① 《翁同龢年谱·巽斋自订年谱》，第 166—167 页。

再禀者：自军兴以来，各处奏报多非事实。有时恐猲云，贼至数万；有时铺张云，俘斩数千。凡克复之城，皆遁走也。顷见南军报捷云，伏地投诚者若干，可发一笑。

远方人揣骨听声，宜乎？不辨黑白矣。仅一琦故帅不妄奏，而贤人君子群指詈之千古，真是非何从论乎？蒋王庙虽出队稍远，而为由扬赴仪之孔道，村市三五十家，茅屋、席棚、屠肆、葱担而外无有也，丰干饶舌亦太不情。文星翁为众兵所切齿，若非吾辈镇压，殆不知税驾之所，而商贤以下，（容再肃函。）皆与结交，故无言其短者。长袖善舞，执使之然。彼动言撙节，若如南军（南军支应皆不按则例。）动辄增兵募勇，何从节乎？江北之紧要，不逊江南也。兵止及其三分之一，饷止及其五分之一，月月拖欠，欲以制胜难矣。上海捐务转逊往时，此勒捐之所致也。何根翁月解江南军营三十馀万，月解庐州二万，而此间上年春之拨款尚未筹解，（六月内拨四万，连前二次共成六万。）计自七月以来仅解五千两。昨不得已，疏请饬催欠款，不知肯拨解否？大抵大言而任气质者，必无实效，眼中所见号为贤能者，皆此辈耳。

【按】此函写于咸丰七年十月，应父亲翁心存的要求，翁同书请陈参将绘制江南、江北全图及水炮台图，呈给父亲览读。是月二十二日晨，翁心存“得三儿十月朔书，并参将陈升所绘水炮台图，甚工细。三儿乘小舠督队，人物大不及数分，以眼镜审视，乃发眉逼肖”[1]。据此函知，此时“瓜洲之贼仅有半月之粮”，如果南岸没有外援，则一两个月之内，瓜州可以收复。

---

① 《翁心存日记》第三册，第1274页。

咸丰七年十二月初一日(1858年1月15日)

男同书百拜谨禀父母亲大人膝下:

前月十二日亥刻,男亲率颜行攻克瓜巢,德帅转自后至。真贼无一漏网,难民无一枉及,人皆谓江北必疏防,今何如哉?男何力之有,蒙恩赏穿黄褂,以侍郎候补。此皆两大人庇荫之所致也。本欲引疾陈情,而德帅不许,又因君恩过厚,不敢遽言,且俟江浦克复耳。皖北捻匪太多,江浦亦未易克,然兵力有馀,似无足虑。现在地漕正旺,军饷不乏,根翁来此,似已释然矣。草草修禀,恭贺两大人大喜,即请年安,不庄。同书谨禀,十二月初一日三鼓。

【按】咸丰七年十一月十九日,翁同书以瓜州克复,赏穿黄马褂,以侍郎候补[1],知此函写于是年十二月,十二月十六日,翁心存收到三儿翁同书此通手札,"得三儿月之二日书,将移营西上进攻江浦矣"[2]。

据此函知咸丰七年十一月十二日,翁同书亲率先锋克复瓜州。

咸丰八年二月初六日(1858年3月20日)

男同书百拜谨禀父母亲大人膝下:

自奎光北上,带呈寸禀后,即移营浦口。近又自安定桥移驻浦口西门外马神庙。军事既繁,距扬又远,以致久疏禀牍。郭潆船太守带

① 《翁心存日记》第三册,第1280—1281页。
② 《翁心存日记》第三册,第1286页。

来所赐索伦皮袍，轻暖称身，荣逾莱彩，薄船尝晤于蜀中温绍原之流也，较温为谨慎耳，僖能吏也。嗣又由信局递到二函，训诲周详，铭诸衷曲。金陵仅一江之隔，旌旗相望，钲鼓相闻，军事亦互相商酌。何根云频有书来，皆系手书，虽秘密之事，无不相告，男亦虚而与之委蛇耳。五羊城尚为夸踞，近至吴门投书中丞，欲免关税、罢抽厘，开天主禁，许往来都门，请助剿金陵，通商汉口，偿其用兵之费。不许则即将赴津门，又云别有办法。其使投书后畅游虎阜，并观具区而去，大吏无如何也。

此间自正月廿四日大破外援之后，贼胆已寒，潜乞援于金陵。益党二千乘夜北渡，由南门入，此非脆敌也，况金陵乎，谓金陵旦夕可下者，乃风痺不知痛痒之人耳。温绍原人尚有才，已调来随剿，复能得大帅之心矣。男上年得旨后即换顶带，黄褂已做一件，另有未做裁料三四件，不复需此矣。新营有山水之胜，略携书帖，亦足自娱。但盼半年内克复江浦，即当趋侍鲤庭耳。专此驰禀，即请两大人颐安，并问合宅好。男同书谨禀，二月六日。

再：山西候补道王姓，系男壬辰同年，去岁书来，多所营求，不似监司大员所为。第二次书来，以其鄙妄，置不答。昨月川中丞信来，云严亲曾为延誉。窃思此等人似不值为说项，且恐其依附招摇，此后可不与通信也。未知是否？乞鉴裁。男又禀。

【按】函中“男上年得旨后即换顶带，黄褂已做一件”，即咸丰七年十一月，翁同书蒙恩赏着黄马褂之事，知此函写于咸丰八年二月初六日，当于次日寄出；是月二十三日，翁心存收到此通家书“得三儿月之七日马神庙营中书”[①]，即此通家书。

---

① 《翁心存日记》第三册，第1303页。

咸丰八年五月十二日(1858年6月22日)

男同书百拜谨禀父母亲大人膝下：

连奉谕函暨源郎来禀，得悉两亲颐健，公事顺平，快符臆颂，惟津门夸患未息，钱米并绌，甚属可虞。六弟如能得差固妙，亦不愿其得远差也。

江浦费尽心力，得以克之，并无外窜。（馀匪有由九洑洲归金陵者。）正幸金陵之贼已成釜鱼阱兽，而三月之杪，芜湖、黄池、湾沚、南陵之贼三万渡江，而北至运漕镇会合，无为州、巢县逆党直扑和含，皖兵尽溃。此间驰救仅保全滇兵三百馀，而另股北趋。三月廿八日辰刻陷全椒，是夕遂陷滁城。男因六合吃紧，温道赴毗陵谒总督，六合城内仅有勇三四百名。人情震骇，乃与滋帅议派重兵援剿，而男身往督战，初二日抵六，途次知前一日来安失守。富君明阿统兵进攻，力战五昼夜，适温道亦自江南带勇驰至，初九日遂克来安。男奉旨优叙，昨已具折谢恩矣，方来安之克也。

男欲乘势攻滁，适和州之贼数万由乌江来扑江浦。滋帅急将马步队千馀名调回，并促男归，其时屡次大捷。男于四月廿五日由六冒雨回浦，是日大刘庄之捷，尤为极盛，即张殿臣亦未有此奇捷也。得旗帜数千，帐房千馀，馀可知矣，然滁城之守日坚，皖省无兵会剿。又闻另股捻匪窜陷怀远，扰及临淮凤郡，或北犯徐宿，或南合全滁，均之堪忧。圣主知江北兵止万馀，力不能兼顾两面，但责以与南军合围，不责以劳师袭远。盖滁去此百里，城坚地险，若欲攻之，固非六七千兵不可，而全椒贼势亦复猖獗，乌江和州尚有贼万馀，实无分顾之力也。

今年天暑而少雨，昨夜五更大雨滂沱，至今尚未住点，真三农之幸。荣侄北上，想已到京；祥侄来商行止，则已令旋里矣。兹乘折差之便，寄上《思适斋集》《碎金词谱》，抄本《素问要旨论》《刘涓子方》，暨元刻《尔雅》各种，伏乞照收。德帅有信，必须即复。专此肃请颐安，不庄。男同书谨禀，五月十二日辰刻。

再，江北厘捐，前则雷文养勇，今归大营粮台，兵饷至荷花池。另款厘捐系托雷陈奏明，（似是五年事。）作为赏需。久经允准，并有免其报销明文，故从未报销，亦无丝毫滥动者。德帅与男任事以来，仍循旧章办理，亦经累次奏明，免其报销。兹忽奉户部来文，令开造赏犒花名。虽领支皆有将领经手，无难造报；但恐有费用枝节，且与奏准之案不符。伏思兵糈向有定例，（江南每步兵一名，月得四两五钱。）而江南浮支滥给，（此外尚有食米及蓝翎兵丁，另给民夫。）明见奏牍，已恩准作为例外开销。而此外尚有赏犒重赀，径由粮台提解。今江北按例支支放，积欠未偿，其荷花池赏需乃系托陈雷奏准，免其报销之款。既已奏准于先，仍令造册于后，令人无所适从。拟即咨覆由部再行查核前奏，免其报销。但托将军奏稿，业经焚毁，故原奏及朱批月日字样未能援引，而部中则确有可查。倘查出务望抄示，万一检查不出，只好再行陈奏，仰乞恩俞也。男再禀。

六少奶奶久病怛化，虽可感伤，然修短有命，无可如何，所望两大人勿以此萦怀。男习看蒙庄书，虽疾雷破柱，白刃在前，以及凡百利害，拂郁皆不入吾胸中，故一年中惟有喜笑，此近来得力处也。男又禀。

【按】咸丰八年四月初八日，翁心存听闻德兴阿连日六百里报，滁州失守；“次日乃见上谕，此次进剿来安，乘胜急攻，迅拔县城，翁同书交部从优议叙”；十二日，知翁同书已驰赴六合防堵；四月十九日，翁心存方知翁同书优叙①。知此函写于咸丰八年五月十二日。是年六月初三日，翁心存收到此函，并元版《尔雅》

① 《翁心存日记》第三册，第1314—1317页。

《刘涓子方》《思适斋集》《词韵》等，另有德滋园书[1]。

六少奶奶，即翁同龢夫人汤氏，咸丰八年三月十八日病卒[2]。是年五月初二日，翁曾荣抵达京中翁宅，“入都省亲兼应京兆试”[3]。

家书中所言元版《尔雅》，即元雪窗书院刻本，今藏国家图书馆。此元本今传世极少，历来备受藏书家的珍视。卷末嘉庆六年(1801)陈焯题跋误将此本定为宋刻，这从侧面说明此本刊刻之精，可与宋刻相媲美，卷首咸丰八年三月初三日翁同书跋中云“此雪窗书院校刊经注本乃元椠之佳者”。

咸丰八年七月初八日(1858年8月16日)

男同书百拜谨禀两亲大人膝下：

六月中旬，男偶患河鱼，二十日尚未大愈，忽奉恩旨抚皖。读寄谕，乃知自滋帅清字疏发之，既蒙委任，不敢辞难也。六月杪奉到严亲手谕，知小恙请假，旋即平复。慈躬亦时有未适，男虽跻二品，而不能躬承温凊之职，殊无谓矣。皖虽疲敝，然尚有兵有饷。男极力振作，必可冀其改观，幸勿垂虑。男虽须发已白，而心力尚强，草檄赋诗，顷刻数百言，纵诸务猬集，应之游刃有馀。来谕嘉其炳烛之勤，勖以养生之旨。其实男读书、治事，两不相妨，此行必有以上报主知，且贻父母。令名者登车揽辔，目中固无甚难之事也。夸务可恨之至，然目下亦只可羁縻。男明日启行，住六合。后日住来安，十五日必可抵

① 《翁心存日记》第三册，第1327页。

② 《翁同龢年谱》，第28页。

③ 《翁心存日记》第三册，第1320页。《翁同龢年谱·翁玉甫先生年谱》，第179页。

庐。如皖中尚循例发月折，自当按月具禀也。肃贺喜安，不庄。同书敬禀，（本日奉部文来安，优叙军功，随带加三级，目疾甫愈，兼在蚊雷汗雨中。）七月初八日秉烛书。

德帅虽孟浪，然无恶意，疏中谓清正如翁某，文官中所罕见。鞠亦至交，纯忠人也。庐兵满万饷，亦尚可支持。北有胜袁，已驰书矣，楚师都李杨三路东下，本省方伯李孟群现攻舒、霍，又禀。

【按】此函写于咸丰八年，是年六月十三日，翁同书"着补授安徽巡抚，帮办军务"①。

咸丰八年十月二十六日(1858 年 12 月 1 日)

男同书百拜谨禀父亲大人膝下：

观邸报知恩晋平章，秩尊端揆。阅题名，又知曾翰中式，尚未审曾翰者，何人也？今年六弟一试两差，九秋复有此双喜。国恩家庆鼎盛一时，翘企庭闱，惟增抃慰。男到任之时，值此迍邅之会，衣装书帙，百物荡然。殆生平未尝之苦境，以城外一寺庙为营，窗棂俱无，蝇蚋群集，久之而始略具规模。出坐小轿，并无仪从，转不及扬营之安适矣。胜帅虽骄蹇，不敢施之于男，称谓尚循同馆仪，来往亦用宾主常礼。男尝诒书箴其短，彼乃大折服，盖尚是阳分人也。独其与德帅大不相能，形之章疏。德帅谓男借刀杀人，可谓奇极，德几绝交矣，故有家书断不可寄德处也。

目下庐贼十馀万，乃自扬仪、六合、天长调回。前日怀远捻众五万出扑刘府，胜帅几不免，贼遂分股直窜庐州，且有攻定远之说。今

---

① 《翁心存日记》第三册，第 1330 页。《翁同龢年谱·瓶斋自订年谱》，第 167 页。

日大帅回定，人心赖以稍安，兹因捐输折差之便（回皖尚早），附呈寸禀，年内尚有贺元旦折差，均可带信。至于寻常书信，无要语者，似可寄交正大局，在局中收储，俟男差弁去取，或寄交梁宝生、赫年伯、李砚卿转递，俱妥。即仓场官封，亦可打到也。肃泐恭贺父母亲大人鸿喜，并请颐安，不庄。同书谨禀，并贺合第喜，十月廿六日灯下。

【按】此函写于咸丰八年十月二十六日，十一月二十六日，翁心存“得三儿十月廿六日书，系折差来赍到者，贺我晋阶，并知曾翰中，尚未知曾翰何人也”①。是年九初九日，顺天乡试放榜，翁曾翰榜上有名，中式顺天举人；九月廿三日报到②。

咸丰八年十一月二十四日（1858年12月28日）

男同书百拜谨禀父亲大人膝下：

筹侄中式，可喜。第未知试卷无疵否？六弟归志甚切，男不便尼之。男为皖抚，不胜檠错。迴思在都、在黔、在扬均胜于此，此人所不信也。来谕每勖以自立，又勖以和衷，此四字万不能做到一处。即如滋、克二帅之忌刻，欲别开生面、稍露芒角，得乎？欲据实上陈，得乎？竭力张罗，只做到和光同尘，地位不过，不失身分，不至如崇雨林辈而已。地方事事掣肘，盖凡驻军之地，十羊九牧。一国三公，举劾黜陟，概不由己。是非臧否，并无定说，即都中所闻，亦多偏私不足据也。肃此敬请两亲大人年安，馀具别纸，同书谨禀。修伯及方君与胜帅甚熟，可秘之。（胜帅多财，故能应酬。）十一月廿四日。

饷需本可敷用，男先尽兵勇口粮，次及武职，（大加撙节。）次及文

① 《翁心存日记》第三册，第1377—1378页。

② 《翁心存日记》第三册，第1355、1373页。

职，末乃及已。除养廉之外，（尚搭钞票，且不能常支。）毫无所有，如盐折不再支，柴、米、薪烛、轿夫之类，一概自发，今归并胜帅粮台，男之自苦如故也。胜处一切杂支，有骇人听闻者，如每夜牛烛须二百斤，每日骡价须数百两，馀可知矣。此公亦不能无欲，除杂支外，尚须月提两竿，此滋园所无也。凡银钱上稍一计较，必大动干戈，藩司且不免呵责，馀可知矣。男疏请京卿理饷，大触其怒，意欲执奏，赖旁人力劝而止，然对男却未言及。男每事直言，有面规其失者，亦从未龃龉，亦只好刚柔互用，虚与委蛇。

刻下饷到不发，要犒赏李世忠。（除赏银外，要粮台写期票。）李世忠狼子野心，獐头鼠目，此忍人也。其来谒时，却好言慰抚之，犒以五百金，不在目中。现在据滁来二城勒捐病民，即天长、盱眙无不勒捐，将来必为大患。其众（数万）非惟不能散遣，方纷纷召募，而从之者如归市。地方官之无耻者，方夤缘、李世忠为捷径，馀可知矣。其横至于易置官吏，欲出死囚，馀可知矣。药铅煤炭，皆粮台为之办给。张龙、李允若降，更非李世忠之比，盖世忠富而龙、允贫也。拥众据城胁赏，一如世忠之例。李鹤人、孟群非良吏也。任用非人，一也；骚扰民间，二也；开销浮冒，三也；保举冒滥，四也；动辄挟制，五也。至于吃烟大瘾俾昼作夜，昵比顽童，不过其小失耳。

福元翁其师也，尚嫌其不就绳墨，胜帅本与水火，近以晋谒乞怜，而颇顾眄之至。官中堂、胡承芝、李迪庵辈则久已切齿于[鹤]人。楚中除其亲家庄蕙生之外，无一以鹤人为然者。圣主明烛万里，屡于谕旨朱批中言其华而不实，甚不可靠，盖知臣莫若君也。其委员四出滋事，豫省有假官正法之案，川省有私赏功牌之案，楚南有赂抚奏办之案，迪庵书来有委员勒捐、声名狼藉之案，可见一斑矣，惟袁午桥以同里袒之。袁午桥者，正人君子，其办事性急而轻听轻信，易刻易偏，实与雷春霆□近，但袁能吃苦耳。都中之人，一以午翁之言为□，其实□□先不能自信。德滋园操守颇好，其布置亦□，只是性骄□□，疑以胜帅疏中有全军俱淡语，迁怒于男，几至绝交，所不解也。胜帅别有两疏，纠之皆留中。何根翁连疏纠德帅，俱遭批斥，盖眷注之隆如此。此间筹兵、筹饷，事处万难，男惟尽力办去，如万不能办，亦只好引疾而退也。男又禀。

【按】此函写于咸丰八年①。

咸丰九年五月初六日(1859年6月6日)

男同书百拜谨禀父亲大人膝下：

前奉手谕，勖以整军、经武之方，惟有书绅自儆，但处同僚最难。和则不介，介则不和。凡双衔奏事，但画诺而已；若单衔之件，小有参差，即不平矣。克翁与男却算相好，以其性尚直也。皖省之糜烂极矣，袁午翁当能言其一二。此公虽君子，然不免偏执，故与元翁、克翁皆致忿争。方今皖南则筱翁、郑鳌峰，皖南道浙抚为政，巡抚不能过问也。皖北亦十羊九牧，即如降人有李世忠，巨捻有张龚诸人，义旅有苗沛霖，土匪更不知纪极，是皆后患。若胜、袁诸公皆因循不能制，亦实无人能办也。

皖民皆坚壁清野，筑圩自守，然有能守者，亦有终被攻破者，杀戮之惨，殆不可言。官此者，大都循吏能吏，如颍守才宇和，其人在温绍良之上。太和令侯枢臣，粤东孝廉亦才守之亚。蒙城令俞澍尤称众，毋受制于苗练，欲自经者数矣。寿州牧任春和，凤台令姚德宾，(亮甫先生子。)皆刻苦善守城。亳州牧博铭，泗州牧李承颖，亦皆干练。定远令周佩濂，则循吏也，颇极一时之选。张云轩方伯之端重，恩竹樵廉访之安雅，亦是监司中之极好者。悠悠之口，无公论也。

六合再溃，无异于去年。若非南军兵多饷足，仪扬不可问矣。贼

---

① 参见上文咸丰八年十月二十六日翁同书致翁心存家书按语。

由扬州回窜，遂陷天长，目下恶氛又向浦六。（回庐者亦万馀人。）克帅书来，云天长有可复之机，然尚未得手。张瀿虽纳款，犹时出打粮，其妻为胜帅义女，时赐冠帔金帛，及吴门食物，可谓奇谈。

男左臂忽患风湿，服药酒颇有效。昨阅邸钞，见父亲续请休沐，夜卧为之数起，意欲陈情，尚未敢也。会试子侄不中，转为放心，想堂上亦以为然。六弟计已到京，男深服其计之决。男治军之馀，犹课书院，六七年来所未有也。母舅携表弟并挟一客以来，小住为佳，亦渭阳之谊。淮南久雨，二麦不收，奈何？奈何？兹令奎光存山带去廉银四百两，祈饬收。林世兄及朱师之侄世兄，皆已派差使。罗、郑二世兄，及德、庆二令，皆拣发班，已到省矣。男素得兵民之心，一切可以无虑。肃此禀请两大人颐安，不庄。同书谨禀，五月初六日亥刻雨窗。

【按】此函写于咸丰九年。是年正月十一日，翁同龢因病开缺陕西学政，并获准返京调理；四月初三日抵京[①]。五月二十二日，翁心存亦因病开缺，留京调理[②]。此函中“六弟计已到京”即翁同龢从陕西返京之事。是年五月二十七日，翁心存收到此通家书[③]。

咸丰九年八月十五日（1859 年 9 月 11 日）

男同书百拜谨禀父亲大人膝下：

自五月以后，人事倥偬，兵氛重叠，致驿程梗塞，寸禀未通。到寿

---

① 《翁同龢年谱》，第 30 页。《翁同龢日记》第一册，第 53、68 页，2012 年版。

② 《翁心存日记》第四册，第 1434 页。

③ 《翁心存日记》第四册，第 1436 页。

后，始知严亲乞退之疏已荷恩俞，从此颐养都门，与寿阳相国同时媲美，亦足乐也，惟是高堂二老，皆望游子之归。男引退因循，佐军无状，致有挫衄，难对君亲，凡师旅之饥疲，公事之掣肘，皆见章奏，必有传闻，亦见与两弟及源郎书中，不敢赘陈，以烦慈虑。寿州三面阻水，粟支一年，壁垒已坚，器械已足，可战可守，万无一失。

男左臂虽形木强，精神尚能支持。昨偶食槟榔，顿觉松爽，始悟气壅痰生，致碍筋络，欲饮二陈汤，以槟榔为引，疾可疗也。母舅乔梓间关就道，昨得吴中官场回信，知已达金阊矣。兰生卓林仍冒险相从，奴星亦无相失者，资囊又罄，惟馀印绶。御寒之衣，今已略备，兹遣二弁至津门借军装。禀请两亲大人颐安，临禀战栗之至。男谨禀，（中秋日阴雨。）八月十五日申刻。

【按】此函写于咸丰九年。是年三月，翁心存因病请假二十日，"旋请开缺"；五月，翁心存奉命"教习庶吉士，假满未痊，再请开缺，始得谕旨，陈明在京调理"①。咸丰九年十月初二日，"董韫卿递到恒月川书并三儿中秋寿州书，不得家言者数月矣"②，与函中所言"自五月以后，人事倥偬，兵氛重叠，致驿程梗塞，寸禀未通"相符。

此通家书存信封。其中间红签题"父亲大人安禀"，红签偏右下题"己未十月二日到。由恒月川处递交董醖卿来"，左下署"中秋日寿州使院缄"。

① 《翁心存日记》第四册，第1861页。

② 《翁心存日记》第四册，第1466页。

咸丰十年三月三十日(1860年5月20日)

男同书百拜谨禀父亲大人膝下：

连奉谕函，知与寿阳娱情绿野，移寓外城，源儿考得胄监一官，又举一子，足为二老人信眉一笑。男臂全愈，亦或由此也。高堂双寿，理当称觞，然当此云扰之际，以军务[为]重，以官声为先，谨当遵谕，不使一人知之。至于男素好读书，今以此精力全用之公事矣。午公可敬，苗道及徐立壮俱可用，尹、庆二镇皆好，胡、曾二帅皆联络，惟贼势仍重，饷需日竭，是则可虑也。瓯章事若浮云，至[委署]一层，本为魏绛主和而起，即[举]劾调署，岂能悉其底蕴、保其将来乎？即如成都守次竹，乃少穆先生外甥，到处循名卓著，岂意其若此耶！惟有认真察吏而已。

五弟想可题升，六弟自必高列，至子侄考试却不甚望。松郎固恬淡，亦无力量，只好缓议也。目下苏常震骇，[里]门非复乐郊。男从无书札也。许表弟为觅稌侯一差，不知作何状？范松厓派一差使，与林柱相等。世谊中只有此两人，男亦深恐虚糜召谤也。(徐忠钰已饬到任，万难坐食兵糈。)文案又留张保慈一人，书法佳而人品正，不令出外应酬。朱春舫在和帅军中，不甚得意。此间兵事祈问差弁丁冠军可悉。大抵饷到则炉桥之兵可得定远，即饷缺尚能支持，亦只可自立，不能依人。若袁、若傅、若胡、若胜，均无从并力也。专此肃叩父母亲大人寿安，并贺大喜，(绅士孙家泰近颇出力。)不庄。同书谨禀，三月三十日晴窗，暖甚，馀具另纸。风痺已脱体矣，可喜！可喜！

【按】咸丰九年五月，翁心存因病请假开缺，在京调理；十一月初九日，"考试学正学录发团案，共取四十八名，曾源取列第十二名"；咸丰十年正月二十日，"始定赁数椽于兵马司中街"，之后，翁心存陆续从"东安门迁居兵马司中街，以南横街屋隘不便养疴也”;二月十一日,“家具全行搬竣”;二月十三日,翁曾源喜得一子,以翁心存夫妇双寿之期,故小字曰“寿”,名之曰“斌孙”[①]。知此函写于咸丰十年,闰三月二十八日,“皖省折差曹会元、丁冠军来”,翁心存收到此通家书[②]。此通信封中间红签题“父亲大人安禀。庚申闰三月廿八日折差来”。

咸丰十年三月三十日(1860年5月20日)

内禀各种情形:

临淮情形:临淮军声虽壮,□力亦不甚厚。凤阳府县一片焦土,嗷鸿遍野。午翁之兵亦未能进攻定远,定民吁请只是支吾。天长乃六合分股,先是天长守贼黄姓与乐正议降,乐去午来,而黄亦由天长调往六合,别以龚长春守天长,与午翁议降。午信之,遣恒□领及姜守往。龚贼遣人持柬迎入城,官兵继至,炮声忽起,伏贼尽发,恒、姜被擒。(恒已送往六合。)全椒为世忠攻复不过数日,而陈玉成调李寿成之众数万环而攻之,[全]椒城日止十馀日之粮,恐不能守。

滁州来安城内无民,皆世忠之人也。城外亦非官吏所能治,皆世忠之士也。(官乃虚设。)如油坊豆饼行,一切器具皆为世忠所有。大略蒋坝是其销货之所。双沟、盱眙之旧县,是其设卡抽厘之所。(每盐一包抽钱八百,不遵者立杀之。)过淮关稍迟放行,乐正即移文严责之。扬由浒墅无敢阻者,直达吴门、上海等处,吴绫越罗充满箧笥,午给以盐,取以充饷也。伊遂运至三河尖,易米、油、杂货以归。关税厘金莫敢过问,沿途之骚扰,殆不可言。

穆瑞亭(腾阿)帮办忠勇第一,(其子亦保御前前引大臣。)十年来

① 《翁心存日记》第四册,第1475、1490、1495、1861页。
② 《翁心存日记》第四册,第1513页。

所见带马队实无以匹，德帅远不及，（富明阿亦不及。能冲锋、能吃苦、能束伍，一腔忠义。）亦深服之，其深受主知。屡邀异数，宜也。前年定远之无恙，实赖此人。惟脾气太大，（未能体人情故也。曾与余小有不叶，旋执礼甚恭。此人可敬可爱，熊罴不二心者也。）然非伊副都护之比，穆拜午公老师，礼甚恭。男到临淮，与之换帖，齿少于男。

乐正杂项浮支为午公减去每月二万金，然午公亦不能如男之撙节循例也。文员多至二三百人，苗道之尾大不掉，（极忠义，极知兵。即如徐仲升家不肯捐粮，即欲抄其家。可以类推。）午公亦深知之，曲意周旋，虚与委蛇，究亦非午公、乐正所能用。其患在后日，正恐彼亦无从释兵权也。然现在却极得其力，颍人士与之不睦，男为劝捐杂粮一万石。

楚师情形：咏翁持重，次英山不敢进。今告病假一月，钱宝青曾奏六安以北非楚师所能及。现在六安并无楚师，即霍山一军亦未至城下。曾帅一军攻安庆，与多鲍等意见不甚相同。李希庵一军（有咏翁所部在内）攻桐城，尚未至城下也。狗贼悉调城守之贼打行仗，各留数千贼守城。积粟如山，其守甚坚，即围攻尚不易克，况未至城下耶？江南之贼纵横冲突，乃是池太之贼，非自江北调去者。

清江情形：人言籍籍，日下更详，于此间无庸赘叙，惟演剧、换帖之事却真。

捻匪情形：捻莫强于葵心，此人可抚也。上年冬间曾遣委员知县黄殿桢亲入其巢，（托言世忠遣去，黄曾劝世忠者也。）面为开说，颇有转机。葵心不妄淫杀，颇崇信义，因怀新者，水火冰炭，（现使人招之，真乃费尽心力。）愈激愈甚耳。

上年秋冬，苗以万馀人攻程家圩，程累次乞降，葵心亦为致书于苗，代程笑辞，乞抚不见，许攻之愈力，誓必屠之。五阅月而不拔，一朝援至，（数万人。）而苗练失四十馀营，死者数百人。及是而悔顿兵之非计，晚矣。然自此结怨愈深。傅上年冬间连挫，凡所报胜仗，皆子虚也。宿州知州几于无人肯做，以军营不见谅，苗练尤不见谅。东至清江者，不过北捻十之一，而狼狈已如此，设全数装旗，真不堪设想。

太和无捻，以偏西故也。亳州及阜阳乃捻薮也，捻众殆数十万，皆蓄发剽掠，每藉口怀新者逼之。

以上皆实在情形。

又，本省情形：各州县地漕不能征。芍陂即安丰塘，今荒芜者多。不特此而已，凡寿州、六安、霍邱、霍山，皆良田也，今皆荒田也。由于无人、（兵疫。）无屋、（尽毁。）无牛、（尽为贼掳。）无具、（尽毁坏。）无籽种（赤贫。）也。第一患无人，盖流亡及为盗贼者居多，亦有归世忠者，州县无粮册，国家无帑项，如何开垦。往日数千金之产，（霍邱某姓有花园一所，剩屋数十间，尚有器具，园外有田数顷，只卖钱六千。）今止值数金即买之，亦无人佃种。土豪皆筑坞或归苗练，（处处坚壁清野，官不能问。）即词讼钱漕，（本不曾征。）永不能问。饷票（百金之票止值十金。）令兵勇吃亏，捐生占便宜，毫无济于事。

【按】咸丰九年十一月十六日，翁心存得知翁同书奏苗沛霖带练赴颍州，进攻捻首程保民逆圩，斩获不少①，与此函中所言“上年秋冬，苗以万馀人攻程家圩，程累次乞降”一事相合；此数纸原件附于咸丰十年三月三十日翁同书致翁心存家书之后，且此通家书中云“馀具另纸”，故疑此数纸写于咸丰十年三月，附于咸丰十年三月三十日致翁心存家书之中。

咸丰十年四月十九日（1860年6月8日）

男同书百拜谨禀父亲大人膝下：

① 《翁心存日记》第四册，第1476页。

连次从午帅处接到京信,知都门近事。比阅邸报,感戴圣恩。又知六弟以第二留馆,欣慰无似。子侄不中,正可令其用功。寇逼里中,能否支持,自有一定,伏望两亲大人颐神养和,以祛烦郁。今年值万寿盛典,又遇椿萱双庆,男戴日望云,惟增翘结。定远捻寇,仅馀两万,聚粟婴城,其焰已衰,两路重兵皆距城一舍,徐立壮万馀人更能紧逼,秋冬之间或可攻复,楚师数万涤攻皖垣,咏(将回齐安)攻桐邑,皆未能下谍报,庐舒添贼巨万,六安告急,川北苗道,忠义勃发,谨受节制以之办捻,三年可以有成。

男臂恙已愈,养生寡欲,勤于职业,兵威大振,饷亦可支。盐屯若兴,则芍陂之利也。本初莫逆,师克在和,察吏安民,次第可举。公馀执笑,敬呈《宋诗纪事》以备览观,亦可以知其学识之不进矣。禄鸿轩大令廉曾办行营粮台,伏望垂询,可悉一切。范松厓(林柱)等已经位置,然此间兵饷久绌,男力汰冗员,未便多收,将来求书者可一切拒之。胜营文员固多,袁亦有三百人,虽不开支,势必滥保,(有在远而保举在优等者。)万不敢尤而效之也。谨请颐安,并叩祝双寿,不庄。同书谨禀,四月十九日。今年万寿圣节已得表式,并题本,可一一恭进矣。

【按】此函写于咸丰十年。是年五月二十日,翁心存收到翁同书"四月十七日家书一函,并《宋诗纪事》十六册"①。翁同书所写家书与翁心存所收家书内容相同,然日期差两天,是翁同书笔误,抑或其他原因,存疑待考。

此通家书存信封,"父亲大人安禀。禄鸿轩廉来"。左书"庚申五月廿日到。四月十七日发"。

---

① 《翁心存日记》第四册,第1526页。

咸丰十年五月初三日(1860年6月21日)

男同书百拜谨禀两亲大人膝下：

禄大令廉带去禀函，想可先到。近得四月三日家言，欣悉京寓平安。此间军事具于谕源郎信中。天下大局至于如此，只仗于此忠信敦实之心做去，利钝非可逆计。偌大世界除苗雨三外，竟无知兵者。可怪！可怪！曾涤生、胡永芝尚不至十分愦愦，大约议战者皆谬耳。

四月十四苏城失守，谅非讹传。闻之心惊气沮。男臂已全愈，誓必养锐以雪此恨。其法当自兵屯始。敬请寿安，不庄。同书谨禀。五月初三日戌刻。

【按】咸丰十年五月二十五日，翁心存收到翁同书"五月三日书并《屯田奏议稿》"[1]。此通信封中间红签题"父亲大人安禀"，右云"附呈屯田奏议一册"，左题"庚申五月三日发，廿五日到"，知此通家书写于咸丰十年。

咸丰十年十月初九日(1860年11月21日)

男同书百拜谨禀父母亲大人膝下：

九月初一日，巡捕奎光赍报销文册进京，首泐数行，并朱提廿五流附呈，嗣汪幹臣等回皖，询悉中秋都门情形，捧读严谕，不禁肠裂矣。由是夜夜梦在亲旁，□□不能报君下，不能……男者，天壤间之辠人也。火园庭释夸俘、定和约诸事，亦既熟闻之矣。城下之盟，春秋耻之，如此侵陵，岂复可恃？或云杜笃《论都》，意在关内。于是尹、

---

① 《翁心存日记》第四册，第1528页。

庆二君劝男奉两亲卜居长安，若宰辅退居，无妨远适，则敢以为□？否则，萱闱先行何如？庆系西安驻防，住在□□□□尚有闲房，尽可作居停也。

母亲与□□□分居，恐属不便，目下自以回宣南为是计。銮舆此时亦将回京，第海淀鞠为茂草，圣怀何以为情，开门揖盗者能逃口诛笔削欤？寿六被围，竟能保全，足见人事之不可不尽。吉、蒹侄及端妹、长媳皆脱于厄，男自当照应。惟□□□□息耗，令人惋歉。豫饷三万将到，□□□□断炊，他日尚能再振。男晓夜焦思，万目共见。若易衣入书肆，则民早逐之矣。不意市虎无稽，一至于此也。肃此禀请颐安，临颖瞻依，不庄。同书敬禀，十月初九日燈下。□□无书册可寄，亦恐无浏览之意绪。□[兴]化任升亦在彼。

奏为遵旨，飞饬在籍，川北道苗沛霖挑选得力练丁数千名，星驰赴直隶通州一带助剿，恭折由六百里先行覆奏，仰祈圣鉴事。窃臣于本月二十二日准傅振邦咨会，二十日子刻承准军机大臣字寄。咸丰十年八月十一日，奉上谕本日胜保奏“夷氛逼近阙下，请飞召外援，以资夹击”一折。据称用兵之道，全贵以长击短。逆夷专以火器见长，若我军能奋身扑进，兵刃相接，贼之枪炮近无所施，必能大捷。蒙古京旗兵丁，不能奋身击剿，惟川楚健勇能俯身猱进，与贼相搏，逆夷定可大受惩创。请饬下袁甲三等，各于川楚勇中共挑选得力若干名，派员管带即行起程，□日赴京以解危急等语。逆夷犯顺，夺我大沽炮台，占据天津。抚议未成，现已带兵至通州以西，距京咫尺。僧格林沁等兵屡失利，都城戒严，情形万分危急。现在军营川楚各勇均甚得力，著曾国藩、袁甲三各选川楚精勇二三千名，即令鲍超、张得胜管带，并著庆廉于新募彝勇及各起川楚勇中，挑选得力者数千名，即派副将黄得魁游击赵喜□管带，安徽苗练向称勇敢，著翁同书、傅振邦饬令苗沛霖遴选练丁数千名，派委妥员管带，均著兼程前进，克日赴京，交胜保调遣。勿得藉词延宕，坐视君国之急，惟有殷盼大兵云集，迅扫逆氛，同膺懋赏，是为至要。将此由六百里加紧，各谕令知之，钦此钦遵，咨会前来查。

此次谕旨，臣处尚未接到，或因豫省境内有捻氛滋扰，以致驿路阻滞，行走迟延。伏思京师为天下根本，臣受恩深重，敢不选锐长驱，以图灭此朝食。苗沛霖人颇忠义，其练丁亦称勇往，惟其部下之众，究系团练，从未远出，向以人多取胜。若止调数千，恐未足恃。然道远人众，既不便于疾趋，而口食亦难筹给，谨遵谕旨，飞饬该道挑选练丁数千名，派委员管带星夜起程，赴直隶通州一带，听候胜保调遣。又查苗沛霖所部之众，必须该道亲至督带较为得力。臣已密饬该道自行酌度，如可亲自前往，即亲带起程。臣营饷需虽万分缺乏，念该道北行事关紧急，于万无可筹之中挪凑银壹千两，解往苗圩，以作先赀。并知照沿途酌量济其口食，冀得早抵畿辅，共效驰驱。

再，臣世受高厚鸿恩，沦肌浃髓，窃维主忧臣辱之义，愿效铅刀一割之愚。刻下江淮贼势稍轻，较之北路警报缓急昭然，臣不胜愚愤，窃愿躬赴阙廷，跪聆圣训，随同胜保效力戎行，兼得督率苗沛霖，勉图尺寸之功。所有安徽巡抚一缺，仰恳天恩另行简放，或令藩司张光第暂行署理。俟臣随剿事竣，再回本任。恭候命下，祇遵实出犬马恋主之诚，无任焦急屏营之至。所有遵旨飞饬苗沛霖派练助剿，缘由理合先行覆奏，并吁请恩施，准臣赴京随剿，伏乞皇上圣鉴训示，谨奏。

咸丰十年八月二十二日在寿拜发。九月十七日奉到朱批“知道了”。现在定远贼援麇集，袁甲三大营已退扼长淮，情形万紧，所请著不准行。

再，臣飞调苗沛霖练丁，与傅振邦函商。为筹行粮，前已先行具奏在案，嗣接胜保来咨，复叠饬该道，令其枕戈待旦，投袂兴师，而该道覆禀极言练非兵比，求臣将其原禀钞覆胜保。查该道带练十馀万，素称忠勇知兵，其言或别有所见。臣与傅振邦叠次严催，而该道坚持前说，且称愿单骑北行，誓捐顶踵。臣等既未便，任其迁延，亦未能稍有勉强，想在圣明洞鉴之中，理合会同提臣傅振邦合词覆奏。再，臣翁同书前请开缺，进京随剿。如蒙俞允，俟寿州围解布置粗定，即行酌带兵勇，星夜起程北上合并，陈明伏乞圣鉴谨奏。九月初五日在寿拜发，二十八日奏到朱批“知道了”。

再，臣自闻天津失事，都城戒严，义愤填膺，寝食俱废，虽在登陴危险之际，觉此心惟知有君父，而不知有己身，兹幸城围已解，情形较松，如蒙恩旨准臣进京随剿，当即将巡抚关防交藩司署理，一面简率精锐，星夜起程。在臣既可以稍效涓埃，而苗练闻臣亲自督兵，或亦生其敌忾同仇之感。理合再行附片吁陈，伏乞圣恩俞允，不胜诚悃待命之至。谨奏。九月初九日在寿拜发，十月初四日奏到朱批“著仍遵前旨，毋庸北上。”

跪奏为密陈管见，仰祈圣鉴事。臣窃观古来之制，外夷者必先得其要领，贵在筹策，初不专任武力也。今逆夷包藏祸心，称兵内犯，已成不解之势。而言战者，又未能操必胜之权，以此上烦圣主宵旰之忧。臣远在江淮，心驰魏阙，废寝忘食，罔知所措。伏读书曰：虽尔身在外，乃心罔不在王室。臣受皇上厚恩，虽捐糜顶踵，无以为报。当此四郊多垒之秋，窃愿与熊罴之士，不二心之臣，同效驰驱，以抒愚愤，谨条陈四事，聊效芹曝之献，用备圣明采择。

一请回銮，以孚民望也。伏查木兰秋狝之典，久未举行。今者圣驾时巡，适值军书旁午之会，咸疑寇氛逼近，致此震惊，其实岛夷跳梁，不过恫疑虚喝。京师据形胜之地，为首善之区，环卫森严，百神翊护居中制外，必无意外之虞。若六飞久驻滦阳，则万姓转深孺慕，且使逆夷遂其轻侮之志，群盗生其觊觎之心，观听所系非细故也。况热河于避暑为宜，时届霜寒，非所以安宸居而慰臣庶。伏祈皇上为天下臣民自重，清跸还宫，俾民志坚而逆谋顿沮，音驿近而控驭易周，是在决之圣心，仍望参之时势。

一戒浪战以审事机也。制夷之策，在财赋殷阜之日则易，在中原多事之时则难，况议抚议剿，一误再误，愈误愈深。为今之计，固不可任其侵迫，而徒事羁縻，尤不容再逞虚锋而致难收拾。臣之愚见，以为宜俟各路援师云集，耀兵畿甸，俾知四海人心，咸怀忠愤，示以声威，而不轻与交仗，庶几可进可退，能刚能柔，戢其贪狡之心，或有善全之道。倘彼狡执如故，难以理驯，我之守御渐完，兵力渐厚，可以绝其粮道，邀其惰归。以守为体，以战为用。纵无速效，亦无后悔。若孤注一掷，损威失重，又将何以善其后，此谋国者所当深长思也。臣在行间日久，深知兵力日疲，以西北之劲旅，尚不可以制东南，岂东南之召募乃反可以利西北？伏愿皇上熟察，言有可听，然后听之；兵果可用，然后用之。斯往事虽不可追，尚可徐图补救也。

一裕京仓以安人心也。京畿重地，首重仓储，云帆粳稻岁仰给于苏松，天庾神仓，日转输乎津潞。自苏松陷而贼饱我产米之区，津潞梗而夷阻我泛舟之路，几何不令悬磬生嗟，束手坐困也。臣见京都人家，喜食麦面，若积麦尚见其充盈，虽缺米不形其匮乏。法宜令畿辅暨山东、山西、河南各州县广劝麦捐，高估价值，优予奖励。苟得麦捐数百万石以实京仓，或可稍济日用之需。其馀各种杂粮亦宜广为储积，不然南粮既不能至，而北地又不为筹，一旦食尽计穷变，且有不堪言者，请敕下户部早为筹划，免致乏食生衅。

一发德音以耸群听也。溯查嘉庆十八年林清之变，仁宗睿皇帝下深切之诏，致惕厉之思，中外臣民读之者，莫不感动，以是经正民兴风俗，复归于正。盖汉诏至山东而父老咸叹息泣下。唐宗有涣号而识者谓贼不足平，虽文告之空言，而入人之深有如此也。今戎马躏于郊圻，烽火照于宫阙，变不可谓不大矣。祸不可谓不深矣。将欲深讳其事，阏而不宣，窃恐四方早有传闻，万姓倍加惶惑，何若明颁谕旨，大发德音，收九寓之人心，求百尔之谠论，其于方今之时，势不无小补，惟圣主详察焉。

以上四条诚知愚戆浅陋，无以仰助高深。第以时值艰危，不敢隐情，惜已自安缄默，是否可采？伏候圣裁。不胜战栗，屏营之至，谨奏。附片请解职进京随剿，九月二十三日奏。

【按】咸丰十年十一月初三日，“皖弁千总戴成龙、张学云来，赍到祖庚十月九日书并折稿四件，言九月初守寿州事甚详，又言祥、荣两侄渡江至兴化，皆参将袁祚焜及其弟培厚之力，现已遣任升往彼护视”①，知此函写于咸丰十年，另附有翁同书所写折稿四件。

此通家书封面中间红签条题“父亲大人安禀”，右侧题“附呈疏稿片稿共四件”。

① 《翁心存日记》第四册，第1566—1567页。

致翁同爵函

道光二十四年四月十二日(1844 年 5 月 28 日)

玉甫五弟足下：

前闻鼓盆之戚，已另函奉慰矣。曾叔岩归资少缺，在兄处挪移唐平纹银壹百两，言明于到家后付还，特此奉闻，照数收明可也。兄身体大健，深为可喜，此致即问侍佳，(定于十五日下园。)诸惟自爱。兄同书顿首。(贡士覆试题“既得人爵”至“之甚者也”，“百谷青芃芃”，丰，韩诗。)四月十二日。

【按】道光二十四年二月二十二日，翁同爵夫人杨氏卒[①]，函中“鼓盆之戚”即指此事。故此函写于道光二十四年四月十二日。

道光二十四年五月初一日(1844 年 6 月 16 日)

玉甫五弟足下：

前曾作书奉慰，想奉倩情怀渐以宽解矣。来书云励志下帷，果尔，则秋闱可望得意也。兄于四月十六日考差，字无错落，诗尚平妥，

---

① 《翁同龢年谱 · 翁玉甫先生年谱》，第 175—176 页。

得失已置之度外。是日查出李汝峤、佟元两人夹带，(是夕宿大楼下，次早交西曹矣。)遽尔扶出就吏，衣冠之辱，莫此为甚；且李少峰以清门才望，屡掌文衡。入直三天，一朝至此，真堪浩叹！恐木天益以不振矣。

二十日午门听宣，奉旨派充殿试内收掌官，(同派者邵灿、钮福保，属恩官。)襆被宿文华殿者三日，至廿四日十本引见，后始交卷箱而出。廿六日考差引见，今日云、贵已放矣。(云:晏端书、朱昌颐；贵:万青藜、何绍基。)饶生褒甲，覆试出韵，罚科。浙世兄三人皆二甲题名，附去朝考新例分等，第黄经第一世兄，(一等廿七人，二等五十九人，三等不知数，四等十二人。)惟赵兰舫、黄子春在二等，馀皆三等矣。公车诸公之回，行期既促，又不能多带物件，故寄归之物无多。今子瑾之归仍不能多带，仅托携官燕四匣，以备祖母大人熬粥之用而已。前托叔岩带去纹银(唐平)壹百两，想已交蹙。兹又从子廉年伯(恐信局遗失，故托子瑾。)处会去京平(足色)纹银肆百两(每平欠二钱)，以信为据，可持信至汪墨仙处如数划交。此项非专为接眷而寄，倘家用支绌即可应用。此间遇便再行酌寄亦可，兄此间用度亦不能省。现届节下，借贷者纷纷。先辈谓得差后，门面弄阔，反为不美，真至言也。兄近体大健，饮食胜常。借子久一骡，忽而圆寂，偿以三十金，近日仍赁车代步。夏间拟加倍用功，以防大考。草此布问，迩佳不具，兄书顿首，五月一日。祖母大人、两亲大人前乞禀安，并问合家好，数日后当由信局另禀一切。陈福已送眷回涿，闻尚有二百金携归。惠邸信一函，参一两，乞转呈堂上。

【按】道光二十四年，翁同书充殿试收掌官[1]。道光二十五年春，翁同书夫人携子赴京，函中云“此项非专为接眷而寄”，知此时家眷尚未赴京。故此函写于道光二十四年五月初一日。

① 《翁同龢年谱·巽斋自订年谱》，第162页。

据此函知，道光二十四年五月初一日，晏端书奉旨充云南乡试正考官，副考官朱昌颐；贵州乡试正考官万青藜，副考官何绍基。

晏端书云南之行，著有《使滇纪程》一卷，其与《粤游纪程》一卷、《西江轺程记》一卷，并称"纪程三种"，孙殿起《贩书偶记》卷六著录光绪十三年刻本①。

道光二十四年十月初九日(1844 年 11 月 18 日)

玉甫五弟足下：

钟鲁还，曾附数行，想经入览。比惟侍奉，吉祥为颂。秋试不与，虽属可惜，而恙不复发，亦属可喜。闻吾弟今年意兴殊减，兄以为大非所宜。黄门之赋，亦属事所恒有。他日须以续姻为是，可以徐议意之所欲也。伯父忽患奇疾，令人疑讶，恐药石难为功耳。

兄今年寂寂，无所见。新到史馆学编辑之事，聊以遣寂耳。召对无误，深冀得南中一郡，则望云看云之情，均可以少慰矣。新购明初邑人朱燧手录元人赋册，蝇头草书，书不佳而存此旧书，则足宝也，河南山陕西碑版出土者不少，多在《金石萃编》及孙渊如《访碑录》之外。魏齐唐宋皆有佳刻，拟记其碑目，别为一书。惜吴筱轩先生僻处乡买，无由共赏其奇耳。盖此种新碑多向人借观，无从觅寄，为可惜也。观唐人志铭，为其妻作及为人作中馈志铭者，皆云即以其年，葬于某所，知古人于礼无越，于情亦尽恩思。弟妇之灵久停于堂，一则不如入土之为安；二则恐老人触目而有感，且揆之于礼，亦有未合。急宜乘此冬寒，或葬或厝，亦事之易易者也。此事既妥，然后重闱之怀稍释，即吾弟之心亦可少宽。至于续娶一事，在一年外不可谓之恝然，

---

① 孙殿起《贩书偶记》，上海古籍出版社 1982 年 11 月，第 146 页。

亦在吾弟自行斟酌，非可悬拟，不识以为然否？北闱周兰生竟中副车，尚不负兄勤勤删改之苦心。此君若能始终无间，必当有成。钟鲁亦美才也，子方先生之子，当己亥年《翠微赋》时，已觉其佳，今果然矣。草此布问近佳，馀不具，兄同书顿首。

梅庵若北来就试，未必不佳，第今又为教职所羁耳，不审今年曾委署否，又行。庆节前一日。

【按】道光二十四年二月，翁同爵夫人杨氏卒[①]。是年夏，翁同书伯父罹患石疽之症；同年十月，翁同书伯父翁人镜（朗若）病卒[②]，十一月二十五日翁同书得知噩耗[③]。十月十日是皇太后生日[④]。道光二十四年八月翁同书已知伯父患病[⑤]。据函中内容，写此函时翁人镜尚未病卒。函末署"庆节"，当指皇太后的生日，知此函写于道光二十四年十月九日。

道光二十四年十月二十六日(1844 年 12 月 5 日)

玉甫五弟足下：

去弟别已两年矣，念弟之忱，无日忘之，则知区区寸衷，萦绕于重闱之左右者，更无已也。每思家庭聚首之乐，真有三公不易者。今既

① 《翁同龢年谱·翁玉甫先生年谱》，第 175—176 页。

② 《翁心存日记》第四册，第 1856 页。

③ 参见道光二十四年十一月二十五日翁同书致翁心存家书："另谕云云，敬已领悉，伯父得疾大奇……"

④ 道光二十五年十月十日《翁心存日记》云"是日恭逢皇太后七旬万寿"。《翁心存日记》第二册，第 585 页。

⑤ 参见道光二十四年八月初四日翁同书致翁心存"星垣太守之任……"一函。

为利禄所羁,惟有积善立品,以慰亲之心而已。前书劝吾弟爱身植品,拳拳此衷,冀交相勖耳。闻吾弟为苏台之游,庶亦藉此少宽怀抱乎?而弟妇安葬之事,必宜早营。盖淹葬既非,而中堂尤不可以久停。弟素知礼,必以为是也。兄近体尚佳,而总觉气分不如三十前,故虽著述词章,皆不敢过耗心血,争不必传之名,且幸词曹清暇,不殊家居,且当养此心力。或他日得发舒意气,振刷一番耳。今年都中奇暖,今日北风稍劲,然笔研尚未冻,玉河水尚未冰也。草此奉询近佳,不具。兄同书手泐,(近有议姻者否?明岁俟可听堂上酌之。)十月廿六日。

【按】道光十八年翁心存乞终养回乡奉母,翁同书随侍南下;道光二十二年十二月,翁同书叩别父母入都[①],此时翁同爵在父母身边。故此函中"去弟别已两年矣",知此函当写于道光二十四年,是年二月翁同爵夫人杨氏卒[②]。

道光二十四年十二月初五日(1845年1月12日)

玉甫五弟足下:

前寄上篆书数纸,原供笑噱,非敢云作篆也。兄作细楷,愈写愈坏,因以是话其笔机,自觉近来写大行草颇有进步,即大楷书亦少有效。深知古人作书,自钟鼎、篆隶、行草与楷书,皆是一理,且与画法贯通。然虽似知其故矣,而下笔不随,乃自悔小时太不以此事为意也。前得严谕云:云樵兄忽将长子嗣与佛,兄虽其持议难违,然终似欠斟酌。定非无识者怂恿求之乎?成事不说,然而过矣。

明年万寿覃恩,究不知元旦颁诏,抑俟十月?兄欲请贻与伯父

① 《翁同龢年谱·巽斋自订年谱》,第161—162页。

② 《翁同龢年谱·翁玉甫先生年谱》,第175—177页。

母。(外间有十月降旨之说,若然,则《一统志》议叙可多加一级,然亦止得正六品。)想堂上之意,亦必以为是也。杨钟鲁回南,想已得晤。此人聪俊而驯谨,加以学养,不让乃兄。闻咏春欲为周兰生执柯,议婚于惠州,未知谐否。鹤翁见犹子有进步,喜而破慳,物虽薄而意已厚矣。兄于兰生诚见其可教,故与之甚相得,亦非以市道交也。汪鉴斋在水部,郁郁不得志,与兄还往颇密。仑仙蜀橐尚佳,然用剩亦无几,薇客善病,少鹤以巧言说悍妇还南,而与其妾居京师,稍适意。选御史不记名未免失望,幸伊明年可得京察耳。庚子同年姚良莽、李采卿、蔡梅盦先后丁艰,可云多故。蔡季瞻年伯绍洛、梁笔珊国瑚、荔裳国琮均丁内艰,梁即兄门生国琎之母,(其封翁芗甫先生以孝廉家居,甚健。)其分未便过轻,乃制一幛,尚须配别物也。(加一联云:"齐眉案举,溯家风,梁孟相庄,忽惊婺女星沈,五夜鹃啼凄穗石;树背萱凋,怅史局,机云同去,更送孝廉船返,一行雁字度梅关。"似尚不落套也。)饶生褒甲虽隽才,而人甚潦倒,今年已助伊廿金矣。现在穷饿日甚,只得复解囊助之。陆氏庄若此,复何望哉?

焦笠泉劾山东县令,令虽黜而中丞无恙,黄毅甫以蜀人言蜀事,以摭捂游谈置之,亦其宜矣。邓子久补永顺守,保苗疆,颇为鞅鞅,然嶰翁日有起色,子久自可星移耳。草此布达,即问金佳,不尽欲言,兄同书顿首。如明年吾弟能来,曷不来一游乎。嘉平五日。

京师入冬无雪,两次祈祷无验,乃有三坛虔祷之举,果得祥霙三寸,真可喜也。钞元赋之朱燧竟有可考,亦属快事。卷中有"笠泽隐渔"及"东西南北之人"两印,拟寄归,以供椿庭清赏。(粤东癸卯副车新中正榜者两人,一罗瑛;一余廷槐也。余中第四,系拔贡,为祁制军幕客,带乡勇大不理于口,曾入弹章,现已捐官,盖跅弛之士。)近来厂肆所鬻书画鲜佳品,仅见一字卷合装,何义门及迁伯公行书各一,数以价昂未买。又见《诒晋斋临九成宫》全册,绝妙,尚拟以厚直购之。碑版出土者日多,但少佳者。前寄归所见碑目,亦有王述菴已收入

《萃编》,而余误以为前人未著录者。十三日。

颜鲁公《离堆记》[1],大字磨崖,在四川南部县。《萃编》等书皆未载,盖其迹久泯,近人始就溪涧中拓得碎石三十馀字,从楞仙乞得一本,而琉璃厂则已有翻刻本矣。

华阳师大拜潍县同平章事,今日协揆到翰林院上任,明日华阳到任,同寮连日到署,亦希有之事也。京师得雪后,天时颇正。寓中平顺,(沈泰欲求云士年伯荐杨心畬观察,所奈伊已荐一魏姓者在彼。)一切问沈泰可知耳。廿三日慈亲诞辰,仍活面款同乡、同年及门下士。天涯独处,念家中团聚,颇切驰慕也。嘉平十九日,又行。

【按】据道光二十五年正月十四日致翁心存"上年嘉平月祀灶日,沈泰由京旋里……"一函,知"万寿覃恩"乃道光二十五年,故此函写于道光二十四年十二月初五日,十九日又有附言。

道光二十五年正月初七日(1845年2月13日)

玉甫五弟足下:

屡作书问,想均采览。比惟宜春辑吉为颂。紫阳正谊,当仍与试游文,似以只应官课为是,未识然否。此间移居一事,尚无就绪。一时无合意之屋,非大即小,且房金极昂,真一最难之事。转眴公车一到,须费全副精神,会房恐并不能得听之而已。新得王耕烟摹李伯时《龙眠山庄图》,绢素虽已霉损,神采犹奕奕动人。每念如得此中住,亦自佳也。京寓寂寂,颇得静趣,书此问吾弟好,惟自玉,不一一,兄同书顿首。闻弟妇灵儿,已于岁杪暂移,甚是,甚是。吾弟荀令之情,

---

① 即颜真卿撰书《鲜于氏离堆记刻石》。

亦当渐解矣。经筵题“举直错诸枉则民服”、“君子敬以直内,义以方外”。乙巳人日。

厂肆有董思翁诗及尺椟合装册,索价过昂。成邸临《醴泉铭》极妙,酬直八金犹不肯售。姜西溟字,残册,小行楷,极精,拟以三两购归。兄思于今年学字,想功深后必有进益,如汉学古韵从前不知其径术,今日居然粗通大义,可知学必不负人也。凡作书惟腕力是真境界,不识以此语为何如? 又行。

乙未世兄下场者尚多,(癸卯粤中竟无来者,仅二十留京者,不知能中一人否?)宁波多留京者,如邵桢、周茂梧皆是;绍则金调甫、严嘉荣、朱英、陶清夫;嘉兴则郑元钫。此外如郑颉苏、(已取学正。)宋幼海、王子山等来者,亦尚不少,总可望中。四川阎解元不悉其行事若何。留京闻有五六人来,一黄士元,闽则袁腾鳞、张擘修,若冯兰垞则候选,虽早不下场矣。赵绶章,字兰舫。谢文煃,吉安人。王云阁是教习,用知县,又从顺天捐输,捐数千金,捐分发山西。

河工议叙可谓极优,廖尚书已归,即在都亦未必得甄叙。少穆先生办屯田,似有其事,不知见抄否? 亦不过在废员之内耳。闽中夷踞乌石山,始则士民大不相安,近稍安之。然闻其跨城为天桥,(亦不知确否,现尚相安。)其意何居? 藏中事已已,派文孔修查办。琦侯参孟保甚重,不知彼处能否帖然耳? 子春行期愈迟愈累,去腊生子,俟满月,今又一子出花,又须满月,而尚短三四百金,如何,如何?

【按】古人以农历正月初七日为人日,知此函写于道光二十五年正月初七日,即乙巳年人日。道光二十四年十一月,黄子春生一女[①],“乙未世兄下场者尚多……而尚短三四百金,如何,如何”一纸中言及子春“去腊生子”,故暂附此处。

---

① 参见道光二十四年九月初七日翁同书致翁心存家书相关内容。

道光二十五年四月十四日(1845 年 5 月 19 日)

玉甫五弟足下：

兄自初一日移寓椿树二条胡同，布置一切，甚觉珞碌。揭晓、道喜、送行、写信及笔墨甚忙，未知家眷何日可到？周兰生已来住上房后层，拟督其下帷用功。徐尊葵忽欲在顺天捐输教职，侭先两手空空，谋之于兄。兄虽应之，而殊难向人告贷，不意伟湘覃已凑出四百，兄借与一百五十金，遂已敷用。又此例已截止，费大力才得上兑。兄与覃叔深念其下场之苦，知其营首盘为北上计，故亦不阻之，尊葵意亦甚感此项，伊定于到家后措交。除吴姚外，兄之京平(以还足色纹银为妥。)一百五十两(秤见市平九十七两九钱四分，又四十八两七钱壹分。)及覃叔之一百两，概悉交吾弟。望吾弟(或同葵兄一往。)即日交迎春巷汪墨仙取一收条，另由家信寄兄处，其银由墨仙会寄至京，向来程处无会费，不必问也。兹将此事另作数行，交尊葵带去，并闱墨一卷，人参(惠送)一匣。(须即时取出换锡匣，纸包外加炒米。)此问近好不具。兄书顿首，四月十四日。馀件托俞子嘉带，子嘉茶叶铺事无可清理矣。

【按】道光二十五年四月初一日，翁同书“移寓椿树二条胡同”[①]，知此函写于道光二十五年四月。

此通家书三纸，其中“玉甫五弟足下……即日交迎春衖汪墨仙取”与“一收条，另由家信寄兄处……”原件分属两册，然据其内容、笺纸、行文，当为一通。

---

① 《翁同龢年谱·巽斋自订年谱》，第 162 页。另参见道光二十五年四月十五日致翁心存函。

道光二十六年四月十六日(1846年5月11日)

惠信送去,已有复函,并寄参一两,今寄信留参,俟有便带去。汤信亦送去,不知曾和其《游龙杖歌》否?

京官纷纷改外,惟捐输有捷径,(仑仙之太夫人已愈。)然亦惟得风气之先者耳。其中选法多门,猝不及知,而正班则竟无选期矣。(薇客又将迁贾家,幸廖钰夫先生之旧邸,旳莽之眷亦将来都。)心畲观察有赴来,因与覃叔合送一祭幛。钱梅溪卒,(彭春农今春归道山,亦有诗。天下事必有对。)有赴并其诗来,置之不答。

萧山相国《赋游龙杖歌》遍索和章,书即日属稿,翌日以呈。自觉未惬,公大许可,且嘉其敏,颇闻于时。兄好名之念太甚,此类足矣。(水蓱作杖坚而轻,空堂拄地声铿铿。攫拿屈强鳞甲生,笺诗适协游龙名。赤藤为弟灵寿兄,宜养三老食五更。不假鸠饰雕寒琼,平泉后圃风日清。拔诸草莱生光晶,自出新意为歌行。知公育村寓深情,江乡秋老红藜明。丛植何止千万茎,自生自桥随杜蘅。讵知中含造化精,无用之用用乃宏。赋质虽薄节则勍,枝叶刊落根抵成。能持颠危扶欹倾,公一拂拭遂有声。杖乎杖乎抑何荣?因思士亦贵守贞,初学譬若培勾萌,稍长慎毋褋菁英。及其村老变化呈,足与宇宙相撑撑。时之未至名莫争,用之既彰人乃惊。天生耆耇辅太平,江湖廊庙心怦怦。

【按】道光二十六年正月二十八日,钱泳次子钱益生前来翁宅,“以家刻《四体书刻》《攀云阁帖》《履园丛话》《备豫录》四种见贻”,翁心存遣翁同爵接待,知其“欲为其乃翁求墓志也”。

道光二十六年五月初四日申刻,翁心存“得三儿四月十六日所发第五号信……又三儿寄云樵、梅庵各一函”,其中亦当有写给翁同爵的家书；五月十三日，翁心存“作答惠邸启，又作上汤师启，并录《游龙杖歌》寄去”[①]，与翁同书手札中所言内容相呼应，因疑此函写于道光二十六年四月十六日。是年五月二十五日，翁心存亦收到杨培（心田，即心畬）唁函[②]。

“萧山相国《赋游龙杖歌》遍索和章……江湖廊庙心怦怦”一纸乃翁同书为萧山相国《赋游龙杖歌》所写的和诗，故暂附于此。

钱梅溪，即钱泳，道光二十四年八月三十日卒[③]。据此通家书知，彭邦畴卒于道光二十六年春。彭邦畴，字锡九，号春农，江西南昌人。嘉庆前期进士，与陶澍同为翰林院编修，宦至翰林院侍讲学士、广东学政。道光十一年（1831）参加谤社活动。

道光二十八年七月二十四日（1848 年 8 月 22 日）

……应事宜，惟在吾弟佐理而已，兄不能细嘱，且此时路隔三千里，此去路隔七千里，如何可以佐理耶！家丁陈福外，可唤沈福南、李升等跟随北上。京邸房屋器具已略为安排。京师喜事本省，更可力从撙节。仑仙四川差囊早罄，其贫可怜。端妹只可钗荆裙布，（下人帮……此间并……）仑仙所送五时衣自当新制，其馀……衣服，只可用前室所留。（尺寸颇合。）有避忌，未必吉；无避忌，未必不吉，想吾弟亦深以为然。京官清况有甚于寒儒者。兄近来短褐数补缀而服之，履踵决已久，始易新者。汝嫂裙至□□，此非矫情，实不得已也。现在却须略做上路衣服，百费丛集，计非千五六百金不可。幸帐中尚可借用，亦不知到黔后□□弥补此项否也。西南天远无人……者，家

① 《翁心存日记》第二册，第 620—621 页。
② 《翁心存日记》第二册，第 623 页。
③ 《乾嘉名儒年谱》，第 422 页，国家图书馆出版社 2006 年版。

乡亲友极多可靠，而必无人愿去。愿去亦不敢行劳，惟有多添白发数茎而已。

又寸心惓惓者，鸽峰新阡，只在梦寐。每思古人出处若此等，不难弃官会葬。既不能效古人，而此行又不能纡道报到，馀痛毕生难补。书至此，不禁泪若涌泉矣。且……将次……业已久离膝下，弟妹子侄……四年，不能无耿耿耳。然兄此去，必为廉明之学政，亦不敢失之过宽过严。此则可以仰慰堂上者。黔行山路虽险恶，然驰传南行，去京愈远，则官吏照料愈周，且人马俱健，可以无妨。都下幸有微名，（青墨卿丈谤语微闻于辇下，大抵文理稍庸耳。）且人人知其敦朴无嗜好，无脾气。舆论相推过，当不胜□□也……问吾弟近好……同书［顿首］。

【按】道光二十八年七月二十一日上谕，翁同书简放贵州学政；次日，皇上“召见于勤政殿”[①]，并询问其父翁心存家居情况，“命同书传旨趣令来京”[②]。八月，翁同书携眷赴任；十月抵达贵州[③]。次年三月，翁心存携夫人挈次女璇华（端恩）及翁同龢抵京。此函中翁同书交代北上京邸的相关情况，且云“现在却须略做上路衣服，百费丛集……然兄此去，必为廉明之学政”，可见，写信之时，当是刚得知简放学政，不日即要起程赴任，行李还没有收拾停当，尚未启程赴任；而八月初七日家书中已云“现在行李已整治清楚，过节即动身”。此时翁心存、翁同爵父子同在常熟家中，道光二十八年八月十七日，翁心存收到翁同书七月二十

① 《翁心存日记》第二册，第665—667页。道光二十八年八月初六日申刻，京报刘殿臣为翁心存带来翁同书简放贵州学政的消息；是月十七日，翁心存“得三儿七月廿四日书，备述廿二日谢恩召见”。

② 《翁心存日记》第四册，第1857页。

③ 《翁同龢年谱·巽斋自订年谱》，第163页。

四日家书,“午初得三儿七月廿四日书,备述廿二日谢恩召见”[1],其中亦当有翁同书写给翁同爵的家书,故疑此函写于道光二十八年七月二十四日。

道光二十八年八月初七日(1848 年 9 月 4 日)

玉甫五弟足下:

连日□忙之至,酒食征逐,每日至四五局。现在行李已整治清楚,过节即动身。兹寄上花一匣、介乾醽两篓(一送岳母)、象矢一棕包,可检收。此问近好,馀由信局再寄,不□缕,兄同书顿首。八月七日。……定钮枏生一人,仑仙所荐松泉之叔……广西三年深得其力。

【按】函中“现在行李已整治清楚,过节即动身”,末署“八月初七日”,因疑句中之“节”,当指中秋佳节。“动身”,疑指道光二十八年八月十五日前后,翁同书启程挈眷赴贵州学政之任一事,据此推知此函写于道光二十八年八月初七日。是年十月初三日,翁心存“得三儿八月七日所发不列号一函,又京花、乾醽、象矢等物”[2],其中当有此通家书。

道光二十八年八月十七日(1848 年 9 月 14 日)

玉甫五弟足下:

得差后,连发三信。现定于明早长行住良乡,轿两乘,(一借仑仙

---

① 《翁心存日记》第二册,第 667 页。

② 《翁心存日记》第二册,第 678 页。

者，其费与二马车太平车略相等。）大车五辆，马几匹，下人已穷得千孔百疮，为之料理，真觉累煞。幸天气晴朗，途中已干涸，可以放心。兹给陈福川资三十金回南伺候，（李升给廿金，令其移眷住门房。）带去金玉如意一匣，大红湖绉两匹，系钱宅聘物，附上喜套，一寄吾弟。钥匙帐簿共一（留京物亦在内。）……冬菜……馀物令李升买就，交伊带去。乞收。今日束装始毕，又庚子公请，日暮倦�。草此留陈福处带呈，即候近好不一。兄同书顿首。八月十七日二鼓，樊城人来云湖北水亦退矣。

【按】道光二十八年十月初五日，“饭后陈福自都中来，得三儿八月十七夜二鼓一函，并钱宅聘礼：金玉如意、彩绉两匹等件”[1]，与函中所言相合，故此函写于道光二十八年。

道光二十八年八月二十一日（1848 年 9 月 18 日）

玉甫五弟足下：

十七日京寓发一信，十八日辰刻启程，住良乡。十九日住涿州，二十日住定兴城。十五里之北河。今日行抵保定，良、涿尚有积潦。涿州以西，则皆康庄矣。兄及眷属俱平善，嫂氏坐轿，毕竟稍□□□儿同坐一车，令一仆坐车头照应，可以无虞。

钮枘生人甚和蔼，下人均能敛饬，兼有唐安约束之，尚能听其号令。天气晴和萧爽。途中丰稔，黍秫吉贝皆繁茂可观，山光树色殊足助人吟兴。惟□忆尚湖锦峰，不能无望云之思。□行醇士阁学为作吾谷图于纨扇。它日黔山万点中，足以摅乡思矣。途次草泐，藉报平安，乞转禀……之人，勿以为……即□吾弟近好。兄同书顿首。此

① 《翁心存日记》第二册，第 678 页。

后……作书，途中虑有浮沉，勿盼为要。（……由京中提塘转寄者，不至遗失。）……可得。八月廿一日书于保阳行馆。

【按】此函写于道光二十八年八月二十一日。道光二十八年七月，翁同书简放贵州学政；八月，挈眷赴任。函中“十七日京寓发一信”，即道光二十八年八月十七日翁同书致翁同爵“得差后，连发三信。现定于明早长行住良乡……”一函，“十八日辰刻启程”，指出都前往贵州赴任。

道光二十八年九月十二日(1848年10月8日)

玉甫五弟足下：

八月十八出京，廿一日在保定，草一札，托何玉民观察丈转寄，未知何日可到？自保定南行，一路顺利，上下人口平安，途中偶有小雨，亦不阻路，惟大车行李稍迟钝，计十七日方可到樊城。（樊城渡汉水南行，约十一二日至荆州府。今年……打官封□□常□□下水有客船，南行皆陆路矣。）途中兄及嫂氏暨两儿体中颇好。家人驯谨，钮枬生亦相得，今日遇黔抚差弁，特此草布平安，伏乞转禀堂上为要。再宝卿家食维艰，乞大人晤抚藩时□觅讲席，至祷，至祷。此候侍佳不一。兄同书顿首。（……仍给伊家米。）九月十二日，河南南阳县博望驲公馆。

九月九日叶县道中用欧阳文忠公行次叶县诗韵

兹行亦登高，乃在首山曲。炊烟漾空蒙，津树绚丹绿。（多柿树。）滍流带残云，汝坟荫嘉木。黄觞忆故园，望望□川陆。

【按】此函写于道光二十八年九月十二日。十月三十日，翁心存“得三儿九月十二日在博望驿所发书，并九日过叶县次欧文忠韵诗，附黔抚折差便寄京”[1]，其中当有致翁同爵家书。

道光二十八年九月十八日(1848 年 10 月 14 日)

玉甫五弟足下：

十二日在南阳县博望驲草一札，交黔省折差□子廉丈处转寄。想不至作殷洪乔也。一路因雨后道坏，大车迟滞，昨日始到襄樊，舍车而兴轿。行李用夫舁之，一切皆有人照料，甚属简便。今日暂驻，整顿行装，顷先过汉水，拜襄阳□□，(罗□察昨日先来。)并晤地山前辈(现服满而告养，坐书院)仍回樊□行馆。明日挈眷度汉而南。鹿门岘首间，江光如昼，又添一番吟兴。

上下人口平安，仆辈敛戢，兄此番甚能约束。生平畏山行而衔命远游，亦已视邛崃若康庄，乞禀两大人无过虑。新阡择吉，是否此月廿一日？曷胜悬念。北上似□引不俟驾之。蒙仑仙喜事，刻不可缓，一切浮费，幸俱从省。此布即候侍安，不备。同书顿首。九月十八日樊城镇行馆。

【按】此函写于道光二十八年九月十八日，时值翁同书赴贵州学政任途中。是年十月二十六日，“得九月十八日三儿在樊城所发书，从樊城令递常邑。途次颇多泥淖，上下均平安”[2]，即此函。此时翁心存与翁同爵同在常熟家中，据《翁心存日记》，翁同书写给翁同爵的家书，父亲翁心存亦可从中知晓翁同书的情况，以慰父母挂念。

---

① 《翁心存日记》第二册，第 684 页。

② 《翁心存日记》第二册，第 683 页。

道光二十八年十月初一日(1848 年 10 月 27 日)

玉甫五弟足下：

九月十八日在樊城途次作一札，托襄阳令寄至常熟县署中转交，未审得达否？兄于廿三日到荆州，今年伏秋屡涨，公安等州县城不没者三版。此时尚多积水，遂于廿四日登舟，(麻阳船，甚大，不下太平□。)廿五日阻风，(舟中食鱼甚贱而佳。)廿六日风止，渡岷江。南行过公安、澧州，今于十月朔日安抵湖南常德府起旱，以后皆是陆程，(廿三站，到贵州省计在月底。)且皆山路崎岖。幸每日不过六七十里，可以早歇。汝嫂及两侄均耐辛苦，下人安静，乞转禀两大人放心。北上之期未知已定否？祈吾弟上紧筹备，兄以为早到都门，庶仰答九重向用之意，幸勿忽之。陈福想已出都，望后定可到常。京师喜事诸可从省。此候侍安，不具，兄同书顿首。张子□□觅书院，乞转禀大人，勿忘。十月朔常德泐。

【按】道光二十八年十一月初四日，"得三儿十月朔在常德所发书，由常德守葛礼山前辈递至常州转寄者也。云湖北大水，由樊城乘船至常德，此后登陆尚有廿三程，计月底可到矣"①，知此函写于道光二十八年。

道光二十八年十月初八日(1848 年 11 月 3 日)

玉甫五弟足下：

十月朔日在常德府作一函，托葛礼山前辈寄至桂星垣处转寄，谅

---

①　《翁心存日记》第二册，第 684 页。

不遗失。发常德后日日山行，桃源风景最胜，信不足为外人道也。自过□□关后，山川深阻，始有五溪蛮景象□佳胜□颇多，登陟亦不觉劳顿□□□俱□安，每日止行数十里，馆……过。今□到辰州，太守为钟子宾前辈，称以世叔。沅陵令洪抚云庆华，乃乐吾阁读之堂叔，地主之情甚殷。兄于常德延刘湘门茂才洽同往阅卷，乃……蘧(品学均可)旧友，每日到……阅《学政全书》、《礼部则例》及诗文之类。[家]眷两儿水土均惯，足慰两大人悬……草布□安，即候近祉不……兄同书顿首。十月初八日。

【按】此函写于道光二十八年。“十月朔日在常德府作一函”，即上文道光二十八年十月初一日翁同书致翁同爵“九月十八日在樊城途次作一札，托襄阳令寄至常熟县署中转交……”一函。

是年十二月十八日，翁心存“得子廉月之二日京信，递到祖庚十月八日辰州道中一函，十月廿八日黔阳使院一函，知已于十月廿五日到省，廿六日接印任事，冬月十日开考贵阳，嘉平按试遵义，岁内可旋省。在常德又延刘湘门茂才洽，与钮楠生止二人阅卷”①。其中，“祖庚十月八日辰州道中一函”当即此通家书，而“十月廿八日黔阳使院一函”则是直接写给翁心存②。

咸丰元年闰八月初三日(1851年9月27日)

玉甫五弟足下：

---

① 《翁心存日记》第二册，第690页。

② 参见上文道光二十八年十月二十七日致翁心存“出京以來，途次屡呈安报，不知常德、沅州两信何时得达？……十月廿七日书于黔署之来鹤楼”一函。

前日[折差]带去一函,想已达览。初二日子刻揭晓,所取多老宿。然如周之翰、宋钟芳诸人,皆心赏之士。拔贡中两人,优贡中一人,新进中五人,馀亦多识拔者,而章永康尤为得适。从前阅其窗课"熟精《选》理""藻耀高翔",场中果以经诗高捷。萧仲香之子庭甡亦登贤□。开州翁济钊亦□□□□是也。□□□试华尧峰已将家信送来。正主考左君,人尤通达,与中丞首府同乡,定可壮行色,无烦吹嘘。兄亦不欲为人作蹇修也。

昨见劳辛阶答中丞书云:贼有颜姓一股,近万人,用奇计购得其首,贼遂奔溃,而群盗如毛,翦灭须半年,善后更难豫期。现在贼踪不出南粤,不至蔓延入黔,其言似确即所见。又云,达都护未能和衷,不知果否。兹将题名录寄阅,想仲香处早已有信矣。草此布问侍佳,不宣,兄同书顿首。闰八月初三日。橄堂师处,由官封递信最便。(信须简便颇快而不遗失。顺天府亦极快。)又行。

【按】翁同书(1810—1865)一生经历两个闰八月,即咸丰元年(1851)与同治元年(1862)。其中,同治元年正月十六日,翁同书抵达京中。因途中感冒,需将息数日。十九日,翁同书稍愈,递请安折。是月二十四日,曾国藩奏劾翁同书在定远失守时弃城走寿州,且不能妥善处理,以致绅练有仇杀之事。迨寿州城陷,奏报情形前后矛盾,命褫职收监问罪①。是年十一月初六日,以翁心存病危,方有暂释翁同书恩旨②。知同治元年闰八月间,翁同书已被收监,故此函写于咸丰元年闰八月初三日。

---

① 《翁心存日记》第四册,第1697—1699页。

② 《翁同龢日记》第一册,第252页。

咸丰三年九月(1853年10月)

再……须棉被……发……而江浙尚好……汉岸盐……轮即散轮,而大商得以龙断(甲销……先销若干……)……共三十馀万,官与商有交相倚之势。今罢……(湖督之……钤制也)凡有盐者,听其所之。两湖百姓颂声载道……便之独大商颇困□匣规。虽未裁而商力绌则费无所……于不裁而自裁。于是两湖官场亦以□不便……陶文……盐竹西哗然也。或谓两湖官场……牢……钧矢将作,此亦事之或然究……也。楚弓楚……懋赏及于黔粤……衄,而其来黔,则未久□退直无心……南向提台功为钜。粤西土匪五月中扰……内争讧事,曾犯思茅界,闻已入告。此时尚……道山,不知代者何人。

岛夷至津门,(黔中知之甚详……每月有□,皆详哉。□言之。)渎陈严拒之而退。然敢□放号炮,又欲登榆塞海碕窥探,则颇为叵测。传闻各海口俱严□,而士衡在沪渎,亦未见椰帆。或者彼国果为邻邦所创,已势穷力尽乎?是可喜也。又闻粤东耶稣堂□暴雷震其十字竿。此恶贯满盈,天意欲剿,绝……由是……部引……又闻吴子苾方伯云傅秋……新城引退,吴县相……举之想。又闻有作三耳之论者……舫、黄惺斋、姚石甫、邹钟泉,皆一时名人□谓荐……圣人求贤若渴□意也。……官□□,馀如陈、苏两言官,刘詹岩、蔡云士丈等,洵宜首登启事者。

邸报中大僚纷纷指陈,父亲似亦应条陈一疏,他日书之国史,亦为有光。第未知时势何如,有可陈否?保举虽有□□议者□使□见其可非出于私好,又其人清操亮节,人人共信者,似亦无妨入荐楚也。

农部……伯言丈已归□梅花……著能声者,庚子同年董……海运为祁相国……三连斋寿……相云……存,其人号称理学,然喜漫骂,不知其人若何?……年美才,似已记名入枢廷。又庚子同年姚蘅塘光……李两人同居,系云间名士,其笔下颇可人,亦诚实。

都中保举纷纷，而不及朱伯韩侍御琦、何子贞绍基，尚是缺典。伯韩坦白峭直，曾继陈颂南力攻败将（义露轩等）之不可用者。后因俸满截取奉旨回原衙门，未几乞假回广西。若子贞则以古拙，不为时所喜，其实并无棱角也。

【按】据《先文端公年谱》，咸丰三年（1853）九月，“粤匪北窜，时天津戒严，畿辅震动，先君条上守御事宜”[①]，此与函中“岛夷至津门……邸报中大僚纷纷指陈，父亲似亦应条陈一疏”，内容相似，疑此函写于咸丰三年九月间。

咸丰五年五月十八日（1855年7月1日）

五、六两弟足下：

屡得六弟书，比折差还，又得六弟书，知京邸随侍近状。闻六弟患牙痈，系念之至。考差诗题“风泉留古韵”，乃羊士谔句，见《全唐诗》第五函第九册。下句云“笙磬想遗音”，注云见张为《主客图》。想都下早已知出处矣。滇黔主司已见邸报，计以后亦不过七省耳。诸公衮衮而子贞独蹉跌，令人三叹。世显侯太守焜曾晤数次。其信件已带到。搬指尚嫌其小，不能带，本无需此也。

广信、玉山旋失旋得。杭郡解严，闻贼尚在休宁，此间负隅如故。吉雨山中丞军于京口之九华山，乘高俯攻，颇为得势。舟师之上驶者已过三山，江面屡有捷音。邗上日日雷雨。兄甚健适，此询侍祺，不备。祖庚手泐于嘉家桥军中。五月十八。

洪坤、沈福在此，赵福父子已归。袁五仍在营。天长董锜乃宦家子，上年从贼中逸出，予力救之。今来依予，令其钞书。

---

① 《翁心存日记》第四册，第1859页。

偶得宋刻《东都事略》残本,(旧阙末二十六卷,今又阙九十一至九十五,计尚存百卷。)古香馣馤,字伯率更体,剞劂极精,遇宋讳即嫌名亦缺末笔。卷首有项圣谟、檇李曹氏、李康侯、王峻次山、朱筠竹君、马曰璐、覃溪审定诸印。艮斋遗物,后归瓶斋。楚弓楚得,疑有数在。是书宋本,也是翁诧为珍秘,牧翁屡求而不予,其贵重可知矣。附报一笑,瓶斋居士又书。

【按】此函写于咸丰五年。是年正月底,翁同龢牙痛,二十多天一直未见好转。二月二十二日,延医诊治,说是患穿腮牙痈。直至三月中旬,方见好转;六月初四日,此函递到京中翁宅,翁心存得观翁同书所得宋刻《东都事略》①。

据《中国古籍善本书目》,宋刻《东都事略》未见著录②。国家图书馆藏有明抄本,卷首"东都事略目录终"抄录牌记云"眉山程舍人宅刊行已申上司不許覆板",卷末有翁同龢跋云:"右《东都事略》一百三十卷,凡廿四册。明人钞,小楷精谨,殆是钱磬室一流人所书,可宝也。翁同龢记。"书中钤有"文端公遗书"、"翁印同龢"等印记。钱磬室,明代苏州藏书家钱穀的藏书楼。

咸丰五年十一月十五日(1855年12月23日)

再:瓜镇贼匪前此接济,未断回路之粮,皆可乘隙出掠。今则南北两岸长围已合矣。就北岸而论,西至土桥,东至虹桥,土墙均已竣工。屹如城垣,外无居民,昼夜逻守。于要隘设立炮台,仍开垣设门,以便出击。

---

① 《翁心存日记》第三册,第1010、1014、1019、1036页。

② 《中国古籍善本书目》史部上,第80—81页,上海古籍出版社1993年版。

瓜贼约三千馀人，镇贼约六七千人，金山贼约数百人。自吉中丞者，设计围攻镇贼，分营于银山即蒜山、宝盖山与官军相持，而北固山炮堤，亦仍为贼所踞。

贼粮不过三四月耳。贼虑众心涣散，转添给米二两，(每日每人本发八两，今发十两。)以示有粮，其诈如此。

贼有水营，大治舟舰。探报及难民所供，均称留贼守瓜镇。而逆首吴姓，谋自率死士由江路遁回金陵求援。近日改修贼船，障以牛草。每船设炮十二门，并修木筏二座。昨日未刻，以八舟二筏数小划乘东南风上驶，经土桥，水师总兵陈国泰击退。而周士法等拥战舰数十，安坐焦山，未闻合击也。雷鹤翁最赏周士法，所叙战功甚多。

向、吉二营军饷极足，以上海夷税甚旺故也。此间将软兵骄，银钱并乏，而粮台又多拘窒，恐行间不能无望。

现在德副都统兴阿与兄同充翼长。伊尚能管兵将军，委以事权，诸将士亦尚翕服。故西岸士心尚固。至东岸则陈、雷所辖也。陈老矣，雷重勇而轻兵，究之误事者皆勇。前月十九、二十、廿一，三日之仗，东岸几至溃裂，赖西岸之援而得解。

贼困兽犹斗，皆殊死战，未可轻视也。解胁内应之说，万无可望。扬人柔弱非庐郡之比，且瓜镇之贼多楚人也。

看此时情形，若能水陆坚守，有战必胜，大约正二月间必可成功，倘轻进邀功，欲速不达，非所知矣。此间足色纹银止换一千九百馀文。长至后一日。

【按】咸丰五年十二月初一日，翁心存得知“托明阿奏报，十一月十四、十六等日，瓜州贼匪冒死冲突土桥，经金门镇总兵陈国泰焚夺巨簰二座，杀贼无算……”与函中“昨日未刻，以八舟二筏数小划乘东南风上驶，经土桥，水师总兵陈国泰击退”当是同一件事。

“长至”，此处指冬至日，咸丰五年十一月十四日冬至，故此函写于咸丰五年十一月十五日。同日,翁同书致翁心存函云“长围已合,极为得力。正二月必可成功,语具与两弟信中”[1],与此通家书中所言“现在德副都统兴阿与兄同充翼长……看此时情形,若能水陆坚守,有战必胜,大约正二月间必可成功”正相合,疑此函乃翁同书写给翁同爵、翁同龢二人手札,十六日由正大局寄出。

咸丰五年十一月二十三日(1855年12月31日)

玉、声甫两弟足下:

本月十六日,曾由正大局寄安信一函,不知何时可达。十七日土桥水师大获胜仗,焚夺船篷,几获首逆。贼食尽计穷,正月底必可奏功矣。

严亲差次往返,不免劳顿,甚为悬悬。昨钱芹生过此一宿而去,途次安好,亦略询以京邸近况。草此布问近绥,不一一。兄同书手泐。十一月廿三日戌刻,朱庄书,瓜洲八里铺也。又寄唐碑一分,两亲大人前乞吡名叩安。并问合寓好。馀详前信不赘。

【按】咸丰五年,翁同书“移营八里铺”[2],十二月初四日,翁心存“得十一月廿三日三儿在朱庄(瓜州之八里铺)所发信,言近日大获胜仗,贼势已蹙,似明春定可得手”,当包括此函,故其写于咸丰五年,函中“本月十六日,曾由正大局寄安信一函”,当指上文咸丰五年十一月十五日翁同书致翁心存、翁同爵、翁同龢等人家书。

---

① 参见上文咸丰五年十一月十五日翁同书致翁心存家书。

② 《翁同龢年谱·巽斋自订年谱》,第165页。

咸丰六年四月初二日(1856年5月5日)

玉、声甫两弟足下：

前布一械，由信局寄去。十二日奉旨帮办军务，次日收复扬城，嗣复浦口、江浦。现在贼据三岔河，(人不多。)又攻陷仪征。兄与德滋园本是至交，上有同心戮力以副委任之谕。壁垒一新，士气立振，不足虑也。吾弟可禀请两亲勿以为念，一切问千总袁禄春自悉。兄自佐戎旃，精神百倍，居然掌兵权，亦自是乐事。征兵调饷亦自井井，惟思亲之心未知何日可慰。上月得严谕及源儿书，颇心动。今惟有图成功报天子耳。

昨见邸报，严亲已回京，未知六弟得中否？合第平安否？兄在召埭甚有名，(覃叔过此。)亦常至营筹攻剿。下人有唐洪李许相随，兰生与赵福(来看)新归。委员随者数人，(朱春舫亦来。)又有袁祚烺甚得力，约十五前可移营矣。书此问近好，不一。兄同书手泐，堂上及合宅均此请安问候，四月初二日召埭玉皇阁。

【按】此函写于咸丰六年。是年四月十三日，京中翁宅收到此通家书，“扬州折差袁弁到，赍到三儿四月二日书一函”[1]。咸丰六年四月，翁同龢“捷南宫，廷试第一”[2]，函中所云“六弟得中否”即指翁同龢参加科考一事。

据此函知咸丰六年三月十三日阳城收复。

---

① 《翁心存日记》第三册，第1114页。

② 《翁同龢年谱·巽斋自订年谱》，第166页。

咸丰六年五月初一日(1856年6月3日)

玉甫五弟足下：

得三月廿九日书，藉悉一切。旋得六弟礼闱喜音，喜可知也。极盼其得鼎甲，未知遂意否？兄于前月十五日移营蒋王庙，规模齐整，所居茅屋两层，颇似公馆，几不知是军营。昼则旌旗环布，夜则铃柝相闻。廿三日贼弃三汊河而遁，廿八日亲督马步军攻瓜洲，一日再攻而不能克。兹闻镇营败绩，吉中丞殒于高资，已派兵勇千人渡江援剿矣。

周兰生归里数日，仍来扬州。祥侄为予制夹袄裤枕袜，托其带来，甚合用。兄衣箱尚在，只是一切用物皆失去。尤可惜者，善本书数千卷俱付劫灰矣。自得帮办，投效者络绎而至，深闭固拒，舌敝唇焦。忽奉上特旨，严汰扬营文员，并令兄一人主其事。其实除粮台及捐局外，在营者本不过十馀人，汰去七员，仅留刘星翁、史鸾坡佩玱、朱春舫等八人耳。潘贻恩到此，恐亦难留。近日有来者，兄示以谕旨，皆嘿尔而息矣。雷鹤翁以直贾怨，人皆欲杀；然实有才干，且方寸不坏，未知圣意若何？此次扬州失事，幸军士于兄素相亲附，故招之即来，麾之不去。而自袁浦里下河，以至召埭，亦颇称兄保鄣之功。然兄非惟不敢自多，并切媿惧。

前在召埭作家书，故作壮语，以慰堂上心，非谓行军果可喜，而御寇果有术也。以好谋为主，以持重为先，可以无恐者。在此德帅沈勇有谋，长于布置，非故帅比，且能蒐军实，画军储，庶可倚以集事乎。兄条上兵食六事，如禺策一事，官与商皆深便之，而尚未见户兵二曹议，上何迟迟也。何子贞访予于召埭不值，昨自兴化县寓书侘傺不自聊，令人恼，然当老通人若此君者，良不易觏也。

新进士若洪调纬及浙人洪某，皆素知其名。卓鹤溪、胡扶山之子皆登第。不知辛亥此榜(似不少)有若干人。我门生止张师亮一人，

（桐城二相国之后。）未免闷闷。昨犒报录人十二金，急盼陆续喜音耳。上年覃恩，只可以应得自己封典贻赠伯父母，未知递呈否？将来六弟朱卷可以刻入也。此问侍佳，不一一。兄同书顿首，五月初一日，并问两侄好。覃叔想已到，从我者袁千总新婚，董生仍相依，唐、洪、李、许四仆，许乃健仆也。

【按】"六弟礼闱喜音"，指咸丰六年四月翁同龢廷试夺魁，进士及第[1]，故此函写于咸丰六年。是年四月十五日，翁同书移营蒋王庙。

咸丰七年四月十六日(1857年5月9日)

玉甫五弟足下：

兹有书箱二只，托文星崖方伯丈寄至京邸，彼常有便人进京，或附它便，收到后可给一回信，不必赏犒伊家人也。此致即问日佳不具，兄同书手泐。附书目两纸。四月十六日。

呈堂上之书：周益公集、陈澔集说、雪山集、钦定纪事年表、姓氏遥华韵、元秘史、后村集、千家注杜诗、大唐郊祀录、北宋纪事本末、江湖群贤小集、平庵悔稿。

寄五弟：太乙五种、本草元命苞、圣济经音义、荔门诗钞、梦粱录、渔隐丛话、唐律疏义、诗人玉屑。

寄六弟：唐音戊签、春明梦馀录、张溥名臣奏议、骈体正宗、苏诗集成、洪遵集验方、河南尹先生文集、金石三例。

寄源郎：储选十家文、古文渊鉴、史通通释、批本苏诗、太元集注、皇甫湜孙樵集、分体诗钞、南宋诗。

---

① 《翁同龢年谱》，第27页。

寄荣郎：东都事略、汉隶字原、四书经疑、随月楼时文、温飞卿词、三家文钞、二十一都、通雅。

寄松郎：角山楼苏诗、群经音辨、地图、说文、白香山诗、袖珍九经、全唐诗录、西昆。

寄筹郎：咏物诗选、词苑英华、史通削繁、春秋解、乐府雅词、蛾术词、词韵、本事诗。

归字号书箱：

钦定纪事年表，四套，四十本，初印；钦定古文渊鉴，二套，二十四本，初印；姓氏遥华韵，四套，十六本，朱丝阑精钞本；张溥名臣奏议，六套，四十八本；元秘史，一套四本，朱丝阑精钞；刘后村大全集，三十六本，秦氏抄天一阁本；宋板千家注杜诗，十二本；汉隶字原二本；汲古阁唐人四集，李贺、吴融、杜荀鹤、五窦；西昆洲唱集一本；邵亨贞蛾术词一本，钞；金石三例二本；诗人玉屑二本；本事诗二本；皇甫湜孙樵集共一本，叶石君校本；汉隽一本；列子二本手校；群经音辨二本，初印；范石湖集二本；荔门诗钞二本，钞，未刻；地图八本；史通削繁二本；说文二本；阁帖考正二本；随月楼时文一本，江筠；大唐郊祀录二本，王泾；温飞卿词金奁集一本；二十一都怀古诗，朝鲜。三种皆朱丝阑抄。

凯字号书箱：

周益公文集二木匣，三十六本，宋宾王手钞，金星轺藏书，黄荛圃跋；袖珍礼记陈澔集说一木匣，元刊本；王质雪山集四本，秦敦夫手钞，李南涧本；唐荆川精选史汉，二函十六本，内史记自临震川圈识；钦定全唐诗录二函，十二本；苕溪渔隐丛话钞本，一函八本，沈椒园藏本；本草元命苞四本；圣济经解义四本；四书经疑问对二本；胡铨春秋解二本；司马温公太元集注四本，以上五种皆秦氏朱丝阑抄写秘本。

唐音戊签二函，二十本，康熙年间人手批；仿宋刻东都事略，八本；古香斋春明梦馀录四函，二十四本；乐府雅词二本，秦敦夫手校；风雅遗音一本，秦氏石研斋藏本；套板唐绝类选一本，明刊本；王文诰注苏诗集成二套，十二本；浦二田史通通释，二本，手校；胡敬西清札记一本；河南尹先生文集一本，李啬生手钞，自校；白香山诗集六本；秦板袖珍九经十本；刘改之龙洲道人集四本，钞本，吴翌凤藏书；梦粱录四本，旧钞，江都秦氏藏本；刘子翚屏山集二本，旧抄，黄氏士礼居藏本；菉斐轩词韵一本，广陵马氏抄本，手校；宾退录一本，旧钞，王西庄藏本；经传释词一本；淮盐备要一本；古文苑二本；汪应辰集二本，抄，秦敦夫藏本；刘左史文集一本；太平经国之书一本，宋郑伯谦著；班马字类一本；书画真迹日录一本，抄。

【按】咸丰七年闰五月十七日，翁心存“得三儿△月△日书，并书二箧，附文星崖方伯(煜)使来者也”[1]，与此通家书中“兹有书箱二只，托文星崖方伯丈寄至京邸”相合，知此函写于咸丰七年。

咸丰七年九月二十七日(1857年11月13日)

玉、声甫两弟足下：

十九日菉卿侄过此得书，并询悉高堂起居曼福，与京邸情形，忻慰无以。菉卿与价人信宿而去，遣武弁送过江，至毗陵尚未还也。兄两月未发信，体中却佳，公事亦顺，瓜巢贼粮仅敷半月之食，巢中屋尽击圮。若南岸不纵外援下窜，则瓜镇二处十月内必可克。江南以数万之兵，坐耗每月四十馀万之饷，而镇江城外北固磨旗山、虎头山、银山、柴圩，贼营如故。此间已拨水师二十馀船，助防高资。现闻高资又有贼至。如果截回，功成旦夕。否则，前功尽弃矣。王子槐建言谓，浦口宜宿重兵，不知何以尽撤，仅留五百兵，而并撤水师云云。此

① 《翁心存日记》第三册，第1237页。

真梦呓，已具疏辩驳矣。书生妄与军事耳食，可笑。陆寄庵分发直隶，赴都验看过此。老景甚窘，止赠以十二金，亦属无可如何。

寄上《文选举正》二册，以供严亲浏览。手批《孙卿子》并手标《庄子》二种，皆与源郎。《重续千字文》与松郎，《篆法辨》与筹郎，《笔录》二种，六弟留阅可也。另有奇书，俟后寄上。此顺侍祺不一。兄同书手布，两亲大人前乞请安，并问合宅好，馀事可问寄庵。九月廿七日。

【按】咸丰七年十月初二日，翁同书致翁心存家书述及当时“瓜洲之贼仅有半月之粮……”若无外援，则瓜州克复指日可待，据此知此函写于咸丰七年九月二十七日。是年十月二十五日，翁心存得到翁同书所寄家书，并《文选举正》二册[①]。

咸丰十一年二月初六日(1861 年 3 月 16 日)

玉、声甫两弟足下：

今日捐输，折弁汪幹臣、程晋康起程入都，携去家信等件，并曾桂捐郎中实收，未知何日可到。兹哈副将连升带西凤延倭兵归伍，因令携去廉泉两竿，(拟于西安买屋数椽，另议之。)并衣箱两只。(另有帐，在任升手。)令任升暨通永戈什哈、董占鳌、李有名等随行，由汴分递送入都中，甚为妥便。

兄急欲启程，而希庵为粤氛(在霍山)所隔，音信不通。午翁不能兼顾，乃诿之去官之人夹片具奏，此犹可以走也。无如寿州士民苦苦攀留，一闻出城则万目睽睽，如婴儿之腻慈父母，人情亦觉可怜。只得徇其意为之督守，临去博得官民数点泪，此一奇也。看来寿城虽危，亦无甚要紧，不知都中证言若何？幸为禀明两大人万勿介意。兄

① 《翁心存日记》第三册，第 1274 页。

之行期，想亦不过半月内外耳。书册除收束外，悉以送人，守陴之馀，无以消遣，殊觉闷损。拟搜句以消闲晷也。草草布问侍佳，并乞请两大人近安，问合家好。兄同书顿首。二月初六日灯下。初九上丁尚须率属行礼。

【按】此函写于咸丰十一年，是年三月二十六日，“任升呈三儿二月初六日家书，言李希庵在霍山，以粤氛逼不能驰至，隔绝音信不通。袁午桥转以皖事委之□官之人，而寿州士民攀辕卧辙，实亦不忍舍之遽去，或半月后可行”①。

此通存信封，其中间红签题“平安家报”四大字，右题“任升赍呈，三月廿六日到”。左下题“祖庚手识，二月六日寿州”。

①　《翁心存日记》第四册，第1603—1604页。

致翁同龢函

道光三十年三月二日(1850 年 4 月 13 日)

声甫六弟足下：

安顺试院得手书三函，备悉安抵都门，承欢庀事，甚善，甚善。京师近年多春温，调摄最宜慎重。来书作字似庙堂碑，毕竟宜学欧颜，方见齐整。(祭字书作⺮，是偶误，然勿忽。)拔贡朝考是好出身，不可轻意，亦宜有人教督玉成，勿执过高之见，谓一切皆所不屑也。京寓用度勿太节啬。宝生等三君皆好学工书，自可得切磋之益。

严亲奉襄理丧仪之命，百日内昕夕不遑，幸得吾弟料理私事。仑仙只是小脾气而执拗不已，驯至重憷虺缪。此自渠有损处，可劝慈亲不必为之生气。此人宜淡之，久久自平伏矣。南中赈项可观，想饥鸿可辑。云樵兄不中，荔峰不得优贡，郁郁可知。玉甫搘持家务，不知何日能北行。曾文肯勤学便佳，兄竟无从为式谷之诲。

此间于二月初十日，惊闻鼎湖之信，哭临三日即素服出巡安顺等郡。安顺试院新修，大似京城屋宇。庭庑简洁，又辟射圃，略有花木。兄拟射堂联云：举旌宫，偃旌商，发以祈尔爵；臣鹄忠，子鹄孝，反求诸其身。此间积弊略等贡阳，考政德威兼施，宽猛相济，舆论士心，日以帖服。现定初五日往兴义。兴义考棚宏敞，殆为直省冠。玻璃套间，不可胜计。土木之工，实为华侈，小住殊不恶也。

严亲由司成超跻乡贰，此皆□帝高厚之恩。吾家世受国恩，当竭力图报，惟愿与吾弟植基忠孝，勉尽愚诚，勿以身家禄利为念，如是而已。荫生自宜与五弟，二品任子例得主事，如能自勉，亦仕路康馗。兄幕中仍钮、刘二友，可了官事。家人辈渐服驱使，盖伊等深知上人好名不好利，尚实不尚文，不觉折服而悦从耳。楚匪由武岗州窜至靖州，豖突黔之黎平，又有粤西贼同出没于三省之交。中丞奉廷寄会剿，适黎郡文武擒剿多名，似可不日肃清。本省之黄平州南北孔道，近多御人于途者。近已为胡咏芝太守林翼剿捕殆尽，太守今之赵广汉也，现亦赴黎平矣。

黔中山城多寒，上巳犹披裘。桃李漫山，日食蚕豆，此是佳处。署中书来都安好，源郎一知半解，未足多也。专此书问吾弟侍祺，俪祉不一。兄同书顿首，（是日发武童案。）上巳前一日安顺试院。

【按】此函写于道光三十年三月初二日，是年正月十四日①，道光皇帝驾崩，翁心存奉命“偕诸王大臣恭理丧仪”②。上巳，即三月初三日上巳节。

道光三十年四月初四日（1850年5月15日）

声甫六弟足下：

……今忽已首夏矣。……回廊四周飞楼鹊起于庭……春明制度太守旗□也。兴义郡荒山……尤壮甲天下。无颖张春潭太守□年前所创，略言□制，则重门耸峙，广堂深榈，石柱凌云，皆镌楹句。内为二堂，旁为燕息之堂，内为舫斋，达于后堂。戏台前峙，奥宦傍连云母之窗，不□殚记。书吏所居，则又具园亭窠石楼阁之胜。□年又于予卧室……焉。郡城外山……于□上，毕集于舄底，而又新构十八先生

---

① 《翁心存日记》第二册，第777页。

② 《翁心存日记》第四册，第1858页。

祠……凡□重又有亭榭土山小池之观矣。宇内□□□有二□也。今□旧路回。至清镇，距省才一程，折而赴大定，而遵义皆其才薮矣。黔中幕友二人已足，省署之小，亦天下所无。沿途及他处考棚皆狭小，故兄不敢多延幕友。前者严亲屡责以人少，金师亦为兄虑。兄以彼时刘归未至，教读亦未得其□[托金师推荐]……何孟寅训儿，而孟寅又挟……矣。（孟寅聪明而谨饬。……）孰知安顺起马……金师……太老师荐到省跋……却□理，只得留之在署。明日由省至清镇，同往大□。两郡阅文，黔中主宾向住一馆，从无四友之事，不知若何位置，而修金之竭蹷，则又其次也。贵州拔贡想已陆续到都。李炘负才（字学褚，颇可），而狂行不逮文。谌焕模、欧阳泰、赵宜煊（原籍上海）、周锜、邱永丰（极孝）、刘廷俊（富而好礼）……而字劣。张亮弼能文，而字拙，但……萧庭滋尚可望，徐之镐亦有习……其父曾为兵司马。此人荒谬……远来，与语……古学颇深而字拙。熊梦松、徐南畿二人虽平常……容人，亦好学，恐吾弟不知其贤否，故略述……生伊等在黔，曾刻齿录，价廉而板恶。到京后，必有直省齿录之刻。贵州想系文会斋郑承办务宜核减，板价愈省愈妙。黔人多奇贫，而性亦最吝，故宜体会入微也。贵州带见□老师一事……想不致误，吾弟诗文功夫……题解等虽片纸只字，勿……之可也。兄前具慰折一事，至今悬悬。中丞来云，闻各直省用素纸包素折请安，亦有不具请安折者。

大人襄大丧仪，必不入礼闱，想此事不至有误。昨陈云耕（□松）尚有书来问此事，则彼之迟误无疑矣。京邸想自两亲以下均安好。南中想时通家信，宅中不可新开墙壁，门房之西……作□棚以在西方故也。吕氏之屋，断不可……想均知之。上房院中不可不搭凉棚，园……否□□□旧寓最胜，不知鹤泉之后谁居此也。

□体中甚健，意兴亦佳，惟鬓太苍苍，须亦多白矣。省署俱安好，下人尚安静。源郎渐解事，松郎得好先生，或有进也。此问侍佳俪祉，不一。兄同书顿首。（现服元青袍、元青褂，雨缨帽。至四月廿六薙发后，易蓝袍纬帽。彼时可打早晚鼓升炮矣。又行。）四月初四日安平县行馆。明日可到清镇，初十可到大定。

【按】此函写于道光三十年，是年正月，清宣宗道光帝驾崩，清文宗咸丰即位。翁心存奉命偕同诸王大臣恭理丧仪①，函中“大人襄大丧仪”，即此事。

据此通家书知，道光三十年四月岁考安顺、贵阳、清镇、大定、遵义等处。

咸丰元年九月十二日（1851年11月4日）

声[甫六弟足下]：

……均收到……之便，寄上贵平纹银贰百两……箱一只，箱内皮拜匣两只，皮茶船四十只，锡茶……皮潮烟……皮七寸，碟十只，锡茶□瓶一付，皮茶筒一对，普洱茶三匣，果盒一只，爨府君碑二通，毡单一条，可一一检明，均可自用。石民太守乃咏之太仆之子，兄举……石民于京师，及来黔……恺悌勤能以循吏□能吏去……黄平盗功最为程晴翁□，中丞保荐，张硕……疏荐，上特擢为黄州守，其建树方宏远……常，宦途中人也。草此布问侍祺，不一一。兄同书手泐。（滇中主司今日住此，明日行。）九月十二日。

【按】咸丰元年九月二十二日翁同书致翁心存函云：“又……携去雄晶佛一匣……日徐石民进京……（……内皮器……有单）想冬……可到。石民承咏……家学体用兼全”②，与此通家书中

① 《翁心存日记》第四册，第1858页。

② 参见上文咸丰元年九月二十二日翁同书致翁心存家书。

“石民太守乃咏之太仆之子，兄举……石民于京师”一句，内容相类，事件前后相随，所言应是同一件事情，故疑此函写于咸丰元年。

咸丰六年五月初一日(1856年6月3日)

声甫六弟足下：

前月望后，得礼闱题名，无吾弟名。廿四日忽有报录人至，见全录多与前所见不符。然心疑六名内何以有两翁姓？迟二日而家书至，乃知弟果高捷矣，欣慰之至。回忆庚子至今，且十七年，东涂西抹者，已白发垂领矣，能无今昔之感耶？登瀛意内事，所望者蓬山顶上耳。盼切，盼切。兄奉命赞戎营于德帅营之旁。其地平夸爽垲，深沟高垒，周以埤堄，南北设和门，四角置炮台，守以陕甘督标兵四百，统以游都数员。（巡捕丁希凤今已至都司，乃以经制宁贵张斌代之。）又有通永兵四十，凉州兵二十馀为小队，已不嫌单。朱春舫刺史管书记，周兰生掌文案。田、李二人司缮写，袁千总监印，董锜料理杂事。妙在事简人闲，不知在军也。（帮办不管捐便闲。）廿三日贼弃三汊河而遁。此是天幸。廿七日讹传瓜洲贼亦遁。次日遂与德滋园亲督马步队。一日两攻之，不克。恐一时未易得手耳。

兄于二月廿四日上“通筹财用之大源，以期兵食之交足”一疏。凡六条，数千言，附片陈水师五事。疏出三日而扬营兵溃。所上疏奉旨下部妥议具奏，未见奏上。另片有廷寄，令托向诸公采择，向欣然。请拨船防针鱼嘴，用兄言也。

兄辛苦所蓄善本书十馀巨簏，画十馀轴，绛帖六册，汪退谷诸公真迹，尽付劫灰。而宋板《周礼疏》、校本《经典释文》尤可惜，恐天壤间无别本矣。新得阮伯元《礼闱得士题名》大研，周刻嘉庆己未一榜二百九人名，系端砚，极大极重，亟欲寄吾弟作贺，而道远不易致，如何？将来试卷刊成，务必寄十本来。兄在武英殿曾补纂修，此乃冰衔，不宜遗漏，非冀长粗官比也。雨后笔砚清润书贺捷喜，不一一。兄同书书于扬州蒋王庙军营，并候六弟妹阃祺，五月初一日。

【按】“乃知弟果高捷矣”，即咸丰六年四月，翁同龢得中“一甲一名进士及第”[①]，知此函写于咸丰六年，是年五月十八日，翁心存“得三儿五月二日书，蒋字第一号”[②]，其中当有翁同书致翁同龢此通家书。

咸丰六年五月十三日(1856年6月15日)

声甫六弟足下：

初二日京报至，以红笺写前四人名。盼全录。至十一日始见，欢抃可知，为堂上增欢，为族鄙吐气，真昔人所谓稽古之荣者。其流俗所云：一生吃着不尽者，王沂公久已目笑存之，吾弟宁不如沂公耶？人生遇此大得意事，于此验道力，于此觇福星，不可稍萌满假也。吾家司寇公，丙辰探花，今年亦丙辰，可异者一；邑人连得三鼎甲，可异者二；乡校有鹊巢潮会之瑞，可异者三。而释褐胄监，适逢宝生为司成，亦可为柯亭佳话。探花洪君，钱唐名士，十年前曾晤于都下。榜中皆不省识胡义质，似是扶山司马之子。馀惟萧汉溪、卓鹤溪之少君，暨洪调纬、陈钹，及云南之龚尚，知其伐阅姓氏耳。它日吾弟朱卷、廷试卷刊成，可各寄十本来，并乞转致清秘堂诸君求馆选录一本，认启单一张，或向走馆者要一分亦可。以兄处之本，已付劫火故也。

实录馆差使自可带至翰苑，改作纂修。然此后雠校不必过勤，非

---

① 《翁同龢年谱》，第27页。

② 《翁心存日记》第三册，第1126页。

教吾弟贪懒，亦是落得便宜处。况目下人事笔墨，忙碌异常，岂能兼顾耶？兄以文学侍从之臣，忽典钲鼓铙镯之事，顾瞻玉堂，如在天上，此亦命也。城上赤云，眉间黄气，久不在梦寐中矣。

诏旨督功瓜洲甚急。而贼众地险，饷绌兵疲，真令人无从下手，奈何？奈何？星房丈在德帅营中，综理军书。此间惟朱春舫刺史履恒，暨周兰生、田从九大年、李把总镇安、袁千总祚焜数人寂寥相对。所喜壁垒森严，军容整肃，来观者几不知为儒将也。专此书贺鼎元大喜，不儩。兄同书手启，并贺弟妇壶禧。竹醉日。

【按】"……今年亦丙辰"，指咸丰六年，翁同龢考中一甲一名进士及第①。竹醉日，栽竹之日，即五月十三日，因知此函写于咸丰六年五月十三日。

此通手札信封中间红签上墨笔书"声甫六弟手启"，中间右边小字书"六年五月廿七日到"。

红签条两边均有文字，其右云："旧岁覃恩似有封典一层，不知若何？请酏。今刻朱卷宜加入。盍作一信致德滋园，称伊为滋园都护大帅尊兄，可自称愚弟，伊必乐之。"

其左云："偶阅四库全书提要卷三十一，载吾家保安公（翁汉麐）所著《春秋备要》三十卷，似可载入履历中。案头无一卷书，闷极。适有持是编来者，偶借阅之。"翁汉麐（1604—1656），字子安，崇祯年间举人，常熟翁氏第七世翁宪祥次子。

咸丰六年八月初三日（1856年9月1日）

赤平六弟足下：

① 《翁同龢年谱》，第27页。

不作家书两月矣，得无盼甚。来书真珠密字，秦客廋词，具已阅悉，并为尽馀矣。此间真实情形，虽弟亦似未知，故略言之。瓜垒高数仞，垩以蜃灰，覆以重橑，为炮眼三层。四隅皆置望楼，护以重濠，引江水灌之，此兄所目击。盖瓜洲在唐以前本江心一洲，江流直至扬子桥，后乃张为平地，故一望沮洳，而贼反占高地。运河两岸一线单堤，其下皆鳞塍卑湿之地，荒废即久，草高于人，（此平地也。）水及马蝮，进兵惟鱼贯，而前贼以巨炮当要冲。或出悍贼死战，则惟前队可以接仗。一有蹉跌，则自相蹈籍赴水，不可为矣，非南岸高昂之地可比也。镇江之兵勇，几及四万，以张国梁督之，尚未闻其破垒破城；况扬营自此间至浦口二百馀里，兵仅一万四五千人，能克日成功乎？

江南每月饷四十馀万，扬营合制造等开销想不过八万馀两，（兵勇官员支放之数不及七万两。）是江南之饷两月有馀，即敷此间一年之用。所以然者，乃上年力汰冗弱，方能撙节至此。即日坐糜，究竟所用节省，为天下各路军营之冠。此岂无公论乎？南军士饱马腾，而张军门每战必索犒赏。若江北则累月减支，又何从图例外之犒？一江之隔，军士能无怨言？又如一总兵，而江南月支百金，江北只五十馀金，尚须搭钞，岂《军需则例》有江南、江北之殊？所以然者，江南有协贴，不入报销，江北无有也。即皖营极贫矣。然尚月需银十馀万。

严旨责战，元修中丞直言兵单饷缺，难以进剿。似扬营虽曰无功，尚不至坐糜至此，且以营规言之。此间营垒整肃，刀斗森严，皆琦节相旧规。曾有王部郎者，自向军来视琦相，周视营垒，叹曰："吾未之见也。"入见所居戎幄，又曰："清苦若是乎？"又有吴人马远林钊[1]自吉中丞军来，谓予曰："江北之军真军营也。若江南直不成军耳。"盖各路募勇众多，最坏营规。楚粤之兵，亦即勇也。每一移动，则挈眷而行，妇女成群。不恤人言，而当世亦无议之者。江北弁兵不谨者，有之矣，有如此之携眷者乎？琦相住极小账房，雨淋日炙。都中

---

① 马远林钊：即马钊，字远林，长洲人，道光二十四年举人。

蜚语，谓居园斋，可谓千古奇冤。慧秋谷住大太平船，（费数千串。）而设翠蓝呢蒙古堡，空帐于岸上，反无议之者。今德帅稍修饰，亦不过草房席棚耳。江南各营向帅住孝陵卫，则建瓦屋。吉中丞占僧寺，和张在句容，皆于营中造瓦屋。今和帅移至镇江，亦现造瓦屋，是岂可相提并论乎？琦相夏絺葛，冬羊裘，或笠而骑，未有一鲜衣，雷、慧皆华服珍裘，无议之者。德帅起寒素，去冬寄一貂马褂来，闻兄无有，仍寄回京，必谓其骄奢，岂非冤极乎？

溧水、句容先后收复，皆贼走而后觉之，追杀落后数贼，而腾章告捷。遁去之贼，金陵不收，皆入于皖，皖抚曾疏言之。何根云第信探报之言，以为贼党内讧，不日且散，石达开且降，中外弹冠相庆。今果散乎？降乎？书生喜纸上谈，诸将以舌击贼，而都下议论亦如揣骨听声，此大病也。粤贼非可轻视，禾乃师虽死，石达开尤剧，势将与洪逆分股，他日之忧方大。洪逆踞金陵，万不肯舍去，以瓜镇卜之矣。张军门自至京口，方知此处之难。现在镇城外，贼垒相望，以四万兵之众不能图之，岂能克日而下？今乃截断贼援于高资，此是要着。然兽穷则攫粮，亦未遂罄也。奈何？奈何？张提军果敢善战，声名颇好，成功与否，惟恃此人耳。

瓜镇贼守御之计极为完备。上年江北长围失守，不过将大小炮位尽以捐之。若九华山，则洋炮、洋药、军装、器仗为天下之精华，而尽捐之贼，何怪贼守之坚乎？向帅被围时，张军门跪求其退守丹阳。全军虽溃，究得以支大局，与江北之事相同。然句、溧二邑，久乃恢复。以江北视之，未见其不若也。上年春，兄若不至邵伯，则文方伯早退高邮，而邵伯必失，大军亦不能支矣。此邵伯数万户人人知之。而兄不自以为功，独有天知耳。三月十三日扬城收复，次日，兄带小队百馀人，又收集溃兵数百人驰赴扬营。是日蒋王庙出队，步队又溃，野火四起。兄急分所部为之队，与德帅会。贼见援师至，始少却。兄与德帅食稀粥一瓯，拊循众兵。是日微兄至，几不能支。兄窃观是时德帅意气，虽古名将何以加之，即文员如兄，恐亦非易得矣。扬城、三岔河未尝虚报克复，即此已非各路所能为。

一年以来，虽无大功，亦尝俘斩累次，而未尝损威挫锐，亦有可取。向帅营兵曾索饷，直入帅帐，颇有伤者，火粮台急抚之乃止。托帅管兵时，众兵围大营索饷，开放枪炮，炮子及中军帐前。兄冒白刃出营门抚之。解散者半，而馀俱至三汊河矣。将军驰止之，群哗不止。德滋园注谕再三，众乃散。自上年以来，未有此也。上年江北大旱，斗米几及七百钱。而累月缺饷，众兵饥困，至于自经于树，未闻有哗者，可谓管兵之不严乎？江南粮台屡次围噪。常州防堵之兵尚伤萧仲香，馀可知矣。江北兵之含怨粮台，已非一朝一夕之故，亦不便缕言之。而一军无敢动者，谁之力耶？总之，外官难做，而军营人心险薄，尤不易处。前此屡经盘错，不自意全，今有何畏耶？

弟勉之矣。玉堂清暇，人间福地。一朝拥□节便非易事，况戎事耶？久不观书，近因办文案，又寻书册，两不相妨。更生云闻为东阁（水部）诗人所劾，疑团不破，别时颇怅怅。此君尚能道古也。检之转亲近不露圭角，为之辩白，未致蹉跌，其意尚无怫郁也。此复即候侍祉，并问弟妇恙就痊否。念念。同书手泐。八月初三。

【按】咸丰六年三月十一日，“加正白旗副都统德兴阿都统衔，授为钦差大臣，并着詹事府少詹事翁同书帮办军务”；二十日，“阅邸报：德兴阿奏，本月十三日亲督西昌阿等剿贼，鞠殿华入城剿杀，克复扬城”①。是年四月初二日，翁同书致翁同爵同龢家书云“十二日奉旨帮办军务，次日收复扬城”，知咸丰六年三月十三日收复阳城，与此通家书中内容相合，故其写于咸丰六年。

---

① 《翁心存日记》第三册，第1103、1107页。

咸丰九年五月初二日(1859 年 6 月 2 日)

叔平六弟足下：

……勇退，博爱日之康娱，[吾]弟可谓能行其志者也，兄自愧弗[如]，代者屡易其人，遂淹留数月□。得潼关手书，知已在途中，□□华山晴翠矣。到都后侍奉之馀，稽经细史，自胜于骁征邅隰，惟散馆……俟三年任满，方且迟……不必计较也。陕墨未见会试中额□多，想新科联捷者必不少。兄□□门生尚有获隽者。黔中若柳□□者腹笥渊博，惜书不甚佳。陈生□□，乃吾所取优贡，颇有功夫，今果得成进士……取一等第一□学天□书□□□，貌不甚飏耳。吾家子弟不中□□为愠。仕宦之家，如再实之木，其□□伤。宰执大臣子弟，亦不宜与□□争路，况吾兄弟皆藉祖德亲荫以致此。若兄之奉职泄沓，又何……弟必不河汉□□也。皖北糜……残黎日在水深火热中。兄至此□及一年，军务吏治皆无起色，□前每叹庸臣误国，无异庸□□人，不意竟自蹈之。夫复何言？肝郁伤筋，左臂木强，尚不至于害事。……蒸变生芽□为可斋粤……踞天长贼氛□□，江淮诸军□旰食矣。德帅□□旦晚起用，□□以故将军而忽之也。此询侍佳，不一一。兄同书手泐。五月初二日雨窗。

【按】咸丰八年六月二十一日，翁同龢典试陕西，授陕西学政；咸丰九年正月十一日，“因病请开缺陕西学政。四月，恩准返京，请假调理”[①]，四月初三日抵达京中[②]。此通家书开头云“得潼关手书，知已在途中，□□华山晴翠矣。到都后侍奉之馀”，是说从陕西回京途中。此与咸丰九年春夏之交的事情相合，因疑此函写于咸丰九年。

---

① 《翁同龢年谱》，第 28、30 页。

② 《翁心存日记》第四册，第 1422 页。

致翁曾源函

道光三十年二月二十二日(1850 年 4 月 4 日)

到安顺后,屡得汝禀,知署□□善。承差等亦勤慎,可喜之至。(大行皇帝宾天系正月十四日……嗣皇帝位。)京信……去当不至遗失。(中丞首府皆有信来。)此次省中五百里进京,想是要信,打听消息之类。闻中丞并未将黄、黎平事入奏,亦未疏劾镇戎,又闻黎平贼已出境,(焚吏目署非此次之贼,所报亦不实。)只责成镇道防堵,而提台必欲入奏方肯至军营,故中丞只得令其回安顺。昨夜又闻天柱县详请拨兵饷防堵楚南窜匪,不知究竟若何。

安顺考棚□□极佳,焕然一新,比兴义反觉紧凑,卧室之前,广庭曲廊,(竟□京城制度。)高楼曲室前植芳树,后移修竹。近日天气亦晴和,考试文场已毕,(官吏生童皆摘缨素服。)甚安静。廿四日即接考武童矣。吾靴已破,其新者务令大定房带来,否则破靴甚难看。数日来,久欲作书,实在无暇,今作书以慰汝母子。吾体中极佳也。二月廿二日父字,(廖椅城一信可即送去。)习安试院。

……(……可也,不必用)……顷晤……殆尽(……一银封)。讯知有头□十四欲缚保禾以献,获一人不可纵令□□胡守斩□□现已撤兵购线禽贼首等语,□闻新宁馀匪未净,而道州又有别股贼,谋为变□。吴吉甫得帮项四百金,客腊廿一动身。除夕到镇远,下船有信来。此间局面太小,现有陈太守光兰罢归,为凑帮项五百金尚未齐,是吉甫所得已丰,非首府出力不至此也。

【按】道光三十年正月十四日,“卯刻上召宗令、军机大臣、御前大臣至御榻前受顾命,立皇四子为皇太子,午刻龙驭上宾”[1],即函中所述正月十四日“大行皇帝宾天……”故此函写于道光三十年二月二十二日。

“(……可也,不必用)……是吉甫所得已丰,非首府出力不至此也”一纸,原件接续此通家书之后。据翁同书致翁心存家书所述有关新宁之事,如道光二十九年十一月十二日家书云“湖南新宁滋事戕官”,又如道光三十年正月二十四日“湖南新宁事起贪吏,遂至伏莽。腊月初五六日,官军失利……又闻新宁贼突围,出走保山冲,恐遂与粤西贼合,幸距黔竟尚远,然调邻省兵则黔其首选矣”[2],疑此函写于道光三十年初,故暂附此处。

道光三十年三月十九日(1850年4月30日)

十一日在阿棒得包封,十二日到此即发一信,计今日可到。吾开考后逐日忙碌,考事安静,文风虽平,亦间有佳士。考院益宏敞,可喜。今日覆新进,明日马箭,计廿六必起马矣。数日来,省信未到,想在途耽阁,不知又得京信否?

署中想甚平安,我亦甚安好,不甚辛苦,天亦尚晴,黎平前得胜仗,(此事勿告人知。)而事尚难料。提台已去,经中丞奏明,想省中更得其详也。十九日酉刻,父字付源儿读,兴义考院。

【按】道光三十年三月二日翁同书致翁同龢家书云:“现定初

---

① 《翁心存日记》第二册,第777页。

② 参见翁同书致翁心存道光二十九年十一月十二日与道光三十年正月二十四日两通家书。

五日往兴义。兴义考棚宏敞，殆为直省冠。玻璃套间，不可胜计。土木之工，实为华侈，小住殊不恶也”[1]，是年五月十三日，“得源孙四月初七日所发第五号书，内三儿一书为四月五日在清镇途次所发，时从兴义转按大定”[2]，据此知道光三十年三月初五日前往兴义，三月十二日抵达兴义，四月五日时值离开兴义，故此通家书写于道光三十年三月十九日。

道光三十年四月十六日(1850年5月27日)

数日前得汝禀……初九日所发，知署中平善，欣……至□字在信札中尚无妨，然毕竟宜避，足见汝之细心。已告枬生矣。二金君阅文尚好，毕竟多两友，便看得从容而速，我可以早看些。今日已考毕第二场文童。此间武童二千馀，必须廿六日起马(可薙发矣。)往遵义。今将谕单等……即付遵义房，并谕其一切……勿……往还，查出必究。伊可在黔西会齐□候我，须由此折回至黔西也。所取人才颇佳，第一乐事。身体甚好，天气晴而多风，屡见好月色。此间合署好，不一。四月十六日大定试院。

【按】函中云“数日前得汝禀”，故疑此函乃翁同书写给其子翁曾源家书，写于道光三十年[3]。是年四月二十三日，翁曾源亦有致其祖父翁心存家书，五月二十七日，翁心存收到孙儿来信[4]。

---

① 参见上文道光三十年三月初二日翁同书致翁同龢“声甫六弟足下：安顺试院得手书三函，备悉安抵都门……”一函。

② 《翁心存日记》第二册，第801页。

③ 参见上文道光三十年三月十九日翁同书致翁曾源家书及按语。

④ 《翁心存日记》第二册，第804页。

咸丰六年五月初一日(1856年6月3日)

字付源郎：

读自召埭发信后，于四月十五日移营蒋王庙。(前庭后圃甚修洁，非旧营可比。)军务冗杂，加以酬应，无暇作书。得汝三月廿八、四月初二、初十等日书，欣悉汝六叔登第，(报子于廿四日到，殆非真京报。)袁禄春回，(蕴老大尚未到。)又得堂上手谕。连日盼廷试信甚切，汝所言军中事颇切当。德帅能调度，能明赏罚，亦能用谋。人颇忠勇，与我至交。但果于自信，却善疑人，又好专权，是其所短。然尚不失为君子，除我之外，更无一人能相纠正者。渠不收投效，颇似琦相。昨奉旨，令我严汰文员，若潘吏者，恐不能留矣。

里中并无人来，而毗陵、梁溪颇有至者。本地及袁浦尤多，我以纶言示之，真于我有益者也。廿三日贼弃三岔河而走，廿八日我与滋园亲督攻瓜洲不克。讵意是日大股至江南之高资。吉雨山至虎镇处援应被围，在墙上用千里镜照视中枪尽节，惜哉！今日遣兵勇一千人过江赴援，遥望南岸，火光甚烈，不知情形若何？幸邗上贼退，仅有瓜洲贼牵我兵势。虽骤难攻克，而守尚有馀。俱能明军令、服军心、治军械、昭军实，即无难振军威矣。五、六叔交游□广，如有人议论扬营近事者，可告我知之。爱憎毁誉，是非曲直，几无足凭，只求自立，不求悠悠之口见誉也。书此问汝母好，并问汝夫妇暨汝弟好。五月初一日祖庚书。

【按】此函写于咸丰六年①。

---

① 参见咸丰六年五月初翁同书致翁心存、翁同爵、翁同龢家书按语。

附录：

淮南北军情图说

说　地

饷道一线全在三河尖，若由汴梁至周家口，向太和、颍州较为近便。但捻氛充斥，殊不可恃，须绕向西路，由正阳、上蔡、息县、光固至三河尖，入霍丘，竟略为安隐，而途则纡矣。

自三河尖以东本皆捻巢，淮河之不通舟楫久矣。今年九月费尽心力始将南召、润河一带安抚，一律薙发，于是淮河舟楫复通。然满目萧条，黄蒿蔽野，行数十里而不见一人。村落、树木焚毁已尽，牛具、籽种从何而来？现议行屯垦法，不特清查为难，而耕种之资，必须官为筹给六七万两，此项从何而出？

不独霍丘地荒也，六安之田最肥美，今则尽为蒿莱。招民垦种，无肯至者。盖自捻粤肆扰，六安百数十保，仅存十馀保耳，白骨堆积如山。六安茶利最重，今则茶时无人采之。今年正办此事，又经寇扰。霍山略好，然近城二十里周遭亦为不毛之土。

颍上一县民皆蓄发，地皆不毛。今自南召、润河就抚后，并抚沙河以南各圩，居然悉行薙发。此中恩威并用，不知费尽几斗心血，而外人不知也。今沙河北之江口集一带，亦纷纷薙发。

阜阳东北境则皆不可化诲之捻也。尹滔、程保辈尚是其次，其最著者孙葵心、刘添福、刘添祥等贼，凡数十万贼，马以千万计。

亳东、蒙西皆捻境,非复国家所能疆理。

蒙城一县本在捻中,今直为苗沛霖所有。以俞令好官,故未加害。然俞令生前就缢者数矣。凡蒙境非捻则苗练也。今欲以此施之霸州、宿牧,计无所出,欲弃官去傅帅,亦无如之何。

苗沛霖者,凤台县一乡间秀才也。质鲁钝,久之始得一衿。性阴鸷坚忍,而善于用兵,盖其令极严,故人畏之。卤掠所得财物妇女,悉分众人,故人又服之。初起兵时,止团练数十人,亦曾打败仗。后聚众数万,于是元修、午桥、可斋诸公不得已抚之,使平寇。此人满口忠义,从不肯袭冠带。乍见之,村中一学究也,然其心计叵测,惟愿天下乱,不愿天下安。故断断不许人投诚就抚,惟欲蚕食疆土,悉为己之所属。每圩抽其丁以助战,抽其粮以助饷。而又每圩置一先生焉,以钤束之,无敢忤者,忤则羁其妻子。杀人如草芥,用兵如鬼神。至于焚杀淫掠之惨,盖有甚于捻匪者。

苗练可集数十万,今以二万人助傅,以万馀人助袁。此间亦留颍州一军。近日亦索饷,亦求保矣。

怀远本繁华,今成一片白地矣。

临淮本无城,城已圮,而张龙修之,俨然与官军相抗,而克帅则曲为开脱,曰张龚也,粤也。

凤阳府县二城,去临淮数十里。临淮若破,凤阳难守。二处之人甚多,若降,则无从位置;若遁则必至蔓延。

定远乃山邑,极干枯之地也。上年冬旱,一挑水至卖三十馀钱。驻兵于此,何以度日?素无城濠,新挖亦不深,城墙内无隍。守城则累桌凳以升。城中绅士最吝,无守御之资,亦无粮米。守城所用之粮,尚系吾竭力筹备,以供护城一军之所馀者。

城外各营无粒米,如何守?城外各营皆不坚,如何守?无银钱,如何办?有胜营,如何有饷?

定远之西,寿州之东,乃天下第一顽梗之地也。炉桥为巨镇,人物所出而顽梗尤甚。周敬修先生捕得罪人,则以席卷而焚之,然人皆不畏。此路久已梗塞，去年始打通。然非大伙客人持械行走，必遭抢剥，所谓剥者无论老少男女，皆剥得精光；不特小衣尽剥，即男之辫线、女之脚带，不留寸缕，虽乞怜不顾也。若兵败则虽副将亦遭剥，其中土匪多有送妻子与张龚为质者。

坚壁清野四字，惟皖北做得着实。然乃大乱之道，非美事也。民圩或以防寇，或以为寇，大约防寇者，亦为寇弱肉强食视为故常。圩匪四出剽掠。若讨之，则据圩死守，深沟高垒，枪炮如雨，甚于坚城，惟苗练能制之，亦有攻不破者。破则悉杀其人，龆龀不遗，沓淫其妇女而俘以归。其惨不可言，与捻匪无二。

粤匪则不然，善于安民而酷于征贡，即如合肥境内及安庆、舒桐、巢县、无为等处，民皆安居如故。惟因聚敛太急，民亦怨之，间有与之为难者，皆山寨水圩，有险可扼。有人倡议者，若平衍之人，则不敢也。

舒桐、六安之民及合肥西南乡，颇有结团自保至今不肯从贼者，皆有官若绅主之。

苗练夏间欲至寿州城内，以贺孙教揆为名，意在征粮也。寿之人曰：是且以蒙城待我，我无噍类矣。于是官绅笑词曰："请减从者，以数骑入，可乎？"苗雨三大怒曰："是以我为寇也？"拂袖而去，扬言于众，且移檄于绅、行札于官，曰："我将屠寿，勒令缚官以献。"适吾至寿，事乃解。苗且求以单骑入见。久之，乃檄令入城，伏谒甚恭，然不衣冠。留数日，乃去。

既去，而以七骑，由正阳关、三河尖入颍，周视形势。于是光固、霍丘、颍上之人曰：是且谋我，集众欲劫杀之。雨三宵遁至颍郡，求才守为征粮于颍西。颍西之人不愿也，稍不合即屠田市集，号为通捻而诛之。杀人殆以千计，火光烛天，妇女之死者不知凡几。颍西之人直至河南，集团数十万以御之，皆言雨三将为不轨。汴梁大震，豫抚至移文告急，颍民之来辕控告者踵相接。（然颍西之人亦实有通捻，且有召孙葵心，以制苗者。）予乃急檄雨三回寿而责才守使调停之，事乃得解。于是雨三移师攻程保而众论始息。

雨三之赴颍也,七骑耳。颍郡虽有苗练之圩,人不甚多,乃一举而又增众数万,掠粮无算,可不惧哉!

然则苗练不可信乎?曰:殆非也。雨三谈次忠义勃发,议论亦中肯綮,其治军虽严而与士卒同甘苦,从未美衣甘食,食皆草具,衣皆短褐也。此等人我从未见过。

徐立壮、邹兆元皆与雨三同起兵者也。苗忌二人,以计杀邹,而以威制徐。徐怏怏,胜袁亦倚徐,徐为苗所制,不能自见。其用兵与雨三无异,特不掠淫人之妻女耳。今用徐立壮,伊甚感奋用命。总之,此辈皆奇人,不可测识,惟当羁縻之,驾驭之,推诚待之,大度容之。然人言籍籍,口众我寡,必有意袒护,而纵容之。非惟民不聊生,抑且尾大不掉,酿天下之大乱矣。

【按】扉页有红签墨笔题"内淮南北舆图",右书"附说地八纸",左书"此图已进呈"。

册中附有《淮南北舆图》与《寿台图》,共八幅,均为手绘着色示意图,绘制方向为上南下北左东右西,与现代地图方向相反。由于两图的军事用途,图上元素的取舍只选择了与军事有关的加以显示,如山地、江河、桥梁、可供行军的道路以及城镇和较大的居民点。使全图整体简洁又突出了使用目的。

《淮南北舆图》五幅,所绘范围较大,以其中一图为例,东西方向450公里南北方向350公里左右,东起洪泽湖以东西至阜阳以西皖豫两省界,南起巢湖以南北至宿州、亳州一线。此图采用"计里画方"一寸折百里的方法绘制,图上水系如江河、湖泊用绿色显示,用文字标明敌我两军所在的位置,并以赭色作为底衬,即与图上其他元素加以区别又起到了醒目的作用。《寿台图》三幅,则未使用"计里画方"法,如其中一图所绘的是以镇江、扬州以及泰州等大城镇为中心的周边地区,重点展示了东西长约60公里,南北长约50公里范围内的河流、湖泊、桥梁和道路。此图所绘江河流向方位和岛屿形状与实际出入较大。由于当地河流较多,为便于使用,图中重点标绘了桥、闸的位置和名称。

这八幅图是用古代传统方法绘制,带有明显的军事使用目的。由于绘制方法的局限,其中某些地形、地貌不可避免地与实际情况出入较大,但相对位置和距离大体正确,已可基本满足当时技术条件下的军队行军布阵和判断敌我情势的需要。(申军按语)

翁曾翰等人家书系年考

翁同福家书

道光三十年正月十四日(1850 年 2 月 25 日)

侄同福顿首谨[禀]叔父大人尊前:

去腊接奉[谕]函,欣悉大人动履胜常,精神倍健,□□□情。良由北方高燥,于湿体为宜,兼之直庐清闳,摆脱俗尘,得以养性读书,自觉形神俱适,三复论辞,如读一则乐志论也。又,天恩高厚,骤擢崇阶,荣遇非常,曷胜忭贺。去岁乡闱本不敢萌妄想,聊尽人事,又遭坦率之讥。堂批云:明畅少沉,至语细味……事,自有命在,何敢怨尤?第思吾……才作手不乏其人,而通榜仅得两副车,未免为之□气。先人窀穸之事,侄初不敢缓,本欲于榜后举行,而徐君石英以为并无吉日。今岁山向,石英以为大利,而曙塘则云断乎不可。细询其说,云:山向上有戊己都天,犯之必致大凶,且须十二年,然后脱运;石英以为可以制伏。两说相持,殊难取决,将如之何?

慈亲身体尚好,惟肝木愈旺,脾土渐衰,每食鱼腥,必致破腹。加以忧贫之故,日日愁烦,侍奉之馀,真愧不可为子!至侄之近况,不言可知,虽糊口有方,而治□无计。典质既尽,逋累益多,当此之时,真可谓水穷山尽。天道穷则必变,未知究竟何如?弟恐索我于枯鱼之肆耳。陆制府师暨倪观察,虽均有推荐之言,而至今尚无消息,想已成画饼矣。叔父倘值休沐之闲，再作一书，恳其留意，当有佳音，但不知内外官例可通□否？

此间当□□之后，风景益殊，爆竹声稀，桃符色暗，但见饿夫载道而已。现在米一石须六千文，柴一挑须两百外，且不易得，而蔬菜每觔亦须十文左右，其馀更无论矣。将来青黄不接又不知作何景状，兴言及此，令人辄唤奈何耳。草草具禀，恭请叔父母两大人福安，并贺升禧，不庄。(母亲命笔候安，侄妇儿辈均侍笔请安。)新正十四日。

【按】"先人"，即翁同福父亲翁人镜(郎若)。道光二十四年(1844)十月二十四日，翁同福父亲郎若公翁人镜卒[①]。道光二十八年夏，翁心存曾数次请徐骏声择定窆期，最后选定九月二十一日卯时[②]。

道光二十五年六月，"张太夫人弃养，居丧一用古礼"[③]，翁心存离京返乡守制。道光二十九年二月初四日，登舟起程[④]。三月二十六日，翁心存奉旨抵京，寓居兵马司中街寓邸[⑤]。此函中云"良由北方高燥，于湿体为宜，兼之直庐清闷"，知写信之时翁心存已在京中，故疑此函写于道光三十年正月十四日。

道光二十九年十一月十五日夜，翁心存"作与少湘及二侄书"；是月十七日，"发巳字第十一号书，内致倪观察、二侄、少湘各一函"[⑥]，书信送达时，当已至腊月，疑即此函中所云"去腊接奉"之谕函。道光三十年二月二十三日，翁心存"又得五儿正月

① 《翁心存日记》第四册，第1857页。《翁心存日记》第二册，第588页。
② 《翁心存日记》第二册，第653、662—663页。
③ 《翁心存日记》第四册，第1857页。
④ 《翁心存日记》第二册，第697—698页。
⑤ 《翁心存日记》第二册，第710页。
⑥ 《翁心存日记》第二册，第763—764页。

廿六日第二号书,云樵、盛朗庵书”[1],其中云樵书,或是此正月十四日家书。

道光三十年十二月初八日(1851 年 1 月 9 日),翁人镜安葬鹤石新阡[2]。

道光三十年十二月二十一日(1851 年 1 月 22 日)

侄同福谨禀叔父大人尊前:

久未修禀,负罪良深,比惟福履绥和为颂,昨读家信,知恩赏骑马,宠赉稠叠,荣幸奚如,曷胜抃贺。叔平选居京职,分部学习,藉以历练才识,以俟他年大用。此特发轫之初耳。侄守株甘拙,仰屋徒嗟,所幸慈闱无恙,差以自安。前承……

【按】道光三十年六月,翁同龢“选拔贡,朝考以小京官用,分刑部学习”;是年十月初三日,翁心存“赐紫禁城骑马”[3]。据《翁心存日记》,道光三十年十二月初一日,翁心存曾得二侄翁同福来书[4];是月初六日,翁心存“作与云樵侄书,又作与五儿、曾文书”[5],信中当会提及“恩赏骑马”一事;咸丰元年正月十一日,翁心存“得五儿、二侄十二月廿一日书”[6]。因疑此函写于道光三十年十二月二十一日。

---

① 《翁心存日记》第二册,第 785 页。

②⑤ 《翁心存日记》第二册,第 837 页。

③ 《翁同龢年谱》,第 25 页。《翁心存日记》第二册,第 827 页;第四册,第 1858 页。

④ 翁同福:叔伯中行二,翁心存伯兄翁人镜(郎若)次子。

⑥ 《翁心存日记》第三册,第 845 页。

咸丰七年闰五月初一日(1857 年 6 月 22 日)

侄同福谨禀叔父大人尊前：

去冬曾具禀函，谅邀慈鉴，辰惟起居迪吉，邸寓均安为颂。春初得读谕三弟书，备悉都中景况，所云财同涸辙，政若乱丝，事杂言哤，朝更暮易，真是剀切之言，际此孔亟之秋，利孔毕搜，来源愈竭，国计民生，支左诎右，虽有刘晏，恐亦不能为谋矣。但今日之势，总由外重内轻，向使浮冒之习可更，当于帑项不无裨益。即如侄捐教一事，正款不多而杂费已至三十馀两，则安望捐生之踊跃乎？捐厘设卡，商贾视为畏途，官吏居为垄断，则何怪物价之昂贵乎？然则今日利权，正所谓上不在国，下不在民者也。侄与祖庚不见十六年，三月初旬拿舟往访，连床夜雨，藉罄阔悰，甚相乐也。惟是瓜步一隅，颇当牢守，细询彼中形状，真觉布寘周密，无隙可乘。彼中有人信乎，未可轻敌耳。

京寓用度浩繁，入不敷出，侄所稔知，迩来稍有生色否？闻叔母大人玉体甚健，欣慰之至，想拈针压线，不减往时也。六弟妇旧恙时发，想缘体质太弱之故，所以弄璋之信，亦复迟迟。荣侄喜事定于何时？当于几月中南下？玉甫弟能暂乞假同回否？翘望之至。侄近况如恒，殊乏佳趣，三月二日勉办葬事，复于鹳石之旁，买一小邱为侄生圹，将来儿辈亦有所托，此则差堪自慰者。但向平之累，日迫一日，为之辄唤奈何，固知叔父垂念良殷。然力不从心，侄亦何忍启齿，且看今年世事如何，再谋卜吉耳。家中人口平安，可纾垂注，惟祥侄撑拄门户，窘况益增，颇难为力。玉峰试事已竣，祁侄仍未获隽，其考作颇佳，甚为扼腕也。草草具禀，不及覼缕，即请双安，不庄。侄同福百拜禀，儿辈侍笔请安。闰五月朔日。

再禀者绂卿之柩久厝浮土，似属不安，而宝岩左近，亦无以地出售者，惟顶山祖茔之旁，前曾买一小地，系为许氏而设者，今闻心叔竟无归乡之志，似可即以此地为绂卿兆域，而以两孩附焉。其风水经丁曙堂、钱荫庭看过,颇称稳妥之地,于祖茔亦无干碍,侄已与祖庚弟面商,亦以为可。但未敢擅专,特此禀闻,祈即裁夺示下,以便遵照办理。又及。

【按】函中"六弟妇",即翁同龢夫人。道光二十九年四月嫁于翁同龢,咸丰八年三月十八日卒[①]。此间,咸丰七年闰五月,即此函写于是年。

咸丰七年十月二十九日(1857年12月14日)

侄同福百拜谨禀叔父大人尊前:

五月中曾肃寸禀,由扬寄京,谅邀垂览。鹿卿侄回,备悉大人起居康吉,宸眷优隆,藉慰下情,载欣载抃。顾念当此经费浩繁、度支竭蹙,上思有裨于国计,下期无害于民生。责重忧深,心殚力瘁,虽未暇颐神而养性,或可以执简而御繁,无任情悬,曷胜额祷。

侄清况如恒,毫无善状,齿脱六七,发白过半,近又加以腰足酸痛,有似痿痺,儿辈劝服葠苓,然力未遑也。月之初八日为三儿毕姻,礼银喜款仅四十千,先一日将新人迎至。(亲家姓名曰陶然,以诗酒自娱,训蒙为业,其子与考,可望游庠,虽称诗礼之家,然亦孱户。)次日始略用鼓乐,衣饰亦甚草草,而酒席颇多,总计已二百馀千矣。东借西挪,暂支过去。所幸新妇素出贫家,尚知勤俭,以此聊用自慰。然转瞬来秋,又将嫁女,一丝未办,如何?如何?际此穷途,急宜为贫而仕。今部照虽已领得,而考验尚待措赀。闻考得一等可咨部即选,然必得有大力者,札致抚军为之道地,乃可望此。否则,二等其常也。

陆寄庵表弟官兴勃然,亦是将无作有。闻其售去田亩方克北行,

---

① 《翁同龢年谱》,第28页。

此直沉舟破釜计，将操券取偿，然方今民俗萧条，宦途拥挤，其果能如志否耶？家乡去岁旱蝗，秋成不过十分之四，而漕粮取盈如故，其被赈灾图，尚收一二三成不等，熟图则必满六成。银价每两直千二百有奇，而柜收上下忙，条银则每两须二千文，并不准搭交当十大钱，民间何以堪此？以此俗日益偷，皆褕衣甘食，不为后计，而今岁收成仍复歉薄，统计不及七分。若照旧章，或更加厉，恐民不聊生矣。官视漕粮为利薮，民视田产为祸根，一年三百六十日，其不以追呼为事者，岁无几日。一县数万百千家，其不被催科之扰者，邑无几家。迩来光景大概如斯。侄据所目击者言之，尚有未尽悉者。至若富人，籍名铨部，俊民援例成均，其被讼系及笞责者，往往而有，十数年前，殆未之闻也。

家中上下俱平，新娘亦甚真朴，绂卿侄妇便血时发，未免增虚。卜葬一事，缘未奉手谕，不敢擅专，并附及。此肃即请叔父母两大人万福金安，不庄。侄福禀，十月廿九日。

【按】“三儿”，即翁同福三子翁曾绍，字士复。道光十二年(1832)十一月初三日生[①]，光绪五年(1879)七月初九日病故[②]。

咸丰七年八月，翁曾荣(鹿卿，或菉卿)奉父命返回故乡常熟[③]；另据咸丰七年闰五月初一日翁同福致翁心存函云“向平之累，日迫一日”，知翁同福正在为孩子婚事操心，与此通中“鹿卿侄回，备悉大人起居康吉……月之初八日为三儿毕姻”相呼应，知此函写于咸丰七年。

---

① 同治十一年十一月初三日“士复侄四十生辰”，《翁同龢日记》第二卷，第983页。

② 《翁同龢日记》第四卷，第1475页。是年七月二十日，翁同龢得到此消息，感慨“乐志堂枝凋零至此，大可惧矣”。

③ 《翁同龢年谱·翁玉甫先生年谱》，第179页。

咸丰八年四月十九日(1858 年 5 月 2 日)

侄同福谨禀叔父大人尊前:

去月菉卿入都,曾缮一禀,计天中节左右可以达览。弟闻淮北一带道途多梗,未知行李安稳否,殊切悬悬也。吉卿早宜偕弟同行,缘部署未毕,故迟至今日始发。前日祖庚曾托兰生作札,以尼其行,然吉卿已决计北上矣。据吉卿云,家中尚有虞庠一个,及钱四百缗,若省啬用之,自可敷衍至秋底。但恐或有意外用度耳。所有凌杂诸务,自有帐房经管。至外间酬应,侄自当与厚兄参酌而行,可无挂念也。叔平弟妇竟致不起,可胜痛惜。两大人老年睹此景况,定难为怀,但修短有数,亦自无可奈何,务望随时排遣,保啬精神,曷胜祷切。专此肃请崇安,馀容续禀,不庄。侄福顿首,四月十九日。

附禀者:怀弟年已廿七,未有室家,宗祧攸寄,所系非轻。现在有人作伐,而上无片瓦,下无立锥。伊虽在瞿氏佣书,亦无赢馀以办。此事大约极省,必需百千,侄拟为联一五十千文义会,然尚缺一半,谅非叔父莫能成此美事矣。

再,张氏二舅祖母及叔伦表叔均停柩未葬,舅祖母之柩在陶家。去年曾议举襄向吉卿告帮,而吉卿总无一委决。今陶氏姑母就养福山嗣子家,屡催出屋,前日表叔母至,侄家再四恳告,侄思叔父尊亲分上所未了者,正此一事,已允其写信至京矣。但其费亦必在三四十缗左右。侄非不知都中清况,然此两事实义不容辞者。伏祈早赐谕函,以便遵照办理。侄福又禀。左冲。

【按】函中“叔平弟妇”,即翁同龢夫人,道光二十九年四月嫁入翁宅,咸丰八年三月十八日卒[①]。是年三月二十四日翁曾荣

① 《翁同龢年谱》,第 28 页。

起程北上，"在郡数日，二十七日乃行"；五月初二日抵京[1]，知此函写于咸丰八年四月十九日。

① 《翁心存日记》第三册，第 1320 页。

翁曾文家书

致翁心存函

道光三十年十月十二日(1850年11月15日)

孙男曾文百拜谨禀祖父母大人膝下:

初十日奉读谕函,知都中合寓平安,六叔保送实录馆校对,颇为欣喜。惟祖父大人部务既繁,又有恭送梓宫、实录馆等差使,公事想益冗烦,总祈珍摄精神,勿过勤劳为要。□中自五叔以下均各安好。孙媳于初八日举一女。孙媳身体素弱,生产颇艰。(初六日亥时腹痛下浆,至初八日辰时始生,颇觉惊惶矣。)幸产后甚健,饮食如常,小儿亦安好,可无垂念也。专此肃禀,即请福安,并贺大喜,馀容续报,不庄。孙曾文谨禀,孙媳随笔请安,十月十二日。

【按】此通为翁曾文致其祖父母翁心存及夫人家书。

道光三十年八月二十日,翁同龢被派"实录馆校对官"[①];十一月初二日,翁心存"得五儿十月十三日第△号书,知十月八日辰刻曾文举一女,其妇产难,幸而无恙,可喜也"[②],故函写于道光三十年十月十二日。

① 《翁心存日记》第二册,第820—821页。

② 《翁心存日记》第二册,第832页。

致翁同爵函

咸丰元年六月十六日(1851年5月9日)

侄曾文百拜敬禀叔父大人尊前:

前月奉得谕函,备悉一切。五叔父考荫冠军,不胜欣慰。嗣后正欲缮禀,因宝年忽患顿嗽,咳势甚重,苦无心绪,是以迟延。初六日京报来,知吾叔蒙恩内用,逖听之馀,实为欢跃。久望京信未获,寓中想均安好。祖父公务日繁,持筹匪易。祖母旧疾能不发否,均深系念,总以珍摄精神、勿过勤劳为祷。六叔校书东观,谅无馀暇,近日下帷想益精进。

侄近稍温理而执笔之时,俗冗猬集,真有莫可如何者。连日分送报单,梅李支塘,仍令赵升去。月初闻已掣签,不知吾叔得分何部,颇为悬望。京报现已开发,所费尚简,惟多劳口舌耳。家中上下俱吉,宝年咳嗽亦渐平复,文稍患胃气,近已痊,可祈勿远念也。此禀即请日安,并叩鸿禧不备,曾文敬禀。连日酷暑,作此禀时,已挥汗如雨矣,十六日辰刻。

前信所述吴揖山之事,今已过去,当详悉禀知。一山系怀江之孙,久住郡中。近颇窘迫,几有衣履不周情事,盖烟霞之癖深矣。渠此次来虞,专为田事。寓在渠姊丈俞季馨家。初次来拜,侄托他出,辞之。乃晤王莘培,备述贴价之事,云渠所欲贴者,即从张循陔转典吾家之食体白等号田伍拾亩,张氏已写照赎,故向吾家取贴,莘培辞以田产出入。侄素不与知,须俟吾叔归后再行定见。而渠意刻不可待,而索价又甚昂(每亩十千)。侄托王莘培转致,大约谓现在田价迥非前比。既索价如此,不妨另觅售主。吾家归还契价,且此事必须原中同来,酌议该贴该赎,方可定见。而原中潘砚卿、潘春园俱托故不来。惟一山与其亲金姓者,(亦不堪之至。)日暮即来,来必历时始去。窥其意,大约欲局外者(即季馨)经手,此事可以生色。俞遒仙曾在荔峰姑丈处会见,提及此事,侄深窥其意,告以田价之贱,不便于贴。又先以外人不得妄与此事等语折之。据云与季馨无涉,况亦素不相睦。然如潘砚卿等,则谓此事季馨实主之,而幸一山不甚信也。如是纠缠,几及一月。于五月廿五日,渠乃同潘砚卿等俱来,道及贴绝之价。砚卿云现在田价大贱,如此等田从前典价(十八千五百文)已可绝买。维事既如此,乞将从前未足之价补足贴绝,每亩约壹仟文,(从前典买系九五折,莘培知之。)共许五十千九百文。其言虽属近情,而田价高下,侄所不悉,况一山亦不以为然,必欲得百番,方满其意。侄许以二十番,渠坚执不肯,其议亦寝,复约于廿六日来议,且欲问局外者,以为何如?

侄思此事欲待禀明祖父,俟有回音方与讲议。渠必不能久待,于是见竹庵母舅、荔峰姑丈共相商酌。姑丈亦不甚明晰,竹庵母舅则以为百番之说必不可从,且必须先见照赎,然后与论价值,盖恐局外人持之耳。至其价大约以千文为正当,稍增之亦不妨,亦其势不得不然矣。廿八日渠等复来,一山欲得七十千文,若至不可少者。侄再四与论,竟许千文一亩,而潘君等从中劝允,共付洋三十二元,合钱五十千九百文,正书契一纸,并收照赎一纸,请原中画押,其数似尚不至过大,故侄竟擅自定见,祈转禀祖父宽其不及禀闻之罪也。俗事烦人可厌可恨,一至如此,若何!若何!

【按】此通为翁曾文写给五叔翁同爵的家书。

咸丰元年五月,翁曾文"五叔父"翁同爵"考试荫生,取一等第二名,引见内用,以主事签分兵部,在武选司行走"[1];函中又

---

① 《翁同龢年谱·翁玉甫先生年谱》,第177页。

云"月初闻已掣签",因疑此函写于咸丰元年六月十六日。

"前信所述吴揖山之事……俗事烦人可厌可恨,一至如此,若何!若何"二纸无抬头、署名,原件在"前月奉得谕函,备悉一切……作此禀时,已挥汗如雨矣,十六日辰刻"一函之后,且其中所述日期与之相连,故附于此处。

道光四年(1824)三月,翁同书娶钱贵锦之女钱氏为妻①,即钱廷锦之侄女,钱福华(少湘)之胞妹②。钱福华(少湘)、钱彦华(梅庵)、钱彦愉(竹庵)为兄弟③。道光二十二年(1842)正月,翁心存长女嫁于俞大文④,翁曾文,翁同书长子,道光十年八月生,故翁曾文称钱彦愉(竹庵)为母舅、俞大文(荔峰)为姑丈。道光二十九年四月,翁曾文娶钱彦华之女钱氏为妻⑤;咸丰三年(1853)八月,翁曾文殁⑥。

---

① 《翁同龢年谱·巽斋自订年谱》,第157页。
② 《翁心存日记》第四册,第1839页。
③ 《翁心存日记》第二册,第495、571页。
④ 《翁心存日记》第四册,第1856页。
⑤ 《翁同龢年谱·翁玉甫先生年谱》,第176—177页。
⑥ 《翁心存日记》第四册,第1859—1860页。

翁曾源家书

致翁同龢函

道光三十年五月十九日(1850 年 6 月 28 日)

侄曾源谨启六叔大人尊前:

前月二十四日折弁回黔,接读手书,知京寓自祖父母以下均各[平安],欣慰之至。吾叔写作俱□□□,朝考定当耳听好音也。预贺!预贺!此间本安静。前者苗民弗用命,幸即尽数缉捕,歼厥渠魁,不致滋蔓。现在按试各郡,均皆静谧。此辈羊狠狼贪,牧之者得其人,自能翕然向化。然须宽严得中。盖太宽则肆而难制,太严则激而生变。孔子曰:宽以济猛,猛以济宽,政是以和。为吏者,宜三复斯言也。

署中上下平安。[源]资性本钝,又废学数年,故益复无进境。今□明师,自当锐志精进,谦以待人,严以持己,二语当铭之座右。松弟先生日与之讲解《四书》。次日必令其还讲,似尚能领会。天涯万里,尚望时锡训言,俾得稍有遵循,是所深祷者耳。行人匆匆,肃泐数行,敬请近安,侄曾源谨启。并请叔母大人□安。

洪坤懒,其本性无可如何。然到黔中从未赌,从未在外浪费,尚为谨饬。去冬渠曾托景大令带归银十两寄至五叔处,(黔人,名其淦,曾任江南县令,今仍至江南候补,我家亦托其带物件。)求五叔给其家中。至今南中杳无音信,想此君尚未到。以后如有便,当饬其再寄也。五月十九日。

【按】道光二十八年七月，翁同书简任贵州学政；八月，挈眷到任，十月抵达贵州；道光三十年六月，翁同龢“选拔贡，朝考以小京官用，分刑部学习”[①]，故此函写于道光三十年五月十九日。是年六月二十日，翁心存“得源孙五月十九日第七号”[②]，当与此通家书有关联。

① 《翁同龢年谱》，第163、25页。

② 《翁心存日记》第二册，第808页。

翁曾纯家书

致翁同龢函

光绪元年十二月初二日(1875年12月29日)

侄曾纯百拜敬禀叔父大人膝下:

敬禀者,月前接六弟来信,备谂福躬康泰,合寓平安,曷胜欢忭。前周味腴旋浙,奉到手谕,当将到省后一切情形详细缕陈,未知此信曾否达览。昨阅京报,知有石塘之行,未识何日旋都。天气严寒,路途跋涉,不致车马劳顿否?迩来大人气体何如,服萃仙丸,定有效验。现摄刑右案牍繁多,锱铢必求悉当,尤见心力交劳。六弟见缺未补,明春会试大可有望。安、寿两侄进境甚速,文章试帖俱臻纯粹,颇为欣慰。鄂中音信时通,严亲大人福体康强,精神充固,惟兼署督篆,公事更忙耳。李制军到滇,洋案如何了结,外间尚无眉目,大约旋楚总在明春矣。侄厘局帮办,越日一至,循分当差,小心谨慎,同局诸人俱称和协。所得薪水不敷旅用,只有竭力省啬而已。浙省人情安静,年岁稍歉,厘捐收数渐减,拨款愈多。已属入不敷出。倘再开关,则各省协饷丝毫无着,于大局殊有关碍。未知大吏作何计议也。

南中信来,知家中均平善,仲兄旧恙稍痊。现沈仲甫荐一医来。据云尚可调治。倘能痼疾竟除,亦属快事。大嫂望子甚切。寿官旋南,已定行期否?念念。专肃敬请福安,馀容续报。无任依驰。侄曾纯百拜谨禀,腊月初二。

【按】翁曾纯,字子祥,号吉卿,道光十四年(1834)十月出生,翁同爵长子，翁同龢家书中之“祥侄”。光绪元年五月十六日，翁同爵奉旨兼署湖广总督[①]，即此函中所云“兼署督篆”；是年十月三十日，“奏十一月初查看石塘”；十一月初四日，翁同龢“将往查验石塘”；初六日卯刻翁同龢“赴房山查验石塘”[②]。知此函写于光绪元年十二月初二日。

光绪十六年七月十七日(1890年9月1日)

侄曾纯百拜敬禀叔父大人膝下：

月之初八日接得奎儿暨之善来信，欣悉都寓自叔父大人以次上下平安，慰甚。惟福体偶尔违和，现仍照常入直。正值万寿圣节，派列听戏。连日寅入申出，不无劳倦否？甚为悬念。畿辅一带水灾甚重，饥民遍野，觅食维艰。赖有官赈义赈暂救，目前不致滋事。转瞬隆冬，饥寒交迫，仍属可虑。必须预筹巨款，遍给衣食，方能弭乱之根也。闻由通至津，已成泽国。车路不通，幸寄信尚无阻滞耳。

侄到省半年有馀，未得一差。幸菘振帅极为关垂，委办广信盐局，此系运台下札，实中丞意也。侄深为感激，务求叔父大人作函通问时，谢其照拂为幸。侄拟挈眷同到差次，于月杪动身。此间到广信水路七站到常山。由常山至玉山旱路一站，甚为跋涉。行李衣箱俱不便多带也。此差出息尚可敷衍。较之在省闲住胜多矣。局中公事亦称顺手，无比较，无年限。惟嫌道路稍远，来往不甚便耳。眷口数日可到，料理行装即可禀辞就道矣。俟有起程日期，当再飞函报知。专肃寸禀，敬请金安，并问合寓均吉。侄曾纯谨禀，七月十七日。

---

① 《翁同龢年谱·翁玉甫先生年谱》，第186页。

② 《翁同龢日记》第三卷，第1203—1204页。《翁曾翰日记》，凤凰出版社，2014年3月，第364页。

【按】翁之善(缮),同治十三年三月出生[1],翁奎孙之子,翁曾纯之孙,翁同爵曾孙。

光绪十六年八月初一日,翁同龢获知“祥侄得广信督销局差,作信勖其勤慎。崧中丞有信来”;初五日,翁同龢又得“得祥侄七月十九杭州函,月杪赴广信盐局”[2],与此通家书所云“幸崧振帅极为关垂,委办广信盐局。……侄拟挈眷同到差次,于月杪动身”相合,知此函写于光绪十六年七月十七日。

致翁曾翰函

光绪元年十二月初二日(1875 年 12 月 29 日)

海珊六弟手足:

久未通音问,想念良殷。比维侍奉曼福,俪祉绥和,定如臆颂。迩来叔父大人谅福体安康,现署少司寇,案牍纷繁,综核研求刑期至当,自必心力兼劳。昨阅京报,知有石塘之行,未识何时方能旋都。劳碌奔驰,极为惦念。

京寓自伯母大人以次想均平安。城内琐屑事宜,有秀姑娘在彼照料一切,亦可分任其劳。安、寿两侄得刘师授指教,获效必速,诗文定斐然可观矣。吾弟现未补缺,明春仍可作问鼎之想。惟趋公忙碌,兼之城内外事又须照顾,未免为俗累分心耳。鄂中常有书来,李制军赴滇后,严亲大人兼摄督篆两署公事,极忙。兄深为悬念,于十月杪曾遣李福到鄂探视,大约日内必可旋浙也。

---

① 《翁同龢年谱·翁玉甫先生年谱》,第 185 页。
② 《翁同龢日记》第五卷,第 2431 页。

兄厘局帮办，间日到局，随同画稿，一切事皆提调主持，即督办亦不能操权，旁人更勿论矣。凡待同寅，无不谦和，遇事必小心谨慎。至趋衙拜客等类，亦不敢稍懈，恐偶有疏忽，最易招尤也。浙中诸物昂贵，旅居大为不易。而房租、轿钱又不能省。现虽极为撙节，而每月所得薪水仍不敷寓中用度，以后真不知如何支撑耳。兄体中安适，万勿悬念。南中亦时有信来，均平善也。专泐敬颂近安，馀俟续报，不尽惓惓。兄曾纯顿首启，腊月初二日。

再八月初八日，从周味腴处交来叔父大人手谕一函，(今年接都中信，前后共五次，不知有遗失否?)嗣于九月朔日即缮具禀函，由老福润信局递寄。信中备述到省后情形及浙中近事，并有一单托购书数种。昨接十月十八日所发手书，知此信并未接到，殊为诧异。书中虽无讥刺时事语，然竟付洪乔，亦甚不解。本拟从阜康银号递寄，因欲其速达，故从轮船信局中寄，不谓转致遗失，以后祇有从阜康转寄都中，谅不至再有舛错矣。

馀杭杨乃武一案现为部中驳诘，都中人士大率疑其回护。同官委员皆抚台属员，不敢得罪上司，难免不含混了结，殊不知胡学使覆审此案，关防极严，亲自研鞫四十馀昼夜，从未加以刑吓，亦不假委员胥吏之手，奸夫奸妇当堂对质，俯首认罪，并非以供证确凿定罪也。审结覆奏之日，凡浙中绅耆士庶无不谓天道昭彰，丝毫不爽，无一人为杨乃武鸣冤者。今此案忽又部驳，则胡学使势必再审，恐无辜拖累无穷耳。

再托购《古文眉诠》一部，此书南中坊肆遍觅不得。都中或可购得。倘买就，乞交妥便寄来。《盐法议略》一本，(书名约略如是，记忆不清，未知有讹错否。)潘伯寅所刻，系王君守基所著，论各省盐法甚详细。都寓如有，亦希寄一本来为要。因到浙后觅浙省《通志》竟不可得，浙中盐法无从得悉也。王君本户部山东司，于盐法最熟悉，其论尤为精当，而此书则江浙一时难觅，闻刷印无多耳。

顾肯堂世叔需次省垣景况极窘，兹有信一函附寄转呈。浙省牙厘局向归提调李树堂主政。近来局中支绌万分,进款渐少,拨款倍多,无从设法。即今年年底而论,约计进款只有十馀万,而必须应付之款尚有三四十万。即搜刮殆尽,亦属杯水车薪,无济于事,故李树堂有退避之计,(已交卸,现委纲盐局矣。)接替者为郭榖斋。郭君(名式昌)为远堂(柏荫)中丞之子,本湖州府总办。今肩此重任,且又难办,所以甚不愿意。然固辞不获,只得接办,恐亦未必肯久留耳。局中诸友深悉情形,据云明年更难办也。

杨石泉中丞赴甘之说尚无明文,恐未甚确。明春卢方伯入都陛见,大约正二月间必须交卸。届时新任臬司兴君适值到省,谅必署藩篆也。何青士观察现署臬篆,陈伯敏年伯以杭府署嘉湖道,龚幼安年伯署首府。倘明年兴臬司署藩司,则三席皆可毋庸更动矣。卢午峰方伯闻到扬后即作退计,未必肯进京矣。现在扬州有田产,有盐业,故决计归隐,非妄语也。

【按】同治十三年九月初八日,翁同爵奉旨补授湖北巡抚;次年即光绪元年五月十六日,"李鸿章着驰驿前往云南查办事件",翁同爵奉旨兼署湖广总督[①]。同年十月三十日,"奏十一月初查看石塘";十一月初四日,翁同龢"将往查验石塘";初六日卯刻翁同龢"赴房山查验石塘";十月十八日,翁曾翰"作寄三哥信交文茂局"[②],当即此函中所云"十月十八日所发手书",知此函写于光绪元年十二月初二日。

光绪二年正月,"曾纯督销浙盐,驻安徽之屯溪镇"[③]。此函中翁曾纯托购《古文眉诠》《盐法议略》等书,光绪二年二月初七

① 《翁同龢日记》第三卷,第1104、1169—1170页。《翁同龢年谱·翁玉甫先生年谱》,第185—186页。

② 《翁同龢日记》第三卷,第1203—1204页。《翁曾翰日记》,第362页。

③ 《翁同龢年谱·翁玉甫先生年谱》,第187页。

日致翁曾翰函中亦有提及[①]。是年七月十七日，翁曾翰“作寄三哥函，附《盐法议略》一册”；八月二十三日，翁曾翰“以家信一函、花翎一支、《古文眉诠》两函、貂毫廿支，托赵缜玉带赴徽州屯溪镇”[②]；光绪三年六月十七日，翁曾荣致翁曾翰家书云“吉卿到家后回至杭城，进谒梅中丞，复往屯溪”[③]，疑光绪二年正月之后至光绪三年这段时间，翁曾纯经常往返于杭州、屯溪两地。

光绪二年二月初七日(1876 年 3 月 2 日)

海珊六弟手足：

月前曾泐寸椷，由信局递寄，未识何时得达？近维侕祺绥燕，合宅吉羊为颂为慰。迩来叔父大人谅福体安康，署理刑右，综核案牍，务求平允，未免心力交劳，现派毓庆宫授读，责任愈重，报称愈难。至于差使之辛勤，费用之浩繁，犹其小焉者耳。城寓一切琐屑事宜有秀姑娘在彼照料，可期周妥，然提纲挈领仍须吾弟兼筹并顾，究属分心，且趋衙上馆，车马驱驰，更形劳碌，务望随时珍卫，勿过烦心神为祷。侍读屡次见缺未补，礼闱在即，吾弟磨厉以须，搴芳杏苑，翔步木天，可操左券，转瞬捷音即至，何快如之？寿侄亟欲南归，以慰其母倚闾之望。新正首途，月杪必可抵里矣。南中昨有信来，知徐贵自鄂中旋署中，自严亲大人以次，上下平安，欣慰之至。李筱泉调任川督，两湖尚未放人。此席倘能即真，公私两得其益也。浙省人情安静，兄近体粗安，厘局差使毫无责成，随同画稿而已。每月薪水不敷旅用，总望得一外府厘局方够开销，否则万难支撑耳。专泐寸笺，聊报平安。顺

---

① 参见光绪二年二月初七日翁曾纯致翁曾翰家书。

② 《翁曾翰日记》，第 413 页。

③ 参见下文翁曾荣致翁曾翰家书相关内容。

颂双绥,并问合宅均吉。兄曾纯顿首启,二月初七日。

海运委员熟识寥寥,此次走陆路者多,且到津后又有耽搁,故不便托带物件。兹有杭州织造派人解运诰轴进京之便,托其携去茶叶四瓶、糟鹅蛋壹坛,到时望即收明,稍酬以足力为幸。(回信仍交其携回为要。)蔡义臣旋浙后,闻欲就宁绍台道瑞君馆,既又不果,彼从未来拜,兄亦不愿与之往还,故竟不知其踪迹。昨始悉喜官来,在蔡宅居住,大约有为而来也。

朱修伯世叔之子名徵者到省中,(去年回籍时官场皆应酬,我亦送以洋蚨四枚,京中想另送银分也。)彼此往拜,均未晤面耳。再以后遇有妥便望寄兰花潮烟一二斤,双梅红大单片二百张、八行直格双红梅单壹百张,或即交此次原人带回,或托解饷委员,均能速到。海运局委员耽搁甚多,旋浙必需时日也。前次书中曾托代购《古文眉诠》一部,倘能于厂肆中觅得,望即赶紧寄我,缘此书各处购觅不可得也。潘伯寅所刻《盐法论略》(王君所著)一本,都寓如有,亦乞寄一本为要。子祥又启。

侄曾纯百拜敬请叔父大人万福金安,并问秀姑娘近好。

【按】光绪元年十二月十二日,翁同龢奉懿旨与夏同善于毓庆宫授读[1]。光绪二年三月十二日,翁同龢亦得翁曾纯二月七日家书,此时翁曾纯在杭州[2]。次日,翁曾翰得到翁曾纯(三哥)此函,"得三哥二月函,并茶叶四瓶、糟姜一坛带来"[3];知此函写于光绪二年二月初七日。

此通信封左下角与右上角钤有"吉卿"朱文方印,墨笔书"海珊六弟惠启。子祥手缄。三月十一日到",此与《翁同龢日记》中

① 《翁同龢日记》第三卷,第1211页。
② 《翁同龢日记》第三卷,第1231页。
③ 《翁曾翰日记》,第383页。此函中为"糟鹅蛋",日记中作"糟姜"。

所云三月十二日翁同龢所得家书相合。

光绪二年二月二十四日(1876年3月19日)

海珊六弟手足:

新正由信局递去一椷,嗣又托织造解诰轴之便带家书一件,食物两种,谅已早经收到。昨接奉惠函,并叔父大人手谕,展诵之下,欣谂福体安康,合宅均吉,快慰无似,并悉叔父擢贰农曹,受恩愈渥,报称益难。现派毓庆宫授读,任大责重,固辞不允。入学后每日寅入申出,辛劳自不待言。退直又须趋衙办事,几至旰夕不遑,较之枢廷诸臣,更形心力交瘁矣。吾弟到署上馆,车马奔驰亦复不得休息,今春应礼部试,高掇巍科,操券可得,预贺,预贺。鄂中书来,备悉父亲大人寿躬康健,四弟极能娱侍,合署上下均安,家乡亦时有信至,宅中人口皆安善,寿侄已安抵里门,堪慰远念。

兄近体粗适,谨慎自持。月之初十日奉委接办徽州盐局,上宪面谕,赶紧赴局。业于十七日禀辞。日来料理束装,廿五即行就道。盐局设在徽州所属之藤溪,局中诸务归经商包课,迥非从前可比,惟销数足额,私贩绝迹,公事甚为起色。委员得项薪水之外毫无进益,然较之省局,薪水已胜多矣。

到藤溪必须路出严州,计程不及十站,而上水全凭挽纤以行,不能迅速。至局中一切情形,无从知其底蕴,到彼后当详细访求,专函布达也。浙省阴雨连旬,水种极大,蚕桑二麦恐有妨碍耳。卢方伯已于望日起程入都,沿途小有耽搁,兴廉访未识何时到省。刻下浙境乂安,通商口岸俱静谧也。草泐即颂俪安,并问侄儿女辈均好。兄曾纯顿首。二月廿四日灯下泐。

海运委员均已起程进京,惟龚尧甫(苏州人)迟迟我行,兹托其携去笔一匣,大小共五枝、铜香盒一个,望转呈叔父大人赐收为幸。以后如有信函物件,望即寄恽杏耘观察处查收转寄,不致有误耳。

馀杭一案昨已将全案人证点交委员起解矣,委员五人分三批起解,途中防范颇不易,盖此案人犯两人,要证十馀人,总须到部交清委员,方能脱然无累,然到部亦难一讯即结也。

侄曾纯百拜敬请叔父大人万福金安,恭贺年禧,并问秀姑娘近好。

【按】光绪元年十二月十二日,翁同龢奉懿旨与夏同善一同于毓庆宫授读①,次年正月二十三日,翁同龢擢任农曹②。光绪二年正月十一日,翁斌孙奉母命启程南归;二月十三日,抵达故里③。故此函写于光绪二年二月二十四日。

据此函知,光绪二年二月初十日,翁曾纯接办徽州盐局。

① 《翁同龢日记》第三卷,第1211页。

② 《翁同龢日记》第三卷,第1220页。

③ 《翁同龢日记》第三卷,第1211、1218、1224页。

翁曾荣家书

致翁同爵函

同治五年九月十五日(1866年10月23日)

男曾荣百拜谨禀父亲大人膝下:

月来连奉钧函,并寄到银两,祗领之下即肃复交去,想已呈慈览。昨刘升赍信来常,备询各情,孺私少慰。一切训语敬当遵办,辰下伏维福履康强,起居颐适,公私事均各应手,为祝为颂。男持家一事本非所愿,且历载在京侍奉重闱,尚称怡悦,并不知有所苦难,是以久有来湘之私。惟去年濒行之际,与叔父斟酌再三,拟一二载中必欲为文端公归葬之计,姑且暂留乡居,粗为布置,应因应革,相机图之。刻下叔父内廷入直,一时请命未能,则仲兄辈亦复踌躇不决,男思抽暇一行,藉伸孺慕。叠奉来谕,谆谆嘱弗往,荣断不敢强违亲意,自当谨守规矩,暂作缓图。一冬租事完毕,开春无复要事,或许其来楚一走。迩来户庭寂寂,交游寥寥,绝少意思,能趋庭聆训,何快如之。

荣入夏以来,偶习丹青事,惜无师教,聊以解愁也。身子交秋后,日形壮健,惟似续之计,竟无消息耳。长嫂辈妯娌和好,各各安吉。兰侄女偕蔡氏缔姻,都下有信,准其订合。奎孙稚态依然,工课如故。京信时通,祖慈大人以下均平善。昨杨氏母舅来家,细谈一切,述及六弟近体结实,远胜当年,意兴亦好,深为欣慰。二姑母住淮城,屡受惊恐,年来即以书院膳金支持,他处断难得手,是以恋恋不舍,欲归未能也。

天色渐寒,眷口之行似不宜迟,但三嫂有锡山之游,月内未必能动身。全姑娘各事将就，备些衣服仅为御寒者，仆人徐、张之外，无复有矣。徐贵布置房屋事，弟已嘱其速办，女使多至三四人，多亦徒然。轮船之行，疾如星火，湘帆则殊难预计，途次有熟人当可恃以护送，家乡每有议及来者，荣均阻之。各省军情皆无闻见，里中秋收因旱减成。七十馀日不见雨点，今午方得小雨，棉禾皆受害，夏暑太盛，秋燥极枯，最易成疾，秋疫颇难防护也。所有寄到川资三百金如数收齐，刘升带来之银，亦均遵命分给矣。专肃寸丹，虔请金安，伏乞垂鉴。男曾荣百叩谨禀，菊月拾五日泐，媳妇随叩。

【按】同治五年十二月，翁曾纯的夫人挈其子翁奎孙，偕翁同爵侍妾章氏抵楚侍奉①。故此函写于同治五年九月十五日。翁曾纯，翁同爵长子，叔伯中行三，故翁曾荣称其夫人为三嫂。菊月，即农历九月，因菊花开放而得名。

章氏，翁同爵次子翁曾荣为其所买侍妾。翁同爵"愿其他日福全寿全子孙全，因以'全'字命名，令家中人以'全姑娘'称之也"②，亦即翁氏家书中所及之"全姑娘"，或"全姨"。

信封右云"内平安紧要家言即烦寅字第拾叁号"；左云"酒例酌给。常熟太保第翁缄[寄]"，四角钤朱文方印"菉卿启事"。

同治六年九月二十一日(1867年10月18日)

男曾荣百拜谨禀父亲大人膝下：

夏秋以来，久未得家信，朝夕悬望，孺慕良殷。昨日奉到谕函，并

---

① 《翁同龢年谱·翁玉甫先生年谱》，第181—182页。

② 参见国家图书馆藏《常熟翁氏家书》（第十册）中翁同爵致翁曾翰手札（同治五年八月二十六日）。

银信各件，祗领之馀，不胜欣慰，开缄跪读，敬谂大人起居健适，福履康和，秋中办理闱中各事宜，委曲周详，躬亲较视三场完竣，士子均称平善，想见当时辛苦，无或少休矣。秋暑蒸热，天气失和，福体忽患痱子，想因感触暑邪，发而成象，必须少服清凉剂品为是，且湘中蒸湿太甚，尤宜时加调护，前月奉恩命升授川臬，当早接喜报，未知冬初能交替否？若使先请陛见入京，兼可省亲，更称快慰！惟携眷偕行，甚非易易。否则由楚入蜀，又不识取道何处，抑或泝江而上耶？川省民情风土，别有一番景象。凡政术吏治刑案，逐事整理，已属劳形，加以长途跋涉，尤须格外慎重。男朝夕驰恋，如准行期，乞赐谕知为祷。

男于夏秋之间屡病不已，本当专函上禀，又恐政务纷烦，再以子疾劳忧，既不能俶装前来，晨夕侍奉，曷敢以一书远达，重贻吾亲慈爱之忧？故俟就痊后，方告祥哥转述梗概，刻下已一切复元矣，能稍理旧业。明年拟入都再游一度也。里中收成大减，木棉不结，禾稻自枯，可怪之至。月望左右，依然霆激电驰，人皆挥汗如雨，纱衣尚苦其热，及今方可穿袷服。家中长幼均安善，里门赴试者，得中十一人，士吉名落孙山，怊怏特甚。绥卿获隽，困极而亨，钱氏已将百年来无振起矣。明年春试，男或结伴偕游，可免行程寂寞。东路捻氛不靖，还须绕道河南，临期再探消息。传言清淮间又惊烽火，航海北行，终属胆怯。北榜尚未报到，不知又添几人。京寓祖母寿体颐健，精力康强，起居饮食均如恒也。叔父从公劳神，仔肩愈重，近体犹能支持，然亦十分辛苦，日鲜馀暇已。六弟时有信来，一切平吉，颇能用功，侄辈读书亦勤敏，幼体各好，闻仲兄近添烦恼，恐所谋又有变幻。此事本属左计，即倾筐垫补，还虞未足，目下万分为难。蔡、张二姓尤不堪言矣。乂臣到省，意兴极好，沈福得蒙赏荐，感激无涯，刻下备理各事，将欲去。候差朱寿亦在彼处，曾有禀来，镇江景象一新，近盖洋房巍然焕然。苏郡居民渐复，各业俱来，日多一日，军务少远而饷糈全赖下江关卡收税，月得数十万仍不充用焉。

李宫保兵力愈单，战将愈少，难以图功，闻已移驻徐州，鲍军门有乞休计,不知确否?豫皖两省为捻子熟游之境,巢穴在此,难免冲突之患,闻皖抚英西亭一军还可以当一战,欲求歼除殆尽,恐未易操券而筹耳。连日天气晴爽,在西山看地,得一惬意处,尚未议成,索价较昂,只好慢慢做去。叔父函嘱再三,是以不肯释手,今日绘就草图,还有删改增添,必须逐一签明,方可呈览定夺。向位似在巽乾,大局亦无破绽或再邀得友人先将大概看看。斯地左近闻得另有一穴,尚未详姓氏,甚闷闷也。馀俟续禀。先此肃复,恭敏金安,伏乞慈鉴。男曾荣百叩谨肃,媳妇随叩。全姑娘近体想健适,均此候安。男曾荣率媳妇百拜虔叩赏赐,颁到之件,当即敬遵训谕,各各分送分赐矣。

【按】同治三年九月,翁同爵"补授湖南盐法长宝道";次年二月抵达长沙,"署按察使";同治六年八月初二日,翁同爵奉旨补授四川按察使[1];此通中云"前月奉恩命升授川臬",知写信时已是九月。是年十月初六日,翁同龢听闻江南榜信,得知家乡中式者十一人[2],与函中"里门赴试者,得中十一人"相符合。

此通信封中间红色签条云"父亲大人安禀",左下书"男曾荣谨缄,九月二十一日",钤有"曾荣私印"白文方印。右边另书"十月廿四",当是收到信的时间。

综上所述,疑此通写于同治六年九月二十一日。

同治七年三月初八日(1868 年 3 月 31 日)

男曾荣百拜谨禀父亲大人膝下:

去腊两奉钧函,备悉壹是,均经先后禀复,谅已早邀垂鉴。新正

---

① 《翁同龢日记·翁玉甫先生年谱》,第 181—182 页。

② 《翁同龢日记》第二卷,第 591 页。

又肃寸丹，未知能转递到川否？徐贵等回里，赍来慈训，跪读之下，乌私少慰，敬谂大人履楚以来，虽披阅案牍，接应属僚，总司局务，一切出纳事宜，在在劳神。而起居康健，饮食如恒，精力周匝，署中公事从无积日以行者，仰见福体安和，动履如意，相违有日，顶祝焚香，详询一一，欣慰奚似。来谕云，去腊起马，约须二月可以抵川接印，春水方生，惟祝平安早到耳。彼处地土民情，又换一番景象。

臬司专掌刑案，未知有兼摄事权否？本省似无防务边隅，是连滇黔否？西北各省地多高燥，当免潮湿上蒸之患。闻大人在湘时，两腿癣疾频作，且起便血，虽是湿热，究与本元有伤，祈时加调摄。近日征尘乍息，长途跋涉必形劳倦，可略进汤药，或于饮食中备清补之味一二肴，以养口体亦好。齿牙已脱，辛苦可知。在京侍奉左右时，不过十去二三也。须发犹然苍苍，抑亦形颁白耶！思之益切依依。祥哥随侍有年，承欢朝夕；筹弟奉养祖慈，扶持鸠杖，皆得天伦之乐。荣则株守里闾，经营家政，虚度光阴，独抱忧怀。今春本应到都，逐队入场，自知荒废，既又得回避消息，抚衷自问，徒嗟负罪而已。

同里就试者十馀人，去时及形踉跄，夷船拥挤万分，并有炸裂之患，最后一帮，恐已赶不及复试矣。六弟今年甚用功，此时正在场屋，捷报伊迩，定当飞步云衢，问鼎可卜。仲兄、五弟转瞬已届满服，信来嘱办公文，因虚报无凭，当道不允。若遽尔言旋，又值荆棘塞道，必难迅速。此举颇费周折。仲渊病体危危，本不亟切；五弟则热中从仕焉。归葬之地，大约白鸽峰穆穴；荣于湖桥近处又得一所，清明拟往观成交。争者众矣，或为六叔得之。绘图未精，俟徐贵来付其赍呈定夺。川督吴公闻将过境，其幕宾已先来苏台，未识从何处进发，惜未能随辕偕行耳。专肃寸禀，恭敬金安，虔贺大喜，伏乞慈鉴。曾荣百叩上禀。三月初八日灯下。

敬再禀者，所有运回各种书籍及家伙磁器、花木等件，沿途幸未沾潮，现在收储楼下西房，封锁如前，木桌一切，位置客厅，可免燥裂

起缝。皮机各件,家乡罕有之物,荣取数件应用,磁碗、锡碗,开看一二件,仍复收好。树木船中风损,兰花虽经春风,现在小有斑点,终无大害。山槎枯槁者三株,未识能吐芽否?馀置阴地培养树兰,则仅有条干,已著花匠随时来施灌溉。至于家伙什物,荣亦仰体亲意,断不敢任令动用。家中自兵燹以后,凡属寻常应用各件,一草一木,粒粟寸丝,皆非易易,况此次迢迢千里装载归来,半属置备之物,所费亦是严亲之款,而且事事皆劳筹画,益当用心承受。屋宇一事,总以环秀为合宜,统观城内,似乎此处最胜。刻下他邦之人,亦有来虞觅屋者,在主人又亟切欲去。荣现在论价未决,惟既要得之,在左右馀屋不值为他姓拆分,将来起造仓厅,正可由后河头出入,是以向彼说话,一并包罗在内,免致日后周折。(据云前段之屋,以二千六百两为实价,若连后进屋架及馀地并右边小屋等,向人归还典价,再要一千六百之数。)再四筹算,商诸伯伟丈等,似乎两截做去,更合不着,不如一契交割为是。刻下许过统共三千串,尚未应允,大抵成就之计,亦不远矣。其出屋日期等,语未及之,为此先将梗概禀明,馀俟定交再行申达。

沈福荐书已交付往投,适李眉生出游未见,现又往谒未归,李君颇为关切。士吉兄由叔父函荐往谒时,曾详询我家一切,并问及严亲处近况,想此去沈福或有机会焉。张桂姑令之孙处,若使不收,且令在家当差,徐贵敬候谕函,即欲来川。观其举趾,尚称规矩。前言已传训申饬一切,惟嘱其谨慎而已。顾姓现已他去,大约向营中谋事也。里门春阴特甚,风雨萧萧,罕逢晴霁。小熟已受害,水种过大,花木亦伤,恐少结实,清明节近,穿小皮,轻寒料峭,年来所未经者。璇华女叔依然居淮上,书信时通,身子尚好,略形老境耳。族中尊长各家均平吉。昆弟辈试期已届,云亭伯之子可期游庠矣。厚斋伯老健如恒,诸亲友家均无恙;咏春、滨石两母舅仍住虞,未经就官;书城、谷生两家表弟亦均可入泮矣。都中前因西捻扑犯郊圻,谣言汹汹,家信来一切安常,虽日闻命将调援,而九门洞达,市廛镇静不扰,民志成城,最为难得,巩固之象于斯见之。蜀中谅时见邸抄,藉悉畿疆军事折件往返，能迅速否？馀事续陈，肃此再叩福安。曾荣又禀。

【按】同治六年八月初二日，翁同爵奉旨补授四川按察使；“九月，闻授川臬之命，具折谢恩……十二月，奉到批折即赴新任”；次年三月抵达成都，初九日接印视事①；十一月二十九日，翁同爵接到翁曾荣家书，得知“环秀归氏屋现拟出售”②；是年十二月二十三日，奉旨补授陕西布政使③。函中“未知能转递到川否”，知此时翁同爵任职四川，故此函写于同治七年三月初八日。

此通信封中间签条书“平安家言。曾荣谨肃。内禀十二张。家人辈禀一扣”。背面书“三月初八日”。钤有“曾荣私印”白文方印。

同治八年正月二十日(1869年2月22日)

男曾荣百拜谨禀父亲大人膝下：

去年冬月奉到九月中所寄谕函，敬悉壹是，并谂累次丹禀，均未达到。嗣又肃陈两缄，不识邮程有无阻滞，深为焦灼。辰下敬维起居康健，福履安和，合署清吉，以颂以祝。昨报喜人来，欣悉大人又奉[恩]命升补陕西布政使司，接读之下，阖家欢忭，惟思陕省兵戈未靖，地近西疆，军务是否告蒇？边隅是否安固？民气如何？年岁如何？藩司统筹全省饷糈，兼理赋税，[尤]非易易，较之川臬，当更觉事繁任重，此次奏请陛见，能准行否？由川入陕，应取道何处，眷属能否随行，抑或分道而驰，极深系念，新任英若几时可到？履任之期大约在三、四月间也。家中信息嗣后拟由京附呈，定可迅速。

---

①③ 《翁同龢年谱·翁玉甫先生年谱》，第182—183页。

② 参见国家图书馆藏《常熟翁氏家书》中的翁同爵家书。

荣居家无事,远离膝下,[倏]忽数年,本欲携媳妇等于今夏来川,正布置就道策,忽闻[新]命,废然改计,须俟奉到严谕,再商进止。至家政一切,闻得接手有人,实为快慰。奉谕置屋一事,具禀再三,自春及秋方始定议,嗣又据情上陈,均被中道梗塞,殊深骇异。现在再录议据一通,交六弟代达,想不致有遗误矣。里门亲族俱安,家中大小各好。新春雨旸时若和暖,可穿薄棉。肃薰寸丹,虔敏金安,恭贺大喜,并请全姑娘福安。男曾荣谨禀,新正二十日升字第壹号,媳妇随叩。

立草议,居间曾伯伟、屈云溪、赵少琴、叶简斋等,为有浦留耕堂坐落常邑,在城都西南四鄙,坐北朝南房屋壹所六进,共计厅堂旁屋、上下楼房壹伯拾壹间,并随屋无粮基地,情愿得价绝卖于翁姓居住,时值绝价钱肆仟贰百千文正,两相允洽,立契成交,所有三面议定,规条开列于左,计开:

一、议得屋价制钱玖捌串洋照时价;

一、议得立草议日先付定钱贰百肆拾陆千文,择定九月二十日立契,届期除付过外,再付壹仟柒百五拾肆千文,馀立期票于年内再付壹仟文,其馀通归交屋日付清;

一、议得圣堂管家落匾及一切零费一应在内;

一、议得另行贴补新装修钱肆拾千文;

一、议得所居之屋现在装修,已开细账,于交屋时点交,如有缺少损坏,居间估值扣抵;

一、议得中金进三出二;

一、议得此系正明交易,并无亲族阻障,如有此等出主理值;

一、议得出屋日期准于同治八年夏季交代,决不迟延;

一、议得后墙外披屋一间,基地一块,西瞿宅空地为界,时值估价陆拾千文,另契交易,绝卖不贴不赎;

一、议得契载绝卖不贴不赎,永为翁姓之产,与浦无涉。

以上各条均系三面议定,各相允洽,并无异言,如有反悔,照契面加一例罚，恐口无凭，先立议据，各执一纸为照。

同治七年八月十六日，立草议居间：屈云溪押、曾伯伟押、赵少琴押、叶简斋押。翁綵衣，允议浦陈氏、丽堂、晴淮、晴川、晴波、爱存，见议庞昆圃、杨书成、钱绥卿、屈荫香、陈鉴堂、翁士吉、翁士复、朱宪卿，书议陆仲宽。草议是实。

【按】同治七年十二月二十三日，翁同爵奉旨补授陕西布政使①，知此函写于同治八年正月二十日。

此通信封书“[父]亲大人安禀。男曾荣谨肃。升字第乙号。正月二十日”，右上与左下角钤篆文“护封”朱文圆印。

同治八年六月初二日(1869年7月10日)

男曾荣百拜谨禀父亲大人膝下：

前由新泰厚肃复壹缄，谅已早经呈鉴，刘升、李福于午节后抵里，接奉钧谕，并将带到各件逐一检点收领，蒙赐绸缎，敬谨叩受，馀俱分颁讫，辰下恭维福躬康吉，起居安和为祝。荣久违膝下，凡别后情形由楚入川，由川入秦，转瞬数年，驰驱千里，不获随侍左右，依恋莫伸。近得刘升等前来，欣悉精神健适，饮食如恒，署中大小事宜，往来案牍，均须亲自经理，随时披阅，惟须发多白，齿牙已脱，亦是勤劳所致，陕中景象尤非川楚可比，吏治关系最切，军务能得手否？本省民情何如？均深驰系。

昨从邸报，敬谂大人于三月中旬到任接篆，想途次携眷偕行，诸凡平康也。川道之险自古称名，秦中亦多关隘，行旅仅有陆路可通，年内西北边隅有事，粮饷转运不易，米珠薪桂势所必然，署中公廨宽

---

① 《翁同龢年谱·翁玉甫先生年谱》，第183页。

宏否？地接山麓定有岚瘴湿气，尤宜格外珍重。长夏炎暑，大人身体丰硕，办公之所必得凉棚方可延爽，瓜果蔬菜能适口否？缺分艰苦，供应各款定亦删减，入数既寡，用数仍多，将来恐有赔垫之势，惟祝边患早靖，调任他缺为快耳。

左制军驻节甘省，战绩如何？家乡僻处海滨，绝无闻见，殊为闷闷。京师奏报时通，信息易达，里中传说不一，令人昕夕不安。端节之期，吴江震泽连及太湖，几有阴患，幸而获其证据，窥破机谋，早擒其党羽，始解此厄。如宜兴等处已被掳掠蹂躏，吾邑形迹可疑之事，正复不少。若非天破其策，刀兵又起，祸生肘掖，防御无从焉。

近日大雨连绵，积阴旬馀，每日黎明达暮，簷溜如注，民心惶惶，水势成灾，祈祷莫应，晴霁难期，荒年又至，深为可忧。北地闻亦亢旱，兵戈乍敛，凶歉洊至，奈何？家中人口均安好。荣近年来稍形壮强，游玩驰逐之举，不自鼓兴，取友既难受累，亦畏当道，从未干谒。亲戚酬应，照常往来。族中尊长兄弟，不时晤及，各各安善。馀详另纸，专修丹禀，恭请万福金安，伏乞垂鉴。男曾荣百拜谨呈。荷月初二日雨窗，媳妇等随叩。

敬再禀者，仲氏之屋现已立契成交，其价与浦氏等，不过喜其连并而合宜也。内外树石尚易修整，一宅两院可通可别，从前文端公有意求之，不获成议，现在得并一所，亦属可喜。虽价值一切较昂，而城中大宅无多，后难到手，且南泾堂一屋，年有五百馀千之租息，移修隔壁。十年以后，两处完固。届时房户增添，正好收回居住。至租户原价，只须留存几年房金与之扣算，其修理工作按季除去数千文，以全其事也。

长夏无聊，先将柏古一轩开通装好，后屋亦须趁早修理，前厅等处秋冬方能交付，旁屋随时相机动作。荣既奉命办此一事，将来逐一交卸，必期尽善尽美，丰俭适中，工作合度，账目清楚而后已也。即或小有移盖，亦属目前缓急之计，断不敢以正项用度，作寻常开销，有负委任。至主持家政，顾彼失此，万难讨好，其中委曲早在洞鉴，曷敢琐琐略陈。愚悃再叩金安，临颖无任依恋之至。曾荣又禀，初二灯下。

此次刘仆、李福送行李到常，甚为辛苦。一切物件尚未遗失，略受潮损，已经晴日抖晾，逐一收藏。蒙赏绸缎，均分领讫，所有堆绢人物，不免霉变，馀皆无恙。桫枋位置亦妥善，家伙等收储一室，不许拉用铺垫。半新旧者，添于客厅，其好者仍用箱封锁之。至刘、李两仆亟亟欲行，荣以刘升沿途多病，到常后又患小疾，强留半月以待其愈，而遣之又苦北行陆路正值酷暑，伊等归家亦念切矣。徐贵迟迟乏伴，尚未销假，自深悚惶，其母子俱受厚恩，遇此良伴恰好偕来，伊在家亦无要事，性情犹称浑朴，作事多所迟疑。现在令其先行入京，晋谒祖老太太，俟刘、李同来再走西安，一举两得，计至当也。若随二人由旱路去，多有省亲之私，似属不便。三子唐义于去年受六叔训诲时，极为勤慎，几欲携之到北，伊却不愿。迨叔父起身，令荣拔置随从，当时再三谆谕，不许滋事。岂料不数日后，即向街头各处酗酒肆强，虽经训饬，终不驯良。乡里间畏其亡命而无敢言者，其意身价十倍，目空一切。荣令徐贵善言开导，反出怨词，傲慢之形，已在眉宇，故此次急欲求去。荣怜其远客他处，种种不便，特给赀遣归。前既蒙叔父奖许，正好拔置一步，乃刚暴性成，自负主人裁成之深意，甚可惜焉。事属细故而不得不直陈者，因六叔既有前言而荣独不令其同行，未免歧见，为此附禀，统乞垂鉴。曾荣再禀。

【按】同治七年十二月二十三日，翁同爵奉旨补授陕西布政使；次年二月，翁同爵交卸臬篆，旋奉寄谕速赴新任；三月抵达西安，二十六日，接印视事；是年夏，翁曾荣奉父命购买彩衣堂西仲氏屋[①]。故此函写于同治八年六月初二日。荷月，农历六月的别称。

此通信封中间红签条上墨笔题“父亲大人安禀”，左下题“曾

---

① 《翁同龢年谱·翁玉甫先生年谱》，第183—184页。

荣谨禀”,右上题“七月十七日到”。

同治九年十月初二日(1870 年 10 月 25 日)

男曾荣百拜谨禀父亲大人膝下:

久未接奉钧谕,孺慕弥殷。近得京信,传知福躬康泰,起居安和,合署内外均吉,深为欣慰。全姑娘身为病困,积已年馀,想气质素亏,外感易袭。大愈之后,还宜进以培补。近日秋气高爽,当必健适矣。念甚,念甚。陕中公务在在为难,刻下左帅在甘省开垦,寓农于兵,回股想可无鸱张之患,本省库储素无积蓄,支放易绌。各处协饷空言者多,实解者少,所恃惟钱粮项款,未知征收能起色否?闱闱中各事,宜悉由藩库拨款动用,不免又多一番经营。至于内外稽察,印造试卷,酬应星使,月馀辛苦劳神劳力,重阳节后方能竣事也。

新学使汪柳门何日到任?在家亦屡来常熟,荣与之相识,里门景状,伊亦略知。陕中米珠薪桂,李相移师赴东,留营无几,百货当即平价。川省毗连接壤,能否转饷济食,惟道路险阻而已。今年下江秋禾大熟,农民称庆,高低均匀,木棉亦好,米价极贱,天时和暖异常,月初仅穿单袷。邑中景象渐见繁华,亲友家酬应甚烦。南闱榜发,里中得九正三副,北榜一正一副,可谓盛矣。惜吾族竟无一售者,为之怅怅。明年春试,同乡有三十人也。

荣现在料理诸务,勾稽事毕,即交长嫂接管,以便脱身所有。荣积年经手事件,并无拖欠款目,贻累后日。按年开销支付一切,除租息外,别无进项。至收租年分,从甲子冬始,前后亏短,皆由荣自行垫办,以致自力少形拮据焉。从前积债略有弥补,迫于情耳。田产各项,均无丝毫更动,旧账俱可稽核,惟人情往来,丰于十年前多矣。厚薄之际,有准于其来者,未免少形浮滥,此亦门户使然也。馀他亦照常办理,房屋一事一概,录有账目,俟冬初交割清楚,另行呈鉴。

荣俶装成行，约于闰月底。此次既蒙恩授以官职，到部当差，拟即挈媳妇偕行，在京居住，免得以后奔驰两处，用度顾此失彼也。日下轮船往返甚捷，交冬令便止。荣终于海道畏怯，从前屡遭风险，未敢轻率，毋宁内地迟缓、脚踏实地为稳。家中人口均吉，诸凡顺平，专肃寸丹，敬请金安，伏乞垂鉴，并问全姑娘近好。男曾荣谨禀，十月初二日。

【按】"新学使汪柳门"，即汪鸣銮，同治九年八月初一日放陕西学政[①]。函中"荣俶装成行，约于闰月底"，函末署"十月"，因知是年闰十月，即同治九年，时值翁同爵任职陕西布政使。故此函写于同治九年十月初二日。

同治八年六月，翁同爵为翁曾荣报捐郎中[②]；同治九年十月，翁曾荣准备挈眷赴京[③]，然一直未能成行。直至同治十年正月二十六日方启程，由旱路赴京[④]。

此通信封中间红签条题"父亲大人安禀"，左下题"男曾荣谨缄"，左下角与右上角钤有"曾荣谨缄"白文方印。

致翁同龢函

光绪元年三月二十四日（1875 年 4 月 29 日）

侄曾荣百拜谨禀叔父大人尊前：

---

① 《翁同龢日记》第二卷，第 822—823 页。
② 《翁同龢年谱·翁玉甫先生年谱》，第 183 页。
③ 《翁同龢日记》第二卷，第 840、842—843 页。
④ 《翁同龢日记》第二卷，第 866—867 页。

荣自二月朔由家起身,今年未接京信,甚深悬悬。抵鄂后,知奉命相度吉地,已于正月出都,并悉福体小有感冒,匆促登程,尤切孺慕。今午折弁回省,藉谂起居康适,前恙大愈。两处奔走,不形劳倦。东西各山形势想必雄厚。现在择定双山峪为惠陵,卜吉兴工,即由原派诸位承办是役,未知应需巨款何所指拨耳?

实录已奉命开馆,六弟当必派有差使。一切皆是熟手,特添一处奔走。五弟亦能充此馆差否?都门人心静肃,三月之内迭遭大丧,殊深惊骇。朝政一如昔年故事,大慰天下民望。今秋举行恩科,明岁春闱荣自揣浅陋,久荒之下,一时未易加功,急来抱佛脚,恐亦无济于事,拟不作画饼充饥想矣。

此间属境俱安,年岁亦中稔。公事平顺。李公意气极相和洽。父亲寿躬颐健,起居饮食均属照常。步履轻爽,披阅案牍、接见属吏,日夜辛勤,不嫌劳倦。荣承欢膝下,大为欣快。公馀之暇,荣常侍左右,笑语为欢也。专肃寸禀,敬请福履康安。侄曾荣谨呈,三月廿四日。

【按】同治十三年十二月十四日,翁同龢奉慈禧懿旨与醇亲王、魁龄、荣禄于"东西两陵旁近相度山陵吉壤";次年正月十三日,翁同龢等人起程赴东陵;二月二十二日奉旨,"定双山峪吉地名惠陵,并派醇亲王、魁龄、荣禄及臣龢敬谨承修"①,故此函写于光绪元年三月二十四日。

光绪二年十二月初九日(1877年1月22日)

叔父大人尊前:

① 《翁同龢日记》第三卷,第1126、1134、1149页。

小春上旬曾肃寸缄，想已早邀慈鉴，嗣后迭奉钧谕，敬悉福躬康健，城寓平安。吾叔自入直以来，日无休暇，精神尚好，足可耐劳。值此三冬风雪苦寒，午夜趋直殊非易易，甚切悬悬。迩来圣学日新，书帷功候，想亦渐增。退直后宜节劳勩，静养心神为祷。筹弟馆课既勤，署中又多奔逐之苦，忙碌可知。趋公之暇，当可不时来城省视。安官身体安适，咳呛平复否？服莘卿方如能得力，可令其常食之，调理须求恒久。未知近已搬住内城否？五弟听断称能，外间传言浙案将欲平反，果尔？则原办者大有出入矣。寿官中举，喜溢门楣。刘师先已成行，明春结伴北上。途次正需人照料，颇为系念。

鄂省近状敉安，天气暖和异常，雪犹未见，盼望甚殷，属境偶有霑雪者。署内一切如常，父亲福躬尚健，腿足麻木略见轻些，终未能十分痊愈。近时手战尤甚，脉情亦细弱，的是虚象。现仍服补剂，似乎合法，惟不能用温散燥达者。阳气素亏，便易发汗不止，（前方用桂枝八分之故，今但用其炒白芍不入煎。）津液耗损，精神亦形疲倦，赶即撤去桂枝一半，加用白芍二钱，服之少安。今日易方更觉稳妥，惟咳呛日久不止，亦伤气分。大便艰涩，每解一次，必有汗下，此是高年水亏火盛之故。药中加淡苁蓉一味，或有润下之功。鹿茸现用五分，天气再冷，拟仍冲酒饮二三分。此物虽温热而血气之性究竟平和，且生锉不见火者，可无燥烈之患。至于腿足治理之法，或用桂枝、蕲艾煎洗，或用麸子、艾绒炒热包熨，皆有损而无益。即仅以艾绒做袜，夜著以卧，亦觉痛而如裂，总之嫌其太燥不相宜也。床上被褥厚重，则不适体，脚下少加暖些，以防寒□侵袭而已。

日来公事照常办理，披判过多，手腕力弱，亦殊费捉摸。僚属禀谒者，非有要紧，暂行缓见。其司道以上则随时可晤商一切焉。过客往来，络绎不绝，酬应几无日不有也。步履出入，令仆辈小心伺候，起跪或有时不便，居常可以扶掖。每届祭祀甚不放心，幸寻常庙香之外，无多行礼之所也。饮食肴馔无多佳味，吃亦甚少，在在处处皆当格外小心侍奉，不敢稍有疏忽。诸祈放心。专肃寸禀，敬叩福安。侄曾荣百拜谨禀,并请秀姑娘近安。

【按】光绪二年九月二十六日,翁同龢得知翁斌孙中举,合家欢喜[①]。据光绪二年十二月二十三日翁曾荣致翁曾翰家书"冬月十七日方"中提及"关鹿茸五分"等,与此函中"鹿茸现用五分"相合;又函中云"明春结伴北上",此函当写于光绪二年底。

是年十二月二十三日,翁同龢"得五兄腊月九日函,左足稍和,便秘特甚"[②],与此函中"父亲福躬尚健,腿足麻木略见轻些,……大便艰涩。每解一次,必有汗下"相合。光绪元年二月,翁曾荣抵达湖北;光绪二年闰五月,翁曾荣"回里筹备置买义庄田产事宜,逾月乃入鄂"[③],此间翁曾荣一直服侍其父翁同爵左右;故疑此函写于光绪二年十二月初九日。

光绪三年二月二十日(1877年4月3日)

侄曾荣百拜谨禀叔父大人尊前:

新正两奉谕函,敬聆壹是。月初曾肃寸丹,谅邀垂鉴,辰下敬维福履延绥,起居多吉为祝。书房照常入直,圣上勤学好问,日进无疆,侍从左右,亦为欣慰。现在读至《论语》,讲贯之馀,能领悟大旨否?天气日长,何时可退?恭代校阅实录,每日一册,有间断否?回寓后能休憩片刻,再行进署治事乎?部中议覆川淮盐法一节,未知大农意见如何?利害攸关,一经更张,其弊立见。刻下数省民情皆引领而望,孰成孰败,在此一举也。寿官何日到京?车马风尘,少年意兴,当

① 《翁同龢日记》第三卷,第1277页。
② 《翁同龢日记》第三卷,第1295页。
③ 《翁同龢年谱·翁玉甫先生年谱》,第186—187页。

不形劳倦。十五贡院覆试能敢上否？甚为悬念。北地东直两省，去岁灾荒特甚，今年春种丰收，或可少苏民困。津门兵溃，未知流毒何所。传言统领有痫疾，故驰其约束，或侵扣太甚所致耳。

洋务自烟台定议，局面又为之一变，各省添设口岸纷纷，案牍赶办。开关创始之际，殊不易易。宜昌为长江扼要之所，是川省出入通衢，而土著民居实食其利，今立通商码头，则轮船载运往来，隐夺无穷之利，故众志不甚悦服也。鄂境民风强悍，非仅以礼义所能化莠顽之性。藐法违令，几至不识王章，劫夺等案，层见叠出。地方官吏访拿讼棍，常被中途截敓，情殊可恶。近时天门岳口镇，又有奸民聚众滋事之案。彼处为之罢市，县丞在场弹压，飞石中伤。邑令闻风往查，又欲阻其归路，由水道绕越，幸得免祸。现在来省求发兵往彼搜拿。两署未能深信一面之词，遽行允许。此事应由制军主政，业已札委候补道胡镛会同安陆李守前往察酌情形，相机办理。如果狂悖不法，整队拒捕，逞凶滋扰，实难姑容，即一面酌抽炮船水师，就近拿办，不致惊动良善，庶可弭患无形焉。李筱泉回任以来一切安静，迎养之说，未闻议及。朝廷既如愿，以予似亦万不能已之举矣。

迩来天时和煦，百花齐发，节届清明，韶华已过其半，省垣景象安谧，署内诸凡顺平，父亲于初六拜折后，寻常事件交孙琴西代阅。每日紧要各稿躬亲主行，僚属禀谒暂且止之，有南辕为之说话，可以放心，无须见面，省得许多酬应。日来精心调养，外感亦清，步履似觉有力，饮食略加，精神渐健。惟便结、手战犹未减松，诸多不便。此血气虚弱所致，腕力不支，每一捉管辄不由主，故家信未能常写。又恐京寓悬虑，强布一纸，以慰叔父远念。现服方药，前已寄去一单，小有增减，以分量多寡配合气体。虽偏温补，却称平稳。据程、恽两君云，详察脉情，万不可以寒凉之品轻用尝试。守此温补，必能日健一日。左手三部俱形有力，右手尚嫌细弱，且关部见滑，仍用苡仁导湿下行也。荣旧病频发，近状安善，特以亲体未健，侍奉之馀，寸衷辗转，刻不自宁。幸赖医药得力，十五以后日见康泰，一切起居衣食在在留意，并请父亲格外慎重，加意珍摄，节劳静养，假满一月，可冀大愈矣。家乡月初信来，两宅人口均安适。吉卿有回里之说，未卜果能抽身否？奎保丧偶，殊出意外，极盼伊父到家商办一切。扬州久无书来，表妹择吉于归。姑母须亲往常熟，当可小住月馀也。江西许诚夫表叔专丁来署，欲求帮助，已赠其五十金交来人赍去。所可喜者，伊于新正得举一子，许氏一线之延可期永保也，馀不多赘。专此敬叩金安，伏惟垂鉴，并问秀姑娘近好，侄曾荣谨肃，寒食前夕。

日昨折弁杨逢春回，赍到手谕，敬谂福躬欠适，小有感冒，而内廷敦促入直，闻之殊深驰系。天气乍暖乍寒，起居一切务祈随时调护，深夜晓寒，尤须留意是祷。肃此再请福安，曾荣又禀，清明节。

【按】许诚夫，即翁同龢表兄，光绪三年正月喜得一子，"许氏宗祧有续矣"[①]，故疑此函写于光绪三年二月二十日左右。是年二月二十二日清明，此前一两日即寒食。

光绪三年三月十五日（1877 年 4 月 28 日）

叔父大人尊前：

月朔接奉谕言，敬悉壹切，复由信局递到一函，藉谂福躬颐健，起居康宁，百凡顺适，孺忱欢慰。内廷侍直一切照常，部中公事例行者多间日一至，随时披览，当不至十分操劳也。盐务一再集议，终守成法，措词未尝不善。然因时变迁，顺时利导，世运使然。纸上空谈，徒多案牍之纷扰而已。此种利害攸关之文字，非主上亲裁，大政独断乾纲，不足以排众议而定从违焉！鄂省饷源专赖盐税货厘为大综。常年指拨，恃以无恐，一再更张，势必不支也。各属正项所入，仅敷本省

① 《翁同龢日记》第三卷，第 1407 页。

供支。此时苟且补苴，东移西凑，已有汲汲不遑之虑矣。沿江长堤农田保障岁修，万不可少。然冲突之患一经盛涨，刻刻提防，而平时堵筑疏泄，两岸居民互相争执，以致民风好斗，易滋衅端，故堤工一项或择要帮修，或移垫民力，小则数千，大则数万，不得不随时酌拨，以纾民困也。天门奸民聚众，近已消患无形，惟为首匪徒必须严拿重惩，以儆效尤。否则藐视王章，横行乡里，如同化外，相习成风，几至不可收拾。时过谷雨，茶市将集，客商、居民赖以为计，即洋关厘税亦依此为大宗，故弹压一切皆须善为经理也。

李制军履任以来，无甚更变，公事亦有斟酌，彼此极称关切。前月杪批折回省，准假一月，父亲之意本拟假满即请开缺，而制军屡劝暂行续假休息，安心静养，无须亟切办公等事，姑且从容一月，再看光景。刻下寿躬少健于前，精力亦形充固；腿足麻木已除，微嫌酸弱乏力。大便解而不畅，表分太虚，易于发汗，以致偶触风寒，遂形感冒鼻塞，声重头晕，咳呛气分壅遏，未能条达，时觉胸腕不舒。前日晚间坐适当风，微微觉凉，已形闭汗。略服疏解，尚兼前法。惟久咳伤神，肺气不固为虑耳。或能再加调治一月功夫，补助得力，则气血并旺，可期大安。据程、恽两君云，近察脉情，渐见有力且平和条畅。不但夙恙当愈，如法调治，入夏来必能健复如初。虽云表虚本元结实，外来之感冒随受随发，不使之积久成患，亦是好处。手战之症属于血亏，求效未能迅速。据云药酒之力可达四肢，因天热不甚相宜，故未定方配合也。侄于月之朔日忽患寒热，继以吐泄，遍身疼痛，即延程、恽二君来视，云病属伤寒，赶即医治。幸病药相合，今已大愈。惟调理为主，日啜两盂，倦乏少力，馀俱安善矣。专此敬叩金安，侄曾荣百拜谨禀，十五日。

【按】光绪三年二月，翁同爵"手颤益甚"，故而"具折请假调理"，赏假一个月；三月初八日，翁同龢收到翁同爵二月二十四日所发家书，见"兄手札两纸手战如老翁，幸热止足健，饮食亦渐增,为之顿慰”,翁同龢连夜作函寄翁同爵,“并劝一月后续假,毋遽引退也”①。

光绪三年三月,翁同爵又“奏请续假,奉旨再赏假一个月”②,此即函中所言“前月杪批折回省,准假一月,父亲之意本拟假满即请开缺,而制军屡劝暂行续假休息,安心静养,无须亟切办公等事,姑且从容一月,再看光景”。是年四月初七日,“楚中折弁带来家信,”翁同龢得知“荣侄患伤寒,初一自至月半始痊”③,如函中所云“侄于月之朔日忽患寒热……幸病药相合,今已大愈”,故此函写于光绪三年三月十五日。

其信封中间红色签条墨笔书“平安家报”,签条右下“四月初七日到”。信封右边“安字第五号罗大贵”,左下“曾荣手缄”。左下角、右上角钤有“富贵长寿”白文方印。

光绪三年十一月初三日(1877年12月7日)

叔父大人膝前:

叩送行舸,引领北望,此心摇摇,依恋莫释。旋得大沽寄谕,敬谂飞轮迅速,已越重洋。起居安健,上下平康,私衷少慰。昨又奉到二十手函,祗领之下,尤深欣快。吾叔长途辛苦,此行跋涉数千里,未尝得片刻休暇。舟车乍停,又有许多酬应。一入书殿,此身缠缚,无能优游自适矣。离席三月,一切章程有无变更,重加整顿,良不易易。署中事谅亦如常。城寓得安官照料,当无烦治理。六弟出都,横街诸务须随时兼顾,方为妥善。德官勿令出门,严加督责,读书自有进境。

① 《翁同龢日记》第三卷,第1312页。
② 《翁同龢年谱·翁玉甫先生年谱》,第187—188页。
③ 《翁同龢日记》第三卷,第1317—1318页。

其馀一切杂事，可令任之。李兰生丁忧去位，政府乏人充补，未知何以悬缺至今？朝马受赏者颇多，劳逸不均，岂无破格之例。日日奔走，圣心独无意乎？

京畿得雪，农事果获益否？南方天气和暖，尚无雪意。阴雨不得久晴，租事观望不前，较往年迟半月馀也。家中人口皆吉，开吊于廿八举行，（来者不及三百人。）大厅窗槅已装好，（棺罩仍安设，漆饰时暂撤。）天蓬拟撤去，早晚灯火万分留心。六弟移住船室，厅旁小屋寒冷，不耐居也。敬肃恭叩，福躬万安，并问秀姑娘近好，侄曾荣百拜谨禀，十一月初三日午刻。

【按】此函写于光绪三年十一月初三日。十一月二十三日，翁同龢收到翁曾荣此函[①]。

光绪三年八月初一日，翁同爵在湖北任上病故；当时翁同龢请假回籍修墓，正在常熟。得此噩耗，翁同龢即携翁奎孙前往武昌奔丧；并请旨续假；然两宫皇太后惟恐翁同龢耽搁时日，影响书房功课，便令翁同龢限期回京[②]。因此，九月二十四日翁同龢奉翁同爵灵柩抵常熟后，稍事安排，即刻起程回京[③]。九月十二日，翁曾翰起程出京，回籍料理父亲丧事；十月二十三日抵达常熟；十月二十八日开吊[④]。此函中“六弟出都”，即指翁曾翰离京返乡葬父。

---

① 《翁同龢日记》第三卷，第1366—1367页。

② 《翁同龢日记》第三卷，第1341—1345页。

③ 《翁同龢日记》第三卷，第1355—1356页、第1361页。另见《翁同龢日记》第八卷，第3831页。

④ 《翁同龢日记》第三卷，第1356、1365页。

光绪三年十二月十五日(1878年1月17日)

叔父大人尊前:

海舶停轮,音书久滞,日来正切孺慕。风雪弥天,行将匝月。各路消息不通,尤深闷闷。今晨接奉手谕,敬审福躬安泰,阖寓康宁,极为欣慰。枢垣一缺,既已得人,朝中人材济济,而独属意浙士,殊不可解。叔父束身从公,入直讲帷艰巨,独任两处,辛苦相较悬绝,得此失彼,未能兼到。特恐责任偏寄,替人难得,脱身无时耳。各省饥民游食南来者,动以万计。苏郡协赈,分属劝办,惜杯水无以济事。部库支绌求拨为难,大局攸关,未知开春能设法施救否。侄身子少好,左臂寒冷,服羌活桂枝似已渐松,而今冬严寒尤甚,(竟不减北省光景。)瑟缩如猬,百事废弛,谢客在城已毕,(此七、八日来,州塘湖面竟有冻舟绝食者,消息久不通矣。)远道则俟冻化方可移舟也。义田等事刻刻留意,惜乏良产,亦不敢草草。明年当可有成。海珊弟到家,诸事斟酌以行,乡里间无所不合,从宜从俗,安之若素,惟起居稍异,值此奇冷不能耐焉。奎保用功,已将书房扫洁,春融或可坐定。寿官呵冻作字,真有苦处。嘱其少酬应,多看书而已。铁店浜茔地一节,俟路通冰释后再往丈量。如何情形,当为禀陈。扬州常有信来,姑母近体甚健。赵恩明日假归,饬伊往省一切,侄拟开春到彼迎候回里也。(姑母传命如此。)祥哥微有感冒,眷属各安,专此敬覆,敬叩金安,并叩年禧。侄曾荣百拜谨禀,腊月十五日,侄媳随叩,秀姑娘均此问好贺喜。

【按】光绪三年七月初一日,翁同龢具折请假回籍修墓。七月十六日,"已蒙恩准";次日,翁同龢起程出都[1]。八月初七,翁

---

[1] 《翁同龢日记》第三卷,第1332—1336页。

同龢“惊闻湖北有信”，得知其五兄，即翁曾翰的生父翁同爵于八月初一日因病去世；次日，翁同龢携翁奎孙前往武昌奔丧；八月十六日，翁同龢“具续假折”；然两宫太后恐翁同龢耽搁日久，延误书房功课，“令九月抵京”①。

故而，九月二十四日翁同龢奉兄柩抵家后，稍事安排，六日之后，乘船北上；十月十六日，翁同龢抵京②。翁曾翰只得离京回常熟料理丧事，十月二十三日抵达常熟家中③。光绪四年正月十二日，翁同龢得“南中腊月望函”④，当包括翁曾荣此通家书，即此函写于光绪三年十二月十五日。

致翁曾翰函

光绪元年三月二十四日(1875 年 4 月 29 日)

海珊吾弟如晤：

月前曾布寸椷，由折弁携呈，计早达览，旋接手函，备悉近履双吉，合寓均佳，慰甚。叔父大人相度吉地，奔走不形劳乏。惟于复命后又派承办，此时库项支绌，妙手空空，从何处筹拨，工作繁重，数十万巨赀，恐难告竣。此事责任既重，设法更复不易，未知议有端倪否？部拨之款，纸上空谈，司农或有良策，方能集事。开纂实录，总裁以

① 《翁同龢日记》第三卷，第 1341—1345 页。

② 《翁同龢日记》第三卷，第 1355—1356 页、第 1361 页。另见《翁同龢日记》第八卷，第 3831 页。

③ 《翁同龢日记》第三卷，第 1365 页。

④ 《翁同龢日记》第三卷，第 1376 页。

次,济济者众,独叔父不与其役。内阁所送详校,吾弟谅必列名,特未知卜吉何日耳。搬寓之说约在秋末,城外屋宇逼窄,书室无可位置,须将对门颓垣败瓦稍稍修葺,始可住也。迩来叔父精神饮食想均健适,旧疾能少发否?须发皆白,终是气血亏衰之象,心气素亏,用之勿过劳苦,将来住工督役,衣服食物皆须先时预备,不致临期缺乏。安、寿二子内城读书心专志壹,渐有进境,殊为可喜。德官亦能向学,师弟周旋要求得力者,方有实效焉。祝、慧二女,想近体皆好,子馨近状若何,趋公以外,作何消遣,彼此久不通音问,颇为驰念。

兄来鄂月馀,毫无可述,署中一切安善,内外肃然。父亲大人福躬康泰,精神亦健,公事平稳,制军素称契合,彼此共商,悉臻妥洽,四境民情熙皞,麦秋成熟,农业相安也。案牍劳形,按日批判,文武僚属分期接见,皆不至十分烦神。平时饭食量无增减,偶吃麦粉之物,以调口味而已,小厨房菜蔬并不讲究,或荤或素,(不过二三簋。)尚属可口耳。日用所需除酬应外,诸凡节俭,量入为出,不得不然。兄近体亦惝适,来此月馀,食量较胜于居里时矣。牙痛久患不愈,近用韭子熏法,虫去而痛亦大减,惟畏风热,根尚未净,天时寒暖不一,晴则燥热,阴则骤冷也。家中消息频通,一信往来数日可到,三哥赴浙尚无信来,奎孙年来颇有转机矣。(亦知求学,不轻出门。)专此敬问双安,并问侄辈好,三月廿四日兄曾荣手肃。

【按】同治十三年十二月,翁曾荣准备赴鄂,行李先行寄走;次年二月初一,翁曾荣起程前往湖北,二月十三日,抵达湖北[1],故此函写于光绪元年三月二十四日,如函中所言"兄来鄂月馀",时值其父翁同爵任职湖北巡抚[2]。

---

① 《翁同龢年谱·翁玉甫先生年谱》,第186页。另参见光绪元年三月二十四日翁曾荣致翁同龢家书,其中云"荣自二月朔由家起身"。

② 《翁同龢年谱·翁玉甫先生年谱》,第185—186页。

此通信封书“平安家言。乙亥四月十二日到”，乙亥，即光绪元年。左下钤有“曾荣手缄，二月廿四日”。左下及右上角钤有“阿刍鞞室”朱文方印。翁曾荣对佛家颇有兴趣，光绪七年正月二十二日，翁同龢曾得翁曾荣十二月二十一日函，“伊学佛，于外事不甚了了”[①]，此“阿刍鞞室”一印当源于“阿刍鞞耶佛”。

光绪元年五月十八日（1875年6月21日）

海珊吾弟足下：

前月廿四折弁进京，奉布一椷，想月初必达。旋接弟八号手书，备悉起居并吉。（惠寄貂毫十支已拜领矣，谢谢！）寓中自叔父大人以次各臻安康。移居一层，已作罢论。城内既可久住，免得一番举动，且城外酬应较烦，叔父性喜清静，自以内城为宜。将来署补部缺，劳劳车马，省一半程途，计亦甚得。秀姑娘亦随同入城，上房琐屑，有人主张，兼可照应安、寿二子，实为两得。吾弟到署较忙，散直即可往寓省视一切，藉陪言笑，否则恐嫌寂寞，即侄辈工课勤惰不时稽查，毋敢怠忽也。

伯母近躬康健，五弟验放之说，在于何时？此中情形未能深悉。是否捐足资俸，抑或指省候补，或在任候放，或由部选。到验放以后，郎官乎？太守乎？行止如何？均切悬念，来书祈示知。城外上房自秀姑娘移居后，只得暂行关键，随时打扫，抑或派人看守，须择老成仆役任之，方为妥善。现在德官亦长成，东厢可以设床，吾弟书案可位置大厅，兼能照顾内外。祝官曾否来家，抑仍伴姥姥居住？年将及笄，当另立一室与之，俾可静习针黹也。都中屡申祈祷，望雨尤殷，未卜已霈甘霖否。此间入夏以来，无日不雨，阴云四匝，江流陡涨，殊切

---

① 《翁同龢日记》第四卷，第1582页。

隐忧。水旱不均,恐成灾祲,奈何?

署中自午节后,诸凡如恒,父亲大人福躬颐和,日前祭祀武庙,早凉感触,忽鼻塞声重,伤风数天,今已渐愈。大便燥急,近虽略好,终形艰涩。腕力仍弱,手战犹甚,节近夏至,拟停药味,易参麦饮,以固中也。全姑娘身体素弱,节后欠适,感受暑湿,医治即健。

兄碌碌如常,一切平善,水土亦服,微嫌岚瘴之气,不堪耐耳。家中时有信来,眷属皆安好,祥哥在浙,音信较少,为之悬悬。专此布候双安,并问侄辈近好。兄荣顿首,十八日雨窗。

西山松楸俱已葱茏密荫,修补完好,坟旁丙舍墙宇皆缮整,(后墙角裂而重砌),树木虫损者,亦易新篙竹编齐,当已生长交枝。其馀松秧,屡嘱坟丁加放;缺少处,皆令补足,可告慰叔父知之。《知止斋诗集》板已刻完,初印本核准饬修。(在家修补。)荣濒行时谆嘱士吉(一俟修竣)先用薄纸刷出,全部寄呈都中,俟校勘发出,然后刷印。原板用架架起,(板架亦已做好,用竹格开。)(收在小楼,免致硗裂。)以免损坏。(现又寄信家中,令印样本一呈叔父,一寄楚省,以便细校也。)

又复者,日昨得九号来函,详询壹是。兄前具各械,却未述及在此处试验广济火船之际,署中并无消息。是日天气晴朗,而此船系军需局所买,备运饷需,为上下江往来便用,取其迅速之计,不意制军验收,协同司道乘坐,放行中流。迨归港将泊之际,向来抵岸及浅滩,以舱面皮鼓传号,火工在夹底舱中,即倒拨退,轮缓缓停住。维时船小人多,议论嘈杂之声以乱鼓音,于是径行直前,与岸石相碰,火力既猛,遇石阻止,反向后坐,机器逆行,船亦颠簸,烟筒虽未炸而凡在座客,在彼时匆遽之际,同受一惊,所幸数十人俱称无恙。此间次早方知其事,着弁往看,制军却不甚要紧,一切办公如常。各司道亦照旧趋衙矣。乃传至申江,描头画角,列入新闻,在执笔者,意谓用西船而不西人驾驭,未能合度,然今年轮船出事颇多,安见西人管驾万分稳妥乎？吾弟相隔数千里之外，传闻此语自必惶惶，而此处深悉其详，无甚关系，故竟未一言及之，且父亲既不在座，尤无干涉，初不料申报中如是铺张也。菉卿又启。

【按】同治十三年九月初八日，翁同爵补授湖北巡抚，十一月抵达武昌；十二月朔，接印视事[①]。"楚省"，即湖北。光绪元年二月，翁曾荣到达湖北。

光绪元年四月十五日，翁曾翰"缮寄第八号信(附外信六函，京报、貂毫、高丽参、靴一双)"，即函中翁曾荣所"接弟八号手书"；五月十一日，翁曾翰"得四月廿四日家信"[②]，当即函中翁曾荣所言"前月廿四折弁进京，奉布一椷"。

光绪元年四月二十二日，翁同龢听闻"湖北广济轮船触矶损坏，适李制军率藩臬坐此船试驾，几不能救，危矣哉"[③]；是日，翁曾翰"阅新闻纸，湖北广济轮船触石微损，制军与藩臬均不免受惊，想抚台未经同往，然颇悬悬。发第九号信(致四哥)，交督辕折差，明日走"[④]。

是年五月二十五日，翁曾桂"截取知府保繁验放"[⑤]，翁曾翰送五哥翁曾桂"入内验放"[⑥]。函中云"五弟验放之说，在于何时？……节近夏至……兄荣顿首，十八日雨窗"，是年五月十九日夏至。

综上所述，知此函写于光绪元年五月十八日。是年九月二

① 《翁同龢年谱·翁玉甫先生年谱》，第185—186页。
② 《翁曾翰日记》，第335、339页。
③ 《翁同龢日记》第三卷，第1165页。
④ 《翁曾翰日记》，第336页。
⑤ 《翁同龢日记》第三卷，第1171页。
⑥ 《翁曾翰日记》，第341页。

十六日,京中翁曾翰收到从湖北转来的常熟所寄先文端公诗集[①],即函中所及之《知止斋诗集》。

此通信封中间红签墨笔题“海珊六弟惠启”。左下墨笔题“兄曾荣手槭”。左下及右上角钤有“阿刍鞞室”朱文方印。

光绪元年八月二十八日(1875 年 9 月 27 日)

海珊六弟足下:

月之十七曾布一缄,交信局递去,计已早达。比来接读邸抄,欣悉叔父大人由工次还京,初九覆命。科场差事皆赶不上矣。十一日奉旨署理刑部侍郎,此缺系钱学使者,非比闱差,暂时之计,以后能调补他缺。子馨可不办回避,否则早日外放,尤所愿焉。

两侄场作,想必清顺,身子谅各安适,不卜何日揭晓?寓中人口上下皆吉,德官近读何书,甚为悬念。张哲卿来京应试,必为张罗。亲事至今未成,徒知荡游,伊母倚闾望切,何时克慰其怀耶?同乡寥寥数人,孰得孰失,各有定分,登高佳节当可了悟矣。

此间合署平安。父亲在闱内感受夜凉,伤风寒热,服药数剂。迨归署后渐次痊安,忽又泄泻,幸两日即止,不形疲倦。今则起居饮食,一切照常,惟鼻流未止,咳呛(夜卧尤甚)犹甚,肺气不固所致。秋气已凉,可穿薄棉,廿八换戴暖帽。日来公事尚清简,晚鼓后休息片刻,文闱案牍粗备,而武场事宜又须一一经营矣。林藩台已奉部文,亟求卸任,光景亦累,其病健忘重听。刻下札饬臬司,暂署粮道,接署臬篆办理武闱两司,亦有责任新放,孙琴西虽由皖来鄂,一水可达,恐履新尚需时日,未必迅速也。苏臬应君改则之议,实为失望于民,去之惟恐不速耳。云南夷务讹言杂出,鬼蜮伎俩无从揣度,种种要挟诛求无

① 《翁曾翰日记》,第 358—359 页。

厌，将来如何结局，正难逆料。筱泉制军此行易进难退，丁芥帆已抵此。昨又启程赴湘，跟从前去殊形辛苦，其馀奏调各员，仅见陈司马一人应之而已。钦使郭、许二公将之英国，行人之职岂易充哉？随员偕往亦难充选也。

天下事愈出愈奇，自通商以来，不独华夷一家，几于穷荒绝域，并可引为同类。人畜杂处，鸟兽为群，即朝廷用人行政，亦不仅以读书明理、察吏安民为重，要求应时之奇才，以收今日之效用。庶几使于四方，可期不辱君命矣。可慨可叹！目今通商口岸及各洋关，无一端不周折，无一事不忍耐，苟且弥缝，深恐有妨大局。而犬羊之性，万分谲诈，伊于胡底耶？椰帆云集烟台，虚张声势，实则外强中馁，毫不足恃也。时事如此，当局者未尝不以惜民命为念，设有失和议战之举，又将奈何？闻云南官长并无固执之见，而民间不愿答应，况牵涉缅甸假道一层，尤难强从，终究不了。此刻敷衍之计，暂顾目前可耳。

两楚民志安帖，田禾丰歉各殊，早稻登场，晚种则受损，幸米谷价平，农人不以为累。家乡亦久无信来，未知眷属均安否？奎保能自检束，稍变旧习，亦属可喜。仲兄自出门后未得其一纸，不卜病状少愈否？大嫂思子心切，令人无可劝慰，亦不达之甚者。吉兄履浙半年，仅来两信，笔墨之懒，其性使然，令人悬悬莫释。近得厘局差使，其薪水多寡，均不得而知。杨中丞处自当一伸谢悃也。兄近日旧疾略减，服程君定方，似觉获效，入冬尚须换方，可膏丸并进。既遇良医，自当信服，或者可冀大健也。专此敬问俪祺双福，侄辈并佳。八月廿八日兄荣顿首书。

彭雪琴巡阅长江，一叶上驶，闻兵勇皆气沮胆落，先声夺人，其踪迹隐见无常，故各营及负贩之徒，莫不振刷精神，检束步趋，无形之震慑，恐撄其锋焉。赏罚既严，杀戮又重，行李一肩随从从弁，江流上下，非其人镇压之，则数千里炮艇水师，即为劫掠之众矣。杨君责任并寄，然威望较逊于彭。若虚应故事，循例一走，徒无益也。

八月初五日程丽棻观察定方:右寸沉弱,馀部沉缓,按之俱有神,脉气渐转,仍用前法,以固气养血之剂投之,则荣卫调而风无乘虚而入之患矣。野高丽三钱、炙甘草□□、北五(杵)味一钱、生野术二钱、桂枝尖一钱、当归身二钱、云茯苓三钱、炒白芍□。加生绵芪一两、生龙骨五钱,煎汤代水。

侄曾荣百拜敬请叔父大人福躬万安,恭叩大喜,并问秀姑娘近安。

【按】同治十三年十二月十四日,翁同龢奉慈禧懿旨与醇亲王、魁龄、荣禄在东西两陵旁相度山陵吉壤;次年即光绪元年二月二十二日奉旨,"定双山峪吉地名惠陵,并派醇亲王、魁龄、荣禄及臣龢敬谨承修";三月初三日,翁同龢等人起程赴惠陵工次;四月十一日,"钦天监择八月初三日午时开工吉"。八月初九日,翁同龢"寅正入东华门,至内务府板房待恭邸(卯初)至,略说工次情形";十一日,翁同龢奉旨摄刑部右侍郎①。光绪元年七月十八日,张哲卿从保定来应京兆试,下榻翁宅②。故此函写于光绪元年八月二十八日。

光绪元年九月初五日,翁曾翰"得四哥八月十九日函,(从正福胜轮船局来,与广通在一局。)知严亲廿二出闱",当即此函中所言"月之十七曾布一椷";是月十五日,翁曾翰得湖北家书,"折差盛万年来,得父亲九月初一日函,知前月廿二出闱,感冒已愈,惟咳嗽、鼻涕未止……四哥亦有信,服药有效,近体甚健"③,其中,"四哥之信"或即此通家书。

此通信封中间红签条上书"海珊六弟惠启"。右书"九月十

---

① 《翁同龢日记》第三卷,第1126、1149、1154、1162、1185、1186页。
② 《翁同龢日记》第三卷,第1180页。
③ 《翁曾翰日记》,第355—357页。

五日折差盛万年来”。右上角钤“阿刍鞞室”朱文方印。左下书“蒹卿手缄。九月朔日”。钤有“曾荣谨缄”白文方印。

光绪二年正月二十日(1876年2月14日)

海珊我弟足下：

去腊布笺，计已早达左右。昨折弁回辕，赍来手书，具悉种种：叔父大人又奉授读之命，恳切陈词，乞辞未允，惟图报之难，实非它差可比，朝廷寄此重任，诚有深意，今兹辅导即为将来致治之本原，关系者大，特是艰巨之任，辛苦奔驰，又须十年后方可观厥成功也。近时知叔父气体较健，旧疾未发，得萃仙方，力为之大慰，然以心血素亏之人，一经操劳，易于受病。务祈先时防维，于平日加意保固，每于退直后静摄心神，默坐片刻，久之自能有益。至饮食调养，亦可助滋精神，要在浓淡适宜耳。

城内寓居虽多繁费，而终年趋侍书帷，万不可省。夏令酷暑，冬日严寒，退直之后必须奔逐出城，诸多未便，且叔父素性喜静，城外不免烦扰，一切起居日用，只在经理得宜，亦可撙节持久，断勿再议他策。上房琐屑，杂务当令秀姑娘入城主之，俾亦得尽侍奉之职焉。吾弟今年能否下场？补缺事究竟如何？所谓新章何益之有？以实任而作候补，似亦无此体例。子馨已经截取，仍得京察，其才能冠于同僚，概可想见，约计引见记名，外放到省，一年中事耳。

奎孙、安孙承荫一节，业奉题准缓缓考试，先勉学力，惟恐在家者未必获益。兄屡申劝勉，至性情气质却胜昔年多矣。寿侄病腿未痊，春日就道少可放心，词甫结伴尤妙。叔父期望之深，玉成之意，伊母未能会得，此亦无可奈何者。名师不易得，家乡尤鲜见，或冀其克自树立，黾勉为学，不负长者教育之志，则快慰何如？刘永诗来京，二子从游，得益甚大，惜去计已决，不克久留，继之者为谁，想早经延请有人矣。德官诵读之功亦能有进,闻之欣慰。

此间新岁以来,一切安吉,大李调川后,严亲仍奉兼权之命,公事案牍虽于封印期,日如山积;加以僚属贺年,尤形劳神。近来传言不一,有崇将军、何小宋来补鄂帅之说,未知果系是谁?倘大人得授是任,(想京中此日已奉明文,亦未可知。)专理一职,亦无甚为难,惟于中外交涉事件,较费踌躇耳。

鄂中民心静谧,天气和暖,春风渐至,可穿薄皮袍褂,亲体康健如常,饮食尚好,任重事繁,日无休暇,一逢春令,肝木易强,应接不遑之际,辄形烦躁,时时防范不致触怒也。琐屑事件,躬自经营,益增顾虑,操心过多,亦难强遏也。白高丽参日服,所需可留意购寄。人参真枝,亦要觅些。或吉林、或盛京者,备置一二种,每值大节序时,煎饮数次,较有益也。日前夜卧得大汗,(似盗汗,梦中得出。)闻之深以为忧,宜及时调摄方好,且向来咳呛,似乎肺气不固,虽平日进服助血调气之品,(归、芍等皆能服。)终究大便燥急,未能润下,程君春藻脉理精细,用药偏于温补,(阳壮之体不能下桂枝等味。)又不甚相合,外此别无可恃者,未敢轻试,仍服家乡黄仔堂所定原方,随时损益之,却称和平也。

杨葆福已入京应试,助以百金,不为菲礼矣。(伊本有张罗借挪之说,婉言辞之。)弹冠之兴,急于科第,亦为境累。子京来署谨饬如前,情意相洽,极是契友。璞玉浑金,令人钦服。兄牙患殊苦,(招捉虫之人,尚未到得。)治法屡试未能大好。身躯安适,衷怀坦然,乐其所乐,亦无欣羡。事亲馀闲,抄经消遣,兹乘折弁进都,肃此数纸,以当晤谈,即颂双福。兄荣顿首。安、德、祝、慧均各安否?念念。(后钤"忍是众妙门"白文方印)

【按】光绪元年十二月十二日,翁同龢、夏同善奉懿旨,"于毓庆宫授皇帝读”[1]。光绪二年正月十一日，翁斌孙起程南归，与张诇甫同行；二月十三日抵里[2]，与函中“寿侄病腿未全，春日就道少可放心，诇甫结伴尤妙”相合。光绪二年闰五月之前，翁曾荣亦在湖北，侍奉父亲翁同爵[3]；是年二月初六日，翁曾翰得翁同爵正月二十日湖北函[4]；次日，湖北折差拜见翁同龢，带去家信[5]；这其中亦当有翁曾荣家书，故此函写于光绪二年正月二十日。

此通信封右边书“信已封完另函付发”，钤有“菉卿”朱文方印。中间红签条书“内家言烦携至京都，并呈翁六少老爷收启为要”；左上书“禄字第乙号”，上钤有“菉卿”朱文方印。左下书“菉卿手肃，廿日午刻”，左下角、右上角皆钤有白文方印“忍是众妙门”。

光绪二年六月初八日(1876年7月28日)

海珊六弟左右：

自鄂起身曾布寸椷，知已达到。前接手书，备悉一切，即谂伉俪双吉，起居并健，侄辈均安，深为欣慰。都中久旱地荒，粮米增价，小民度日益形艰苦。朝廷虽广为赈济，而被灾之区连及数省，恐无业之氓未能遍为安插。若九门以内，尤属紧要之地，仅凭粥厂，尚虑不支耳。

近闻传言颇多，或云东陵事失之于火，或云城门楼上又贴谣语，

---

① 《翁同龢日记》第三卷，第1211页。

② 《翁同龢日记》第三卷，第1218、1229页。

③ 参见下文光绪二年六月初八日翁曾荣致翁曾翰家书按语。

④ 《翁曾翰日记》，第378页。

⑤ 《翁同龢日记》第三卷，第1223页。

未知确否?夷务更张,挽人劝留,其果有心交战乎?抑虚声恫喝乎?若竟用武,又恐各处伏莽乘机而起;一味从命,又觉国势日损,振立不起,总理衙门正无不允所请之理,此外间逆料之词也。今闻各海关准立夷官,归其收纳,天下厘金一并裁去,将来各省供亿饷糈,更从何处筹起?倘有不靖,兵无可征,饷无可拨,必成土崩瓦解之势,如之奈何?南北洋两大臣略有胆识,而内外异议,万难成功,可叹!可叹!天下大局岌岌可危,思之汗下。

兄自到家后两得鄂信,孺慕时殷,倏逾月矣,秋初便当速归。现将诸要事粗粗布置,少有头绪,即启程焉。一切酬应等事,天气酷暑,未敢多去,恐伤身体,惟至戚及契友处,情不可却,则饮之。小星一章,来自江北,口音有异,礼貌亦未习,携之赴楚,恐不合度,教之一字,亦未可尅期也,奈何奈何!家中人口俱吉,亲族皆好,今年气象秋收可期大有,民心尚定。祥哥书信罕通,颇切悬念。来书所要耳挖已饬匠去打,俟有便寄上。四嫂云,前承惠各件均领到,随笔道谢,并请弟夫人安,并二嫂亦致意道谢候安,馀详叔父信中,不再赘。此请双安,问安侄以次均好,兄曾荣顿首。

【按】函中“自鄂起身曾布寸槭”,说明此时翁同爵任职湖北,翁曾荣随侍左右。同治十三年九月初八日,翁同爵奉旨补授湖北巡抚;光绪元年五月十六日,奉旨兼署湖广总督[1]。是年二月十三日,翁曾荣抵达湖北;光绪二年闰五月初二日,翁曾荣起程回乡,筹备置买义庄田产事宜[2]。

光绪二年六月二十三日,翁曾翰得翁曾荣(四哥)“六月初八

① 《翁同龢年谱·翁玉甫先生年谱》,第185—186页。

② 《翁曾翰日记》,第330、401、404页。《翁同龢年谱·翁玉甫先生年谱》,第186—187页。

日函……其小星是否携之入鄂，尚未定也”[①]，与函中“小星一章，来自江北，口音有异，礼貌亦未习，携之赴楚，恐不合度，教之一字，亦未可克期也”相合，疑此函写于光绪二年六月初八日，六月二十五日，翁同龢“得荣侄六月八日常熟函，论祠堂义庄事极当”[②]，当即此函中所言“叔父信”。

信封上题“内平安家信，即烦贵局寄至京都确送南横街户部右堂兼管钱法事务翁本宅查收，勿误为要”。右下“禄字元号”，左书“信资例给。常熟南门翁第缄寄”。四角下钤“丙申年生”朱文方印。

光绪二年十一月十八日(1877年1月2日)

海珊六弟足下：

日来叠布寸缄，想可次第递到，承差赍去者，计迟迟前行，须腊月方到都也。批折差弁魏金贵应当还辕，盼之甚殷，尚未见来，承差叶茂林亦可回省销差，北音迟滞，令人悬悬。比维侍奉娱乐，起居安平，合家康健为祝。今届双寿之辰，华筵大启，儿女捧觞，何如欣悦。此间亦具酒肴，燕集内外，遥为称庆。高堂垂荫，福庇后昆，正吾等平生乐境，庆幸之至。

安官咳呛大愈否？身体不甚结实，及时滋补为是。城寓居住，正好静养。现在用功不必汲汲，勿令荒芜，常加温理可也。寿官新岁就道，中春方得抵京，兄弟聚处，藉慰岑寂。至功名迟速自有定分，只要努力为之，有志竟成，非虚语焉。德官悟性如何？诵读专心，当见精业，祝、慧二女身子俱好否？久不见面，渴念之至。此间天气和暖，省

① 《翁曾翰日记》，第404页。

② 《翁同龢日记》第三卷，第1259页。

中未见雪花,属境如襄阳一带,却在初五、六已得数寸,纷纷禀报来辕矣。

父亲福履近日略胜,麻木少轻,精神尚健,意兴亦差胜,药味仍服温补,惟脉象沉细,终是虚证,趁此三冬,多服峻补,入春可臻大健。鹿茸加至五分,似尚得力,拟渐渐进之,手战之症亦由气虚,故加甚咳呛伤气,夜卧更剧,未能安眠。公事勉强支持,一切未能删减,仍照常行之。兹由乾裕寄去库平足纹五千两,凭信兑收,祈照收。即颂近安,荣顿首。

冬月十七日方:野高丽四钱、当归身三钱、生绵芪一两、野于术(二味另煎兑入)三钱、桂枝炒白芍(五分煎汁,拌匀晒干炒肉桂不入煎)二钱、生薏仁(二味另煎兑入)一两、云茯苓三钱、巴戟天二钱、生龙骨一两、厚杜仲三钱、大附片三钱、虎胫骨(二味同煎代水入药再收)一两、关鹿茸(生锉末冲)五分、老生姜三大片、外自添淡苁蓉三钱。(取其润肠而不滑,故加之。)

正械函间折差魏金贵到辕,赍回叔父谕函及吾弟手书,一一敬悉。邵方拟配就丸子,酌服艾绒,俟有妥便寄京,却是真者,馀不赘述。叶承差尚需迟日可到,鹿茸现在无庸买寄,此间有人送数架关东货在此,却皆可用也。同仁虎骨酒可遇便寄些为要。菉卿又启。

【按】光绪二年正月十一日,翁斌孙与张词甫同行,起程南归;二月十三日抵里[①]。光绪三年正月初六日,翁斌孙(寿官)从常熟家乡起程返京;二月初五日,抵达京中[②]。

光绪二年十二月二十三日,翁曾翰得"乾裕汇号送来十一月十八日家信一函,外寄银五千两"[③],与此函中"兹由乾裕寄去库

① 《翁同龢日记》第三卷,第1218、1229页。

② 《翁同龢日记》第三卷,第1305页。

③ 《翁曾翰日记》,第433页。

平足纹五千两”相合；另，函中云“承差赍去者，计迟迟前行，须腊月方到都也”，说明写信之时尚未及腊月，因疑此函写于光绪二年十一月十八日。

光绪三年二月初三日(1877 年 3 月 17 日)

海珊吾弟如见：

光阴若驶，倏尔又是三春景象矣。北望京华，时深驰念，手足情怀，累载未释，云山迢递，梦寐常萦，前月肃布寸缄交折差(卢得胜)赍呈，计上旬可达。左右辰下伏想起居双吉，春祉日新，百凡如意为颂。叔父福履安健，照常入直，圣学勤敏，侍臣欣悦，惟午夜起早，终岁辛苦，未获少休，加以部务之忙，不时入署，治理其他百职事，无此劳勚也。寓居一切，经数年来布置合法，处之甚安，不值遽议迁移，且闻头条胡同之屋，必须大为整理方可住得，似不如从缓图之。即地之远近而言，亦不如现寓之屋与东华门较近也。

入春以来气候发生之际，叔父素有旧疾，宜格外慎护，勿过劳力，静摄得宜，心神凝敛，则火自潜藏，日久功深，当必取效，天时日长，晚间可以睡息片刻，或向高旷处凭眺一回，藉以稍抒襟怀，特恐无此馀暇耳。吾弟近年署中事繁，退直散衙，正好在城寓察看一切，省视叔父起居，兼督安官课业，寿侄将至，又有许多忙碌，覆试等事皆须为之照应。转瞬之间，春闱又届，送场接考，伊惟两叔是赖也。今年会试总裁进单，叔父是否开列，想书房专任，未必能派入廉一月之久，虽夏子松曾充主考，其中轻重或有不同耳。都下此时士子云集，一切货物食味当亦渐昂。天津营勇溃散，传言至京，谅亦惊惧，幸而南下。山东一带，当其冲者，恐被蹂躏，未知此后散归何处去矣。李相在保定，必有奏报到京，可知将兵之责，良非易易。防江防海粮饷每年百数十万计，兵情如是，何足深恃哉！

鄂省一切安善,四境敉平。制军初一抵岸,今日巳刻进署接印,所有交替事件,先时办就,题本奏折亦均缮好,即于今日拜发本任,公务较轻。父亲福躬欠安,为时已久,向因两篆任重,恐误公事,故力疾从政,勉强支撑。现在制军到省,倘有禀商,可到南辕就正。

父亲请假一月,暂可休息,庶几静心调治安养数十日,精神健旺,气血充和,则诸患自可消除,身体必能强固也。目下面貌减瘦,饮食大损,手战日甚,(此次故不能付谕,俟腕力少健再行寄函可也。)不能握笔作字,咳呛时轻时重,气分尤伤。前月廿八忽患寒热,昨夜又复大热,达旦未止。肺金不固,腠理不密,每卧至夜深,大汗屡作,直透衣被,此皆劳心过度,精神耗损所致,必须及时养摄。此次陈请假期,实是万不获已,非寻常之交替得人、偷闲休沐也。

宜昌开办洋务,民情强悍已见一斑。洋人目睹一切情形,为难之处,正复不少,将来开关等事,掣肘固在意中,然彼族设心叵测,闻欲由沪到津,向通商衙门说话,恐日后贸易之计,欲以官长挟制斯民,势必不能缓言劝导,或可相安于无事尔。此间关税事宜是制军专责,抚署向不经管。父亲署任廿一月,幸赖洋人无事,两省安帖,可为欣庆之至,此后机宜正不知如何也。专此布达,即颂双安,并问安侄辈近好。二月初三日兄曾荣顿首。侄曾荣百拜恭请叔父大人福躬万安,并问秀姑娘近好。

【按】此函写于光绪三年二月初三日。大约从光绪二年八九月间,翁同爵一直为身体麻木、手战所困扰[①]。光绪三年初,翁同爵手战日甚,以至于家书都由翁曾荣代笔。二月十六日,翁曾翰"得二月初三日函,父亲已于是日交卸署印,足尚未和,兼有感冒,此次据交代请假一月调理。面询来弁云,面貌较前为瘦,近来不多见客,馀均如前。而四哥信云廿八、初二夜间均发热,饮

① 参见光绪三年三月十四日翁曾荣致翁曾翰家书按语。

食大减，阅之极悬悬"[①]，即此通家书。其信封中间红签题"平安家报"、"十六日酉刻到"，右题"安字第叁号刘得胜"，左下题"曾荣手缄"。右上与左下钤有"富贵长寿"白文方印。

光绪三年二月十二日（1877年3月26日）

新年以来诸凡寂寂，意兴索然，署中友朋各司其事，未便晨夕相访，偶有晏会，作半时之周旋，此外如松云、词甫，虽属友谊，又涉官场，出入往来，恐招人疑，故彼此共谅。吾深处书房，如白云封户，足迹曾未一履市廛。黄鹤临江，昔年一登其楼，曾公祠宇，略具亭台，已为省中胜境，此外绝少游息之所也。至于路经鄂渚过客相顾者，实无一椽隙地可坐而谈，因此概行谢绝，终日徘徊，惟斯斗室，上房跼蹐，卧则入，起则出。冬令窗棂皆闭，昏暗不便。近日梅萼已吐，气候亦晴和，清香扑人，时常打开，小坐片晌，得少佳趣。书房卑隘，庭除又小，未能多种树木，偶供花卉，盆钵杂陈，列诸座右。茶花烂漫可观，颇多好种，惜乏培植良工，未免作践。

署中现有猿猴四只，二大二小，绶带鸡、锦鸡各三五只，黑白兔一双，鹁鸽数十，白芙蓉两对，梅花鸟一笼，飞禽走兽各极其趣。暇则戏弄片刻，以遣闷怀，此真极无聊赖之所为也。吾弟闻之，当必嗤其好之偏僻，而童稚嬉戏之心，犹自若焉。平时焚香一炉，手抄经卷，不茹斋，不求福，志趣所在不厌其烦，惟祈我佛慈悲，神明默佑亲体康宁，（昨天门禀来有殴官夺犯之案，现欲请兵往彼拿办，未知将来如何收束，此系制军主政，却未定见办法也。十二日注。）旧恙全愈，孺怀庆幸，欢喜无量矣。

湘鄂民情一诈一悍，得享安平，此即是福。吾侍养之心，谨守无

---

① 《翁曾翰日记》，第442页。

违之训,承欢膝下,爱敬日笃,凡饮食起居,动静出入,不敢少有疏忽。医生之论,恽、程皆相合,意见亦同,程则手重,恽则心细,两者极其关切,时常候问,稍有欠适,一招即至,且素所熟悉,脉情一切及病症源流,俱已深知。自去秋至今,调理用药却有把握,亦不敢别有更张,可谓允当万分。父亲试服邵方,未见他效,而手战日剧一日,左右皆形洒动,写字一切竟无主意,即匕箸饮食,亦不能著手。

吾侍膳朝夕目睹情形,直欲下泪,推求其故,迄无治法。再三恳请,始允撤去丸药,乃二三日来似已愈半,虽有公文等类,仍由兄代为标判;而于饮食之际,犹可勉强自主。刻下又饬委藩司代行,省却许多操劳,衙参固属停止,即有求见,亦只得暂止之矣。要紧公文由本署办理,依然亲自裁夺。日内将洋务事归在南辕,自有大李主张。宜昌开办伊始,章程已先经酌定,特虑民情诈伪,难以安帖,然既许彼族立足,又何能禁其不办码头,但求相安无事,已属万幸。用人一切,非比江汉一关,行之有年,种种习惯也。

目下正在会议,江岸各口起卸货物、厘税盈虚等条尚无成说,须南北洋主政办理。好在为期稍宽,不妨彼此互相商酌,然后奏闻。迩来户部所议禁川一节,未知已有端倪否,若能展缓数年,川鄂两省民生之福,亦为地方官吏之幸。如有所闻,示及先声为要。曾荣漫笔,初五日书。

又启者,新正廿五得南音,备述奎侄媳忽患病症,情形甚危云云。闻之正深悬忧,乃逾三天,而奎保信至,惊悉其妇由初五起病至元宵前后,遂觉沉重,医药罔效,延至十八巳刻,竟尔化去,阅之令人潸然。一切身后事宜,俱已整备妥洽,惟呱呱一儿,遽遭此厄,殊堪怜悯。年才四龄,不解人意,以后保抱扶护,失其所恃,要赖旁人为之注意。奎侄伉俪之情,素称和好,今丧其偶,未免郁悒无聊,吾已驰书劝慰之。孩提之童,衣食寒暖,昧昧无知。三嫂有易保一掌珠,不暇他顾,只得令汝嫂为之主张调护,幸得乳妪素所熟人,较肯出力,一切可少放心也。奎保本欲入都考荫,俟其将来料理事毕,即可令其束装北行;否则意兴颓唐，恐又别有放荡。苟能得一内用官阶，由渐而臻纯粹之境，亦一大快意事。刻下情状大非昔比，似乎阅历日深，意态日变，检束亦日严矣。闻吉卿新年进省有事，便道可到家一走，此时奎侄心绪纷如，亟盼其父还时可以商办一切，计月杪必能旋里。特不知局中事如何光景，能否放心托人照料耳。家中人口，馀俱安适，寿官与杨调甫表弟结伴北上，初十起身，未知途次坦平否？车马行程，公车必多，当不嫌寂寞，计二月上旬可达都门。复试之期，伊迩到时，已无多日休息矣，甚为驰念。兄荣又泐。

【按】光绪三年正月十八日，翁奎孙夫人屈氏以伤寒病殇；二月中旬，京中翁同龢、翁曾翰得此噩耗[①]。光绪三年二月二十三日，翁曾翰“得四哥十二日函，从信局来，甚速，述父亲自正月廿八以后常作寒热、便闭、手战加剧”[②]；二十五日，翁同龢“得此月十二日武昌函”[③]。此通中有“十二日注……初五日书”，知初五日写好之后，十二日又有增加，故此通家书写于光绪三年二月十二日。是年，翁斌孙想北上考荫，原定正月初十日动身，正式起程为正月初六日，二月初五日抵达京中翁宅，同行者为杨调甫[④]。

光绪三年二月十九日(1877年4月2日)

海珊吾弟足下：

---

① 《翁曾翰日记》，第441页。
② 《翁曾翰日记》，第443—444页。
③ 《翁同龢日记》第三卷，第1309页。
④ 《翁曾翰日记》，第435、440页。

日前由信局另寄一函,详述近况,以慰悬悬,未知能速达否?鳞鸿迢递,思念为劳,盼望北音,心驰莫释。比维起居僴适,俯仰怡和,百凡如意为祝。寿侄何日抵京,十五覆试,能赶上否?极念,极念。叔父侍直殿廷,早入晏退,公馀休息,为时无多。若再有部务之劳,车马奔驰,尤形辛苦,福躬虽健,心血素虚,要在平日调养方好。迩来圣学日进,渐臻纯熟。现读何书?讲贯之馀,能领悟大旨否?天资高明,又能好学,当易为力也。安官住城内耳,闻目见无尘俗心。今得寿子到寓,顿慰岑寂,必为欣然。子馨意态若何?浙案奏结否[1]?承审诸君作何奖励?目下料理寿官考试,又增一番忙碌。伯母老境安健,起居饮食均如昔时否?都下同乡无多,应试来者共有几人?闻去冬新贵中颇有闹漕之说,援以为例,害无底止,义利之辨,竟不入耳,可笑,可笑。

家中侄媳故后,奎保茫无主见,极望吉兄还里,用度一切,不免繁费。此中却亦为难,汝嫂主持家事,恨不能及早卸肩。"省俭"二字无从说起,要知亲年已老,做官亦有息肩之日,来源不易,须同心一气,留些后步,方可保固根本,而褊浅之见,不乐闻焉。只好忍心耐气以当之;否则一经交付,更难言喻已。奎孙考荫一节,约在夏间成行,其志专在乎此,故各事皆渐就范围。父亲之命有令其将妻丧料理妥善,再行给资入都。愿伊藉此一官,束缚身心,勤奋差事,他日正可有成。伊于世故人情,却亦阅历过来小有才识,若部属,若通判,皆能当得,比祥哥决断多矣,故亲意欲令其及时考试,俟引。

自汗亦轻,脉情调畅,微嫌弱耳。兄侍奉膝下,近始少定,此心犹刻刻不释,寒暖衣服、步履出入、食物多寡、起居动静,在在经意调护,尚觉放心不过,而病况略减之际,又因失去册页,是心之所爱者,一旦遍找不得,致形大怒,夜卧亦不稳,胸臆忽胀痛,肝木为之大犯,悒怏

① 浙案:即浙江杨乃武一案。光绪三年二月十六日,"刑部奏平反浙江杨乃武一案"。《翁同龢日记》第三卷,第 1307 页。

之怀无可能劝，殊切焦灼。正不知此物究竟是否带来，抑系留京装裱，经手仆辈皆茫然矣。用特专函奉询，乞在寓中检点一过。如在都下，即示复一言以释疑，倘竟不见，令下人家信告知为祷。敬布即颂，近安，兄曾荣手泐。外周兴一禀督入。

【按】光绪三年正月六日，翁斌孙（寿官）从常熟起程赴京；二月初五日，抵达京中翁宅；二月十五日，翁斌孙覆试。是年正月十八日，翁奎孙之妇"以伤寒病殇"；光绪三年二月三十日，翁曾翰"得四哥十九日函，云父亲步履大健，外感已愈，惟手战仍不能握管，因检寻扇面、册页不见，发怒未已，故专函来问耳"[1]，故此函写于光绪三年二月十九日。

光绪三年二月二十二日(1877 年 4 月 5 日)

海珊我弟足下：

日前布陈数行交轮船递去，略述近状，报慰远念，未知能速达左右否？正盼北音，如饥若渴。昨杨逢春至，读二月七日三号家言，具悉种种。叔父因受凉感冒而差使吃重，不克少为休息，亟拟入直供职，未免过形迫促。至请假南行之说，恐仔肩太重，更难抽身，惟终岁勤劳，不容偶宽时日，则臣下事君，竭力分固宜然，而心神身体亦有未逮，恐在廷百职，无有能胜其任者，闻之令人殊增驰系也。平时衣食一切，须格外调适，勿稍懈忽。秀姑娘既在城寓侍奉，当必精细，上房琐事，赖以主持，可无烦叔父操心。出门入直、进署拜客等类，要令仆辈当心。衣服不妨多带，以备不时之需也，且福躬素有旧疾，起早尤易受凉，未知萃仙一方能常服否？部务既有大农执权，意见或有异

---

① 《翁曾翰日记》，第 445 页。

同,惜宸衷未能独断,恐言利之臣未见真能为国,拘文牵义,徒事纷更。若海防,若江防,若洋行,若铁路,若设电线,若制器械,以正供所入轻弃。一掷数千百万,利有出而无入,以言例章,以言成法,又从何处?引起星使纷纷四行,中朝无位置之地,分驻南朔东西,实贻后世笑柄。"富强"二字又从何处论起?水中捞月,梦中着魇,一唱百和,举世皆狂,人心默移,概以西法为可羡,实贻大害,更比吃天主耶稣教之毒滋甚也。禁川复淮,可行则行,可止则止。为疆吏者,各将现在情形备陈采择,而天下利害所关,原冀达诸圣聪,折中定一办法,而乃一再交议,毫无通融。沈幼丹亦非永任两江,又非行盐商贾。公家大利大害,必欲合数省之民生国计,以图策万全,方为正办。若仅袒护一隅商民,贻累他省,是私心用事、悻悻小人之所为也。

丁治翁现已入川,此事吃重在蜀。若伊能办理盐井章程,悉臻妥善,此间堵缉较易为力。倘竟无可措手,则祸阶不测,防不胜防矣。李制军接任后,公事和衷商酌,一切顺平,僚属中亦皆浃洽。父亲大人请假养疴,伊常遣问候,极为关切。昨午过谈良久,并有要事面商也。宜昌开设新关,草创经营,归荆宜道。孙稼生一手办理,但求主客相安,便是好处。至厘税之多寡是其次焉耳。刻下江水浅涸,轮舶未能直达码头,上下货物,亦正寥寥,大约三月中旬方可畅行也。

鄂省雨旸时若,麦菜均好。各境芽茶亦可望丰收,民心尚称安悦,惟天门奸民滋事,详察情形,邑令不善调处之故,或不致酿成巨案,已派员往查,未知能消患无形否?署中内外整肃,人口皆吉。日来父亲大人寿躬康健,胃口似亦渐醒,程方日进一剂,尚有功效。前用柴胡炒白芍,夜复大汗,撤去即安。桂枝,因手指寒冷无力,故常不能撤,然多则作燥,一钱刚好,大便艰涩。据云虚秘不可以润,润则湿泛满胸,欲以火助之,自能得解。近日手战略轻,偶一握管可作数字,多则不能著纸,故折差屡走,均未付训函,此次强泐数行,以安叔父以次远忧之心。兄近状粗适,无善可陈,专此布达,即颂双安,并问安孙兄弟、祝官姊妹均佳。兄曾荣顿首,廿二日。

日昨江西许诚夫表叔处，专丁来鄂，欲求严亲设法佽助，伊因现在寓居之所，邻家失慎，贻累及伊，亦被抢火时劫夺一空，光景甚为窘迫，急欲迁徙，又苦无赀，特来乞援云云。然数年以来频寄接济，亦不为少，而伊则随到随用，终无积蓄。前年办理喜事，今正得举一子，此事却极为可喜。外曾祖以下仅赖此一线之延，今得似续绵绵，将来继承宗祀，许氏一脉可无忧矣。至于帮助一说，终不能免。现又赠以五十金，交其来人携去，惟恐其觅屋等事，力尚不敷。来书提及京信久无，意有所指。严亲之意，欲令吾弟即将祖母留遗一款，早日寄付表叔手收，藉伸先人之志。在表叔得此巨款，当可经营一切，推恩亲鄙，亦可谓仁至义尽、心安理得矣。望弟接信后设法图之，时阅数年，不可再延也。祈速为施行是嘱。诚夫表叔现办厘金局务，一切未能支撑敷衍；其先人灵柩，概厝南昌，他日欲谋归葬，亦恐表叔之力有未逮焉。奈何，奈何！特此附启，兄荣又笔。

【按】光绪三年二月初四日，湖北折弁杨逢春来，翁曾翰“得父亲正月二十日函”；初七日，翁曾翰“寄安字三号禀，交折弁杨逢春赍回”[①]，即此通家书中之“二月七日三号家言”。

函中云“大约三月中旬方可畅行也”，知写信之时尚未到三月中旬；另，函末署“廿二日”，故此函写于光绪三年二月二十二日。是年二月十三日，其父翁同爵亦有回信云“……昨折差杨逢春回，接汝二月初七日书，知合家安吉……”[②]与《翁曾翰日记》中所记相合。

---

① 《翁曾翰日记》，第 439—440 页。

② 参见国家图书馆藏《常熟翁氏家书》第 24 册（光绪三年）二月二十三日翁同爵致翁曾翰家书。

光绪三年三月十四日(1877年4月27日)

海珊我弟足下:

前月中由折差、由信局先后泐呈数椷,亮必次第达览,旋复陆续接奉手书,备悉合寓康安。昨又从全泰盛递到一函(安字六号),并谂叔父大人以次春祺介福,欣慰之至。寿官安抵都门,覆试事毕,即办入场,日来正多忙鹿,吾弟十馀年,此志未伸,一旦作壁上观,亦是个中人难言之隐,然后辈继起有人,奋志青云,他日联镳而上,亦足以快慰生平也。先人德泽贻留正长,惟愿诸后昆黾勉自立焉耳。

九门五方杂处之区,妖术横行,人情惶惑,倘能严拿重办,不难悉数歼除。否则流毒无穷,正不知伊于胡底?东直一带灾黎遍野,未知春种收成如何?果能少苏民困否耶?洋务近鲜新闻,各海关损益靡常,商贾之利盈于此,绌于彼,宜昌徒多耗费,他岸亦复可知,招商归并意见纷歧,章程尚未划一。两洋大臣权利之计,亦非确有把握者,窃恐后难为继耳。星槎四出,荒陬僻壤,偏置一官,其成效在于何处?令人疑团莫释,如郭侍郎等以部院大吏而充行之选,将来各口需人援例请简者,无论内外臣僚,皆可使之衔命以行,则九卿科道六部各职,几至尽成空名矣。此时总理衙门仅以司员保送海关,他日积功既深,办事又熟,即可保充行人,等而上之,则内地之钦差,外洋之领事,亦莫不皆出于中矣。

浙案已结,被议者不免称冤,然定例綦严,当事虽非有心,究亦被人欺蔽,沉冤如此,一旦昭雪,人命出入,所关匪细,其唆使讼棍,果否实有其人?此时当亦水落石出矣。梅小岩一经入都,便升浙抚,孙琴西席未暇暖,又调江宁,潘伟如才起病假,即放鄂藩,恩眷可谓隆矣。曾沅浦已销假入晋,汴生寂寂无可位置耶。此间四境安乂,天门一案避匿远飏,不至拒捕以大化小,亦地方之幸,其中创首各犯,将来获案,自不能宽宥既往,实亦积习成风,非严示惩儆,不足以戢其强悍之气也。

茶市将丌，此间一人关系，惟盼天气久晴，商民生计实赖乎此，约略计之行商坐贾，资本往来须三四百万焉。李制军仆仆道途，几及两年，此次履任后，意兴尚好，公事无多变更，遇有紧要事件，仍来就商。平时亦屡遣人来问候，可谓关切之至，于此亦可见意气之和洽矣。恽松云气度浑厚，才具开展，颇为上游契重，到省以来总称得意。张词甫差事优等，尚自勤慎。近日借差回南举办喜事，大约五月中旬可挈眷同来。杨葆福补官有期，意兴尤胜，闻亦专人赴川接眷来省完娶也。省垣人心安帖，诸凡平善，署内人口皆吉，公牍之来由藩司代办者十之五六，其馀仍由亲自料理。

父亲大人近日手颤少松，标行书题，（十一晚间在上房小坐片刻，其时门帘未放，风由户入，鼓荡往来，一时衣薄，遂尔伤风咳呛，今午才觉安适。）勉强可支，过多则腕弱力乏，遂形不便也。据丽菜、松云月初诊视脉情，较前大胜。苟得静心调摄，守此培补气血，必日见充足，精神定能强固，夏令温和，当可健旺如初。刻下腰足麻木，已见大愈，所患者表虚汗发，易有外感，必须腠理和洽，使风寒无从侵入，庶几阴阳并补，营术兼调，无复他忧矣。兹因假期将满，一切尚未复元，拟续请一月再看光景。比来父亲大人力疾从公，凡官场拘束，每多勉强，因之引起莼鲈之思，现已将家伙、（磁锡木器。）书籍等件用不着者，检束收拾，遣人送归，但是林泉颐养，屋宇逼窄，坐息之处须得精雅有趣之所，往来之辈又少超轶尘俗之人，倘得园亭花木、二三知己，优游怡悦，则娱养之计有得矣。兄近日抱恙初愈，一纸之书，屡作屡辍也。专此布颂双安，不尽惓惓。兄荣顿首，三月十四日。

【按】光绪二年九月，翁同龢收到翁曾荣八月十八日家书，得知翁同爵右足麻木；不久，又知其“左足麻木，连左体均不适”[①]。

---

① 《翁同龢日记》第三卷，第1273—1277页。

之后,翁同爵身体一直没有完全复原,麻木之症虽渐好,又患手战[①]。是年十二月初三日,翁同龢“得五兄十一月十五函,手颤,左足足边时抽痛且麻木”[②],可见,从光绪二年八九月间,翁同爵一直先后为麻木、手战所困扰。光绪三年二月二十六日,翁曾翰“缮寄安字六号信,交全泰盛轮船局递去”[③],即函中翁曾荣所言“昨又从全泰盛递到一函(安字六号)”,因知此函写于光绪三年三月十四日。

光绪三年六月十七日(1877年7月27日)

海珊六弟如晤:

月之初旬,由信局递去一椷,聊述近况以慰远怀,未知何日得达左右。比维起居双吉,合家安平为颂。时值三伏,避暑之计,不可不稍自留意,彼此相隔数千里,思念之情无日去诸怀抱也。叔父入直如恒,福躬安健,谕函频至,少慰孺忱。安、寿二子随侍在侧,公馀之暇,藉可课孙,当亦破寂。城内友朋往来,想亦无多,早晚憩息,或登高凭眺,或驱车出城,向旷野古寺优游片刻,亦足少抒闷怀。未知退直何时,一日中犹有此清兴否耶?字画书籍佳本难得,宋板《文中子》已收列案头否?此间古董偶有所见,大抵赝者居多,旧家素无藏蓄,市侩亦无可售者,省中风气朴陋异常,比之江浙相去霄壤也。

官场情形无所变更,李制军虽有意气,而严亲与之相处有素,遇事开诚布公,谦恭和缓,故伊亦信服无嫌,公事往来商酌,一切水乳。至用人等事,各有权衡,意见和洽,秉公无私,僚属中共相悦服也。潘

① 《翁同龢日记》第三卷,第1280、1283、1287、1291、1293、1295、1300页。
② 《翁同龢日记》第三卷,第1291页。
③ 《翁曾翰日记》,第444页。

伟如办事较孙琴西为得力，孙君不免有独任己见处，今则上下一气，各尽其职，无所参差矣。近闻制军患足疾，不能履地，非要务不见客，此间衙参之期，司道照常见面，其府、厅、州、县仍见一两班，不以私而废公也。朔望庙香以起跪不便，恐有失错，暂且劝止。其馀出门酬应无甚要紧者，只好遣人答步，不能亲自往拜矣。

月初以来父亲自一经推拿后，气分大伤，精神极形倦乏，当时再三询过。据云轻轻试治，无甚劳力，及至着手，似觉太累。吾深悔之，已不能阻止。次日即邀丽芬等来诊脉，定一峻补之方，服后略形饱闷，潘伟如嫌用药太重，不宜于溽暑，恐有流弊，遂请其另立一方，自十三为始，觉中宫渐开，精力稍健，昨又延之察脉，据云左三部俱和平，右三部仍细弱，徐徐调理，当可复元。刻下连服数剂，尚属合宜，舌苔布白已化，小便黄赤亦清，惟胃口未开，大便不畅，气机未能流利，以致左腿麻木，时形抽缩，手腕乏力，战动益甚，要求脾胃强健，则清升浊降，肺金舒展，咳呛亦息，湿痰当可自化矣。

兄侍奉膝下，日抱隐忧，福躬有一端之未善，吾心有一日之不安，医治之法毫厘千里，昧然信从，终觉轻以尝试，寸衷转辗，殊为焦急。所幸服药后日渐向安，私忱少慰。

至署中上下人口皆称安适。全姑娘入夏以来，身体尚好，且能耐劳，主持汤药，尽心料理调护亲体，奉事惟谨。兄久服补剂，身子渐能结实也。家中人来，知两宅眷属平善。姑母在家小住，拟中秋后回扬，近来起居颇健旺。表妹亦不时归省，不形寂寞。奎侄居家深自检束，闻之欣慰。仲兄病状依然，略见轻些。吉卿到家后回至杭城，进谒梅中丞，复往屯溪。此间久无信来，局中公事平顺，想一时未必有更动也。馀不缕述。兹乘折差张得胜赍折北行之便，布此数纸，聊报平安，即颂伉俪纳福，并问诸侄辈均好。六月十七日兄曾荣顿首。

【按】此函写于光绪三年六月十七日。光绪三年五月初八日，翁同龢得见宋版《文中子》十卷；五月十六日，以“宋本《文中子》议值不合罢论矣”[1]。是年七月初四日,翁同龢“得楚中六月十七日函,兄体自推挪后犹未复元,现又改服潘伟如方,用理脾之剂,稍效”[2],即此通家书。

此通信封中间签条书“平安家报。七月初四日□□到。安字第捌号张得胜。曾荣手缄。”右上与左下钤有“富贵长寿”白文方印。

光绪三年八月初一日(1877年9月7日)

飞字布知海珊弟手足:

月之廿六日,奉亲命代作一信寄京,交折差赍去,旋于廿七日早辰省视,起居一切安好,即出门拜客,并到督辕祝制军寿,归才九点钟,精神怡适。午后饭罢少休,即闻希将军至,遂赶出城,至皇华馆请圣安,不意去才一点三刻,而坐守江干,直至酉正二刻多回辕,天已曛黑,荣接至二堂,见面即问情形何如,父亲云去得太早故也。廿八早辰精神仍健,将军来回拜访良久而去,馀时照常办公。至廿九日,早起胃口不健,勉进粥一碗,点心三四件,食后觉气喘且连连咳呛,因倦未见客。午刻仍吃饭一盂,炒米粥半碗,卧息二刻仍如常,坐签押房办公,吾察看情形,面色带黄,眉脸间见肿,再三询问,云无他恙。傍晚到上房仍用晚饭,出去办公毕,入内腿觉无力,不能抬步,少坐去出恭,回房觉乏力,即用大参一钱服之,似已少安,乃寝。时才交戌正,卧后闻痰声咯咯不止,通身汗下,即赶邀程、恽诸人来看脉,(来而不准看,仍退去。)父亲不允,并令俟天明再请。讵料忽于子丑时大为叫喊,欲作小解,解方毕而竟我等长逝也。呜呼!吾在此孑然一身,遇

① 《翁同龢日记》第三卷,第1325页。

② 《翁同龢日记》第三卷,第1333页。

此大事，其何以堪？合家闻信，其何以为怀乎？叔父来此，吾又何颜相见耶！八月初一日和泪曾荣书。

【按】光绪三年八月初七日，时值翁同龢请假回籍修墓期间，惊闻湖北家信[①]，得知其五兄翁同爵于光绪三年八月初一日病故湖北任上。次日夜，翁同龢携翁奎孙赶赴苏州，由上海乘江轮，前往湖北，十四日抵达武昌；九月初六日，翁同龢等人奉翁同爵灵柩浮江而下；九月二十四日抵达常熟[②]。此函内容便是翁同爵临终前的情景，写于光绪三年八月初一日。

① 《翁同龢日记》第三卷，第 1341 页。

② 《翁同龢日记》第三卷，第 1341—1355 页。《翁同龢日记》第八卷，第 3831 页。

翁曾桂家书

致翁同爵函

同治十年二月二十六日(1871年4月15日)

叔父大人尊前:

久违慈范,时深企慕。每欲肃泐禀函,知大人公务鲜暇,不敢以无稽之词上渎清听,且都门情状,六弟禀牍已详细备述,是以久未缮禀。每接谕函,欣悉福体安绥,政祉萃吉,左军迩来颇为得手,似秦中防务亦可稍逸。然饷糈筹划,实非易易,不识各省尚能源源接济否?铭单尚得力否?念念。

闻大人须已苍白,焦劳可知。饮食起居能如旧否?西望秦云,实深驰系。章姑娘近来身体想已安好。上年病愈后,宜多服补药,须加意调摄为要。祥兄嫂日侍膝下,承欢之乐可知。奎侄读书必大有进境矣。

京寓均安,祖慈康健如恒,慈亲亦健,六叔体中亦好,惟日日入内,倦不可支。现新得屋于东华门大甜水井,尚宏敞。进内较近,藉可节省精神。源哥旧恙自上年春分后颇见轻减,日服滋补之剂,饮食亦能加增。精神亦充足,似可望全愈。筹弟试期在迩,颇能用功,惟署中仍须常去,馆书校对不能辞劳,未免分心。身体甚好,可毋悬念。桂秋曹行走,碌碌如恒,幸能耐劳,一切自当勤慎小心,庶副大人期望之至意。补缺虽名已首列,然见缺不易,恐今年未必能补耳。

都门自入春以来,风沙蔽日,已成旱象,奈何!同乡来应试者约有廿馀人，为近科所罕有。荣哥久未有信来。闻有正月廿六北上之说，果尔？则一二日内当可抵都。盼甚。

兹乘靳仙樵太守赴滇之便，托其携呈龙井茶叶两瓶，火腿一只，佩带一匣，伏乞赏收。因靳君行期匆促，筹弟不及缮禀矣，谨叩福安。侄曾桂百拜谨禀，慈亲附笔请安，二月廿六日。源兄嫂侄媳率侄孙男女随叩。

再靳仙樵太守登瀛与桂同司，现拣补云南广南府。甫膺外任，诸多未谙，路经陕省，倘进谒时，乞大人指示路途，俾得遵循，靳君实深感激。桂又禀。

侄曾桂百拜谨请叔父大人万福金安，并请章姑娘阃安，祥兄嫂近安，侄媳率侄孙女随叩。

【按】函中"西望秦云"，知此时翁同爵任职陕西。同治七年十二月二十三日，翁同爵奉旨补授陕西布政使；同治十年十二月，其母"许太夫人卒于京邸"[①]，翁同爵丁忧。

同治八年六月，翁同爵为翁曾荣报捐郎中[②]；次年十月，翁曾荣打算挈眷赴京[③]，然一直未成行。直至同治十年正月二十六日方起程，由旱路赴京[④]。是年二月十五日，翁同龢"看大甜水井屋"；十九日，"……拉绍彭同看甜水井屋，遂以二千四百金说定，颇觉词费"[⑤]，故此函写于同治十年二月二十六日。

章姑娘，即翁同爵侍妾章氏，亦即翁氏家书中所言之"全姑

---

① 《翁同龢年谱·翁玉甫先生年谱》，第184页。

② 《翁同龢年谱·翁玉甫先生年谱》，第183页。

③ 《翁同龢日记》第二卷，第840、842—843页。

④ 《翁同龢日记》第二卷，第866—867页。

⑤ 《翁同龢日记》第二卷，第869页。

娘”,或称“全姨”①。

此通信封中间红签条墨笔书“叔父大人安禀”;左下书“侄曾桂谨肃”。右上、左下钤有“曾桂启事”白文方印。

① 参见同治五年九月十五日翁曾荣致翁同爵函按语。

翁曾翰家书

致翁同爵函

同治五年四月二十二日(1866 年 6 月 4 日)

男曾翰百拜谨禀父亲大人膝下:

前月廿七日谢玉林回,带去第五号信,并京报及"奎星阁"扁字、《缙绅》等件。本月初二又以两纸交曾揩之叙笏大令。十四日又以一函交李仲京太守镐,计惟谢弁可以早到。日来正深盼望,昨得三月廿七日所寄手谕。来信之速,以此为最。展读之下,敬悉一是。大人案牍辛劳,饮食减少,臂痛虽愈,而肠红又发。此必肝气不舒,侵克脾胃,兼有湿热郁蒸,似宜服扶脾祛湿之药,不可徒用凉血也。(凉血之品有妨胃口。)须发之白由心境之不佳。伏祈颐养精神,达观自卫。至缺分之清苦,真属无可如何。贫富在天,更勿以家累为念。祥哥随侍膝前,正可多方训迪,诚不必急于投供也。湘勇募赴黔、鄂,用之得所,较之本地安插,殊易为力。近闻湖北防务少松,捻匪之在山东者,分股南窜。徐宿一带蔓延遍地,设无重兵堵剿,则突入淮阳等处,恐更难措手矣。

京师安谧,入夏未得透雨,月杪颇热,迩日转凉,寓中祖母大人颐健日长,仍以针黹消遣。伯母臂痛大愈,近已出户,叔父僕直如恒。近在东花门外烧酒胡同庙内租屋三间,为退直休息之地,尚属近便。仲兄近仍服药,记性则大逊矣。五哥漆疮已愈,而五嫂感冒不适,已经旬馀,诊治尚未见效。男近体甚适,选实录馆后,曾看书数卷,每月不过五六行,衙门中则今年未必上委署也。四哥书来,知其体中尚未复元,此次归里,颇能韬晦,滥交之弊,当亦知所戒矣。江北既有军务,乡试断不能补。子京先生可毋庸言旋矣。肃复敬请金安,虔叩午禧,(各处俱已分送信件,复函来时陆续寄呈。)男曾翰谨禀,四月廿二日。

折差在途失事甚属罕见,沙河之劫空信俱未遗失,吾家家信早已收到。张执中携来之信函、会券,亦早来矣。所需黄面折等即交张弁带归,计此时必已回省。前次杨弁携带之朝裙料等,竟未失落,大幸,大幸。龙须席等尚未到,贡差向不能速也。五城团防绅董为贾据之一劾,各局部员从此星散。五哥丁忧后,本有留局之意,今可脱然矣。黄孝侯到都将两月,今闻大考,昨日销假,却未入南斋也。刘韫斋升阁学,王子厚升正詹,鲍花潭升理卿,郑铁盦升理少。韫翁仍为实录馆提调,鲍花潭放江南学政,已于四月初三出京矣。(寄伊信中无要语,可不必寄去矣。)刘郇膏丁忧,故刘秉璋放江苏臬司。庚申翰林,至此仅七年耳。兰州兵变,钟启峋不知下落。李榕峰廉访昨方到京。叔父在内久候未得见。闻两耳重听,恐召对多不便。日内当往谒,再送菜酬应之。大抵无甚躭阁。六月初必可抵湘矣。

李茂斋观察未见来都。倘到此来拜,不过虚与委蛇,断不敢交浅言深也。兆宝翁事权在手而胸无成竹,毕竟少些学问,恐入黔未必有所设施。禧吉甫两月来未得一晤,屡屡遣人问候,多不在寓。询以行期,亦无定日。其于世故周旋,亦不得法,即如到吾家来,从不知留一刺向六叔问候,岂非堑乎?李玉阶为官相所留,且有倚重之意,毁誉果有定评耶?非灼见者即非真知也。张东墅闻已到京,尚未见来拜也。

十九日诏书忽下,著于二十五日大考翰瞻,于是太史公手足无所措矣。弄笔墨,定小寓,请教前辈。此七日中真有天昏地暗之象,而有把握者,如南斋诸公及香涛等辈,蕴之有素,磨厉以须,庶几从此飞腾耳。黄孝侯由山西引疾回京,今日具折销假,以赶大考。此诚写作俱佳者。徐荫轩与叔父二人特旨,毋庸与考。叔父却不怕考,且向来殿廷诸试皆有把握，惟写字略生耳。今之不考，一以崇体制，一以示体恤也。昆厚放安庐道，何桂芬陕安道，朱潮放叙州府。三人谢恩，均蒙召见。此后外放人员大约皆须预备矣。（宫监人等可以生色矣。）近日六部九卿衙门遇有奏事值日，往往叫起矣。

杨书成舅于上月十二日抵京，挈其侄荫眉回来。荫眉已于本月初六赘姻，现住婿乡。今秋江南并无乡试，未必即作归计也。濒石舅本欲三月初出京。由水程南下。维时济宁告警，遂尔中止。而三婆婆自顾年迈，急欲图归。书成舅亦因南中尚有要事，归心甚急。同人劝以天气炎热，道途多阻，单身且不可行。况奉老亲，而可冒险乎？两舅议论不一，故现仍犹豫未决耳。

严亲应送奠分，迟早一样。男先筹款送去廿四金。否则，陆星农有信，而吾家独无寄分，转觉无谓耳。庞宝生夫人之分似不妨稍迟也。曹琢翁殁后，（可先寄一唁信，琢翁得谥恭悫。）其子洪斋作事多不合理，继起无人，恍焉灭矣。可伤可惧！

【按】同治五年四月十三日，翁同龢“连日觅屋不得，烧酒胡同庙有屋三间，每月十八吊，价昂未定也”。是月十六日，翁同龢“定寺屋”，当即烧酒胡同庙屋三间。是年四月十九日，“陕安道何桂芬、叙州府朱潮均召见。二十五日大考翰詹，徐桐及龢命无庸与考”①。

同治五年二月二十四日，鲍花潭放江苏学政；四月十三日，刘秉璋放江苏臬司。四月二十一日，黄孝侯销假。四月二十五日，翰詹大考②。故此通家书写于同治五年四月二十二日。

此通信封中间红签条上书“平安家报”，右边小字云“外附京报一分，方子望、崧镇青信各一函，又陈寄吴一函”。左书“四月

① 《翁同龢日记》第二卷，第489页。

② 《翁同龢日记》第二卷，第490页。

廿二日男曾翰谨椷”。左下角、右上角钤有“曾翰谨缄”白文方印。

祥哥，即翁曾纯，翁同爵长子，叔伯中行三。五哥，指翁曾桂，翁同书三子，叔伯中行五。同治四年十月二十七日，翁同书在花马池公寓病故[①]。

同治六年九月二十九日(1867 年 10 月 26 日)

男曾翰百拜谨禀父亲大人膝下：

自得七月廿九日信后，倏将匝月，盼望南音，莫可言喻。昨易涣来，奉到八月廿六日手谕，敬悉福体康和，公私俱适，快慰无量。试事将毕，天气渐凉，日行事件虽多，必不至旰夕鲜暇，伏祈随时珍卫，努力加餐为祷。

八月初二之简擢恩旨，何以二十馀日尚未到省？倘部文未到，先接廷寄，不知可即具折陈谢否？想九月初得信，中丞必已发折，日内亦将抵都矣。援黔三军未能得力。中朝一无所闻，前此议覆太常之折，亦不过依样葫芦，不知确情，毫无成见。正所谓阃以外将军主之也。直隶枭匪闻仅数百人，官兵万馀，迄无一战。捻匪仍在山东、江南交界地方，此堵彼窜。督师者殊无良策。奈何？奈何？

此间秋中得雨，天时甚暖，现在仅穿棉衣。荞麦及豆子等稍得晚收，略为补救。南粮到后，米价略平，现在所吃之米，值三两四五钱。麦面日贵，猪肉每斤竟须八百馀文矣。寓中用度支绌万分，中秋节后已向庞处告贷，为目前敷衍之计，饮食起居无不力求撙节，惟应酬一项无日无之。他人固不信窘况，即信之，亦不能废此来往，诚如来谕有万不可省之势。男近在外阅历，深知交情所系，不能不斟酌以出

① 《翁同龢日记》第一卷，第 460 页。

之也。

祖母人人体中颐健，眠食如常。叔父入直辛苦，勉力支持，隔一日出城定省，稍节奔走之劳。菜场胡同之屋，现与艮老同居，彼此极为投契，实则为省费而然也。男心绪颇棼，而体中健适，当差亦格外谨慎。馆事将竣，幸无贻误。家务极难，不得不勉强摒挡，亦不敢过于焦虑，恐伤吾心体也。四哥久无书来，悬念不释。闻里中雨旸应时，秋收可卜丰稔。同乡北试七人竟尔寂寂。鹤舅病已愈八九，行坐自如，亦可谓更生之幸。汴生学使昨已登程矣，(又得正詹，真好运气。)崧镇青外放，恭铁翁可得选印。余绂臣尚未得缺，周竹生(丁艰)之郎中有蔡研农应补也。温味秋、杨子和霁两学使曾与同年一二人公饯，其行时，均未及托带信件。抵湘时可询悉中朝近事也。肃复叩请金安，男曾翰叩禀，媳妇率安孙等随叩，九月廿九日灯下，并问全姑娘安好。

此次会来之银，除照分呈给外，拟先提二百为日用之资，其馀五百留储，俟下次信来遵照办理。修伯未回薛处，未来催取，拟在岁杪再还。贾、周二分亦可迟迟。贾则湛丈，至今未来，几乎无从交送。周则诸昆季于应酬，不甚了澈，亦可不亟言之。似涉势利，实有暗投之情耳。家人辈分项斟酌而行，李升家曾给过数金。此次当再拨赏。李寿家已于午节多分十金，或下次再为恤赏。凡寓中下人虽苦，已较他家好多矣，只要知足耳。向来会银，其色通用行银，尚不吃亏；其平总有折耗。现如遵旨陛见，则路费及到京应酬，计款必巨，倘在湘张罗会寄，务要将较准砝码携来平兑，方为妥惬，至要，至要。

此信回湘计在十月杪矣，或届时已迎折北上，故嘱差弁，须沿途探投。附去黄折连封十二个，黄绫袱四个，绦六分，油纸、黄纸各十张，到时即祈点收。镜套、表套、尖靴等当陆续寄呈。辫绦二根，一间楼物也，先交带去。宋翰章去年曾一来都，旋即出去。他无识参之友人，恐价高而货低，未易购买。

祖母命将家中所有中等之参寄去，拟下次交带，缘此次已有折件也,题名一分,闱墨一本附呈。题名熟识寥寥,闱墨少而不佳。今年卷多而诸主试年老,精神不给,故不多刻。解元三艺未全,(二篇未刻。)其馀误字屡见,场中草率可知矣。

吾家西席唐、王两君下第后,俱作归计。唐君已由轮船南去,王君亦移居淮安馆,月初即成行矣。现在又请二位,一系泰州郑继三庸留京用功者,授安、德两儿读,其所说教法尚好;一系谢琴石年丈之子,名保良,号莲舫,授两侄读。二公俱系王唐所荐,询知品行均好,故于前日延请开馆矣。

北闱榜发,同邑寂然,吴县二人,一为程老二,一为蒋松生,两君皆无意得之。可知功名无定而有定者也,文章有凭而无凭者也。南官二人,一系赵朗甫之次子,一系童薇研之子也。

江南榜信尚未到,闻今年有二万人,场中极热多病,而过江时风大,又多沉溺,约伤数百人,未知确否?浙闱两主使均病甚,故江浙揭晓日期俱系十六,传闻如此。

【按】同治六年八月初二日,翁同爵简放四川按察使[①];然直至是年九月初十日,翁同爵方知自己升任四川臬司[②];九月二十七日,翁曾翰"得严亲八月廿六信,尚未闻升臬之旨,公私平顺,惟八月间试事极忙,不得卧者三夜,辛苦之至,饭量少减,发信时暑气渐退,公牍渐简,得少休息矣。折弁易焕来,携到会券一竿";十月初一日,翁曾翰"寄湖南十二号禀,(附京报、题名、闱墨。)并黄折等一包,包折纸等一卷,交易焕带去,并嘱其如已北

① 《翁同龢日记》第二卷,第 581 页。另见《翁同龢年谱·翁玉甫先生年谱》,第 182 页。

② 参见国家图书馆藏《常熟翁氏家书》第八册翁同爵家书。另见《翁同龢日记》第二卷,第 596 页。

上，沿途探投”[1]，此与函中所言相合，因知其写于同治六年九月二十九日。

函中提及翁同爵“七月廿九日信”“八月廿六日手谕”，其家书原件现存国家图书馆藏《常熟翁氏家书》之翁同爵家书中。同治六年十月三十日，翁同爵接到翁曾翰此通家书；此函中“贾、周二分”，即同治六年八月二十四日翁同爵致翁曾翰函中所云“又拟送周中堂奠敬五十金，贾师母奠敬五十金”[2]。

此通信封中间贴签上书“平安家报”，右边“内安信外京报题名闱墨各一分”。左书“福字拾贰号，男曾翰谨缄”。左下、右上角钤“曾翰谨识”白文方印。

同治七年三月初三日(1868年3月26日)

男曾翰百拜敬禀父亲大人膝下：

本年元旦二月二日两次交折差带去家信，又于二月八日将三号信交贡差携去。想抵任即可收览矣。上月廿七日奉到沙市舟次所寄手谕，敬悉福体康强，行程安稳，惟风雪太多，不能按站前进。此后换船登陆，不无小有勾留，则到省必在仲春月杪。

崇帅久于蜀中，一切情形极为熟悉。似仲宣所不逮。蒋朴翁到任需时，江方伯已奏明留署。傅哲生观察回保定度岁，适有寇警，不知何时可去。此君简默诚静，屡接光仪，而未闻议论，故不深悉其底蕴也。刘韫翁处家信并会券今日方到，来书云，封印后适道途不靖，故未遽寄，具见慎重之意，叔父日内当即作函复谢也。

寓中祖母大人福体颐健，前因伤风倦卧数日，今已全愈。近得家

① 《翁曾翰日记》，第105页。

② 参见国家图书馆藏《常熟翁氏家书》第八册翁同爵家书。

乡新米,大为忻悦,为之加餐。叔父入直辛劳,比来言听计从,可称相说。上月醇邸与同人(满洲诸公不与焉。)连衔密陈,请上于召对枢臣时入坐,俾习知政事。已于廿一日为始,如所请行,每日晷刻无多,无妨诵读。此事颇有关系,(外人鲜有知者,祈勿道及为要。)非仅有裨闻见也。同乡仅到新中五人,(钱绥卿、管少溪、徐、秦、庞。)四哥决意不来,甚为得计;否则,徒增劳费,到此转觉怅惘。(庞昆圃令郎已来,还可了却覆试一事。)

男冬春稍稍坐定,而眼高手生,文极枯涩。入场尽力为之,得失不敢计。日来伤风,甚委顿。前夕何青士家失火,四更惊起受寒。次日寒热交作,偃卧两日,今始起坐,目眩耳聋,颇增烦闷。今春阴寒,平居尚须重裘,风檐定加寒苦,男故甚愿其改期也。(如誊录手不到,尚须酌改。)京寓用度诸从撙节,惟百物增昂,潜滋暗长,真无可如何耳。

都下团防虚应故事,畿南捻踪渐远,虽云屡胜,然尚未出深州境界。此间亦难得真消息。席宝田入黔,居然有荆竹园之捷,大为韫帅快意,可见前此诸军实不前耳。四哥信来,知其近买一妾,尚称和顺。至环秀之屋,言之未详,但云遵谕略加修整,不事华丽,费用若干,后当续禀。里中米谷太贱,大小户均有不便,唯中人称易度日也。伯母与两兄均于前月廿一日释服。仲兄时发时愈,语言举止迥失常度,所以医药不辍者,冀其不复狂耳。五兄起复,仍拟在河南司行走。现在南城团防,仍邀入局,他日不无微劳足录。中郎家至今不名一钱,实为狠戾,岁底竟未成讼,亦意料所不及。西贾如此畏讼,故被此愚弄耳。二嫂所负极巨,(有寻兄索逋之意,现尚迟迟吾行。)家中括去银物,却不甚在意,所以不生间隙者,以自认糊涂,不与计较也。草泐数行,叩请金安,馀容续禀,男曾翰叩禀,三月初二日。今午方起坐,目晕不能作楷,祈恕之,并问全姑娘安好。

上年八月所寄千金,除分用外,馀七百金,先后入账支用,此款早已禀明,奉谕准行矣。腊月寄到之贰仟陆百金,(他人托寄之一百九十馀金在外。)分用陆百外,遵谕净收弍千金备用,年底送文宝二柩君用二百〇八两,(门包。)年底及正二月提用四百两,连今日寄到之两券,共计实存叁千四百两,唯此后三四等月,尚须陆续支用。实用实支,并无浮耗,即如遇一闰月,又须多费一百六七十金。前禀所云每月一百五十之数,今又不敷,即如喂养、买米两大宗,有增无减,殊无底止。家家为难,欲省弗得也。

陈子鹤先生家曾遣人来问过,缘前信曾允伊冬间稍有所寄也。程仁甫中举后,曾寄一信,语涉告帮,可否酌送一贺分?会馆见新同乡,皆望严亲捐助,可酌助数十两。

昨湖南折弁来,得刘韫翁信,并家书一函,会券两纸,计足京纹弍千两正。严亲处通信时务须提及道谢。又附来抚辕巡捕黎承恩禀函一件,内称李弁携回之腊月初二此间所寄之信,收到后,已于正月由臬台官封递寄。另有参匣等件,再觅妥便带川也。去腊廿一、二日有书二封,一交湘弁过湖北时送至何小宋处,(另有函致小宋。)托其作速寄川。一交湖北折弁,递至胡月樵丈处,嘱其就近加递。此两函似可沿途探投,不知均早达否?张吉人度丁祖母忧,有讣信在此。汪芾村亦有信,亦以其兄玉笙讣告,遇便再寄,先此禀闻。

【按】五兄,即翁曾桂,翁同书第三子,叔伯中行五。同治六年八月初二日,翁同爵奉旨补授四川按察使;十二月,奉旨赴任;同治七年三月,抵达四川成都,接印视事①。是年二月二十八日,翁同龢接到翁同爵"正月十三日沙市舟次函"②;翁曾翰在京中与翁同龢同住,函中"上月廿七日奉到沙市舟次所寄手谕",即指同治七年二月二十七日。二月二十一日,"是日三嫂及两侄等释服,至寺行礼";二月三十日,翁同龢"登车接松侄信,知昨夜丑

① 《翁同龢年谱·翁玉甫先生年谱》,第182—183页。

② 《翁同龢日记》第二卷,第622页。

正后何家青士书房失火"[1],与函中内容相合,知其写于同治七年三月初二日。

此通信封右书"内安要家信,外京报一册,王寄崇信一函";左书"男曾翰谨缄,三月三日"。右上、左下钤"曾翰谨缄"白文方印。

同治七年四月二十五日(1868年5月17日)

男曾翰百拜谨禀父亲大人膝下:

前日甫将六号交折差,(内附京报题名闱墨。)昨日周天锡到,遣人将三月廿三日寄函送来。展读手谕,敬悉安抵成都,接印视事,福躬康适,合署平安,大慰孺私,欣悦无已。盖入四月来,刻刻盼信至,日来为尤切也。蜀中气候较湘为凉,颇于福体相宜,想山深故多风耳,其馀饮食起居当亦称便。川省州县既多于他省,民情较悍,故刑名案牍之烦,甲于天下。秋审有千百馀起。何时可以办竣?刑部四川司主稿系汤古如丈学海,届时可专函通候,托其照应,然不如湖广宋惠人之精明矣。省中候补如此之多,不知道府州县中有相识者否。序补无期,其如冗食何?边境尚乂安否?其与滇黔交界处,谅均设防,滇事杳无闻见,黔中自席军到后,似有起色。昨见刘韫翁奏,将周洪印革审严办,庶可稍儆疲玩。北路捻匪在黄河之北、运河之南,狼奔豕突于此中,(直东交界地方。)小民何辜,受此荼毒?今地山侍郎议筑长围以困之,不知能限其马足否?海运兑收,现闻无恙,然衔粟于饥寇之旁,势亦岌岌,总以早竣为妙。

都门安靖,合寓平安。前后凉篷已搭,虽贵不能省。祖母大人颐健,昨日得书,喜加餐饭。叔父之忙,纷杂无已。男体甚适,春闱下

---

① 《翁同龢日记》第二卷,第622页。

第，寂寞寡欢。既落尘网，总觉科第为佳，乃求之弗获，舍之可惜。一闻题名唤卖，便惝恍失据，有凭乎？无凭乎？未可知也。四哥未来甚得计，同邑仅中赵林而告假未殿试，甚为减色。诸君已赴津，由海舶南归矣。川中去京虽远，而寄信尚便，(且不迟。)男谨当随时禀报平安。此次折弁去无可带，惟以新式搭连二枚附呈。又宋惠人刊《秋审比校》一册，(内有删改数处，折角可备检查。)此系西曹熟于刑法诸君所厘订，可备阅也。四哥书来，邑中安堵，合家清吉，可放心勿念。专肃叩请金安。预贺午禧，并问全姑娘安好，男曾翰百叩具禀，无任欢忭之至，四月廿五日。

尽先即补游击提标中营守备王圻，王堃之弟[①]。

有两事，人求照拂者：一王芷汀堃所托，因其弟在蜀，无人认识，求略为嘘拂。一桂莲舫清所托。莲舫清文翰林，内直同事也。所称恒裕，乃其至戚，前崇将军委解京饷为藩司所阻，能为之筹一出路，俾离省再筹，弥补亏空为妙。弟看此事，不能为力，今将两名条附呈。

恒裕，汉军镶黄旗人，由翻译举人，甲辰选四川大宁县知县，调署灌县华阳首县。(接任时亏空甚巨。)嗣调署抚顺县。未及到任闻讣，丁外艰，(咸丰九年。)未能回京穿孝，(因署任亏空。)去岁又丁内艰。在川十五载，官亏私累数过巨万，赏识上宪，又皆升迁。现在被困四川，进退无路，万望格外仁恩，使其生活，幸甚，幸甚。恒裕，号衍庭，行二。

【按】同治六年八月初二日，翁同爵奉旨补授四川按察使；同治七年三月初九日，抵达成都，接印视事[②]。同治七年四月二十四日，翁同龢"得五兄三月廿三日成都信，初三日抵省，初九日接

---

① 此为红色签条，左墨笔书"王堃之弟"。

② 《翁同龢年谱·翁玉甫先生年谱》，第182—183页。

印,一切平安,欣慰之极"①,其中当有翁曾翰函中所言"昨日周天锡到,遣人将三月廿三日寄函送来。展读手谕,敬悉安抵成都,接印视事",故此函写于同治七年四月二十五日。

此通信封中间签条"平安家报";右书"龙字第柒号。周天锡。五月朔折差携回";左书"男曾翰谨缄"。左下角、右上角钤"臣翰之印"白文方印。

"尽先即补游击提标中营守备王圻……恒裕,号衍庭,行二"三纸,原件接续此通家书之后,故暂附此处。

同治七年十月初十日(1868年11月23日)

男曾翰百拜谨禀父亲大人膝下:

昨晨甫将十七号禀交折差,过午天成亨送来不列号信。平安迭报,欣悦莫名。连次所接各函中,惟九月初八一函为最速,(十月初四接到。)而十二号至今未到。不知即是交银号汇信否?解饷之绵竹杨君尚未抵都,不知取道何省?若陕中则通塞无常也。来谕中言,先公灵榇归葬,奉有照料之旨。大人拟具呈制府代奏谢恩一层,不知商酌若何?似可毋须办理。盖以先人之事具折陈谢,措词颇难。近来亦不多见也。幕友醇谨者少,若一派江湖气,便语言无味如子京者。读书本色诚属难得,不识曾通音问否?蜀中无蟹,何以助赏菊之兴?此地则蟹较往年为多,故每持螯时,益增晨羞夕膳之思也。

都寓自祖母大人以次上下安吉,足慰远念。叔父何日抵家,(重九在清江,二十前必抵家。)信未见到,甚为悬盼。男寂寥无可畅谈者,仲兄虽不发时语,言亦觉支离。盖其见闻限于一室,馀非所知;安孙读书尚好,惟温书总不熟;德孙则顽劣可恨,伊竟不解读书为何事,

① 《翁同龢日记》第二卷,第633页。

奈何！肃复恭请金安。男曾翰叩禀，媳妇等侍叩，并问全姑娘安好，丨月初十日。

寄来之通候信函，写作均妥洽，不知出自何人，惟信面签条，书衔名处辄有不合式者，如侍郎不可直呼，须称左右堂，或统谓之某部大堂。正卿、少卿则谓之正堂、少堂。至都察院、翰林院及各衙门京官则但书其衙门足以，不必写明何官。（前次寄龚叔雨者，原书府丞，酌改丞堂。其实但书顺天府可矣。）如此次寄鲍之书内阁侍读、寄王之书大理寺少卿等，均改换矣。如衙门与姓均同者，或加台篆△△以别之。

以上各式可否向书启友人婉言之。

小军机昨宣名次。先在军机处传见各员，后定名次，亦向来所无。其引见尚无准期，兹将名单寄呈。

【按】同治七年七月下旬，翁同龢请假三个月，回籍葬亲[1]，即函中所云“先公灵榇归葬”一事；九月初九日，翁同龢“将至清江，二姊候于道旁”；十九日，抵达常熟家中，“舟抵马头之先，合族子姓均来行礼”[2]，知此函写于同治七年十月初十日。

另有一信封，中间红签墨笔书“四川按察使翁平安家报”。右边“内安信即烦宝号寄至成都确交为荷”。左边“龙字不列号，内阁翁寄”。签条与信封相连处上下四边钤有骑缝花押印。

“寄来之通候信函，写作均妥洽……其引见尚无准期，兹将名单寄呈”一纸，无明确日期，原件在此通家书之后，故暂附于此。

---

① 《翁同龢日记》第二卷，第656—657页。

② 《翁同龢日记》第二卷，第677页。

同治七年十二月初六日(1869年1月18日)

男曾翰百拜敬禀父亲大人膝下:

前月十六、廿六两次以十八、九号禀函交折差赍回。本月朔又缮一函,交杨爽泉大令,外附衣包一个,篋包一件,闻其明日方准就道。初四日得傅哲生年丈信,附来手谕二纸。展读之下,敬悉一是。伏维万福集躬,凡百如意。岁杪诸事冗忙,封篆后想稍暇,豫川中新年景象若何?官场宴会应酬必繁,未必如湘垣之简约也。

都下见雪一次,尚未深透,迩日风多甚寒。寓中祖母大人以次均安。叔父廿三日回京,廿六销假。比日圣躬欠安,未曾入直,而杂务坌集,仍未得暇,明日复有书房矣。南中之事具详叔父信中。四哥在里,身体极弱,遇事辄糟,闻之耿耿。

男近状鲜善,公私事烦,亦殊少暇。方略开馆,昨经署中,点送校对。开印后又须效奔走之劳。此馆非旦夕之事,约十年左右方能告成,四五年后可先望些议叙也。寄来各函俱已详阅一过,并无疵累,日内陆续分送。所开各数,大人已斟酌尽善,无甚增损。枢堂之数傅处三百韵,吾家亦自宜如谕分致也。傅处共来三千五百有奇,系枢堂及伊各座师处,亦有送祖母百金,叔父四十,男三十。男先专函复谢,晤时可谢其厚贶。代送各家一时尚未能取回信,只得日后续寄。至文宝等处,向无回函收条,但凭门者传语。若索回条,则反形小气。吾家向年如此,尚无舛错,盖应酬必须大方,不宜琐屑,非轻率行之。祈于言次,将此意转告哲丈为要。专肃叩请金安,男曾翰谨禀,媳妇率安孙、德孙、祝官、麟官侍叩,并问全姑娘安好。十二月初六日。

【按】函中"叔父廿三日回京,廿六日销假……南中之事具详叔父信中",即指同治七年七月下旬至十一月下旬,翁同龢请假三个月,第一次回籍葬亲返京一事[①]。十一月二十三日,翁同龢抵达京中寓所;次日,“具折单,拟后日请安”,即二十六日。是月二十九日,翁同龢“照常入,内侍传:上微觉喉痛,功课须减”,之后数日,皇上身体不适,翁同龢只是“入内请安”;十二月初四、初五两日,“未入内”;初七日,“照常入,读尚好……”,正如函中云“比日聖躬欠安,未曾入直……明日复有书房矣”[②]。故此函写于同治七年十二月初六日。是年三月,翁同爵抵达成都,接任四川按察使一职。

此通信封中间红签题“钦命四川按察使翁平安家报”,左题“内安要家言,即烦吉便携至四川省城确交为要”,左题“龙字不列号。国子监正堂翁寄”。左下、右上角钤“曾翰谨缄”白文方印。

同治七年十二月二十六日(1869年2月4日)

男曾翰百拜敬禀父亲大人膝下:

二十日缮不列号家信,并镜套两个,交天成亨寄去。廿三日正祖母大人称觞介寿之期,适奉恩纶简授陕西布政使。闻命之馀,举家忻忭,政声卓越,眷遇优隆,而西安较成都为近,皆属可喜。惟陕省频遭回乱,民物敝凋,藩司无饷可筹,而用项甚巨。闻庆阳粮台一款至今尚须接济,专归藩台备办。左宫保刘中丞各有意气,共事颇难。前任林颖叔与两君不合,左右棘手,大抵须刚柔并用,始能折服其心耳。陕中近情莫知底蕴,大约贼踪俱在北山,或云全股窜赴甘省。奏报既不可知,传闻又各异说。彼都人士向未细考情形,如余绂臣则议论刻

① 《翁同龢日记》第二卷,第656—657页。

② 《翁同龢日记》第二卷,第694—695页。

而偏,实在情事亦不甚熟也。至粮台用人固宜公正廉干之士,亦须参用熟手。惟庆阳远在隔省,稽察匪易,将来此事尤费心力也。

大人具折陈谢时,想仍当吁请陛见。俟奉批回,再行启程,抑须迎折北上。此缺正当吃重,且由川北来西安,又为必经之路。或先留彼接印,亦未可知。如定见进京,则家眷可住西安,俾免往返跋涉。栈云剑树,千里远行,区区孺私,益片时难释矣。都下无雪,交春渐觉融和,寓中平安。(换约事通商衙门请饬廷臣集议,连日尚无眉目,此中情形委曲非旦夕所能知,大抵有都俞而无吁咈耳,集议维何分谤而已。)

祖母寿履康强,叔父照常入直,到京后未得憩息,颇形辛苦。男身体极善,调养琐屑事碌碌少暇。岁事丛杂,幸用度已敷,不至拮据。昨闻恩命,真喜而不寐,担荷之重、措置之难,十倍于川臬也。禀请金安,虔贺大喜。男曾翰叩禀,十二月廿六日,并问全姑娘安好。

上年寄京存款陆续提用,至今年七月底尽数用完。前已禀报在案。现在三次汇到,共计七千二百两。除应提(二千)公帐支用,并此次分给家中、(一千一百。)函送亲友,(二千四百有奇。)计实存一千七百金,收储暂可,勿用。

家人分项,此节仍先分百金。现在宅中仆人无多,而跟随回南之人已先赏过矣。傅哲生年丈书来,寄祖母百金、叔父四十金、男三十金。此外各枢堂每处三百,各师每处一百,均为之照信分致。日前已将回信封入吾家家信,(男又作一函。)交天成亨寄去,收到时祈即交明。(回信四封,收条一纸,回片二纸。)文宝向无回信。沈经笙决意不受也。(其银暂存此间。)闻银号中人云,伊处会项甚多,应酬甚广,大约皆在天成亨分送,故知之耳。

今年馈岁,均已照单分送,惟贾瑞两处均送大衍,郑宋陈均未致送。此次寄来一单,全处酌送五十,(许星叔尚未服阕。明年春杪方进京也。)宝楚桥竟拟不送,鹤峰舅已出京,而思赞在此,拟送伊十六金也。团拜费（选司）迟迟再交去。如要进京，则届时再留赠可耳。李仲远尚未补侍御，李侯丈竟不到署。人约从前在司熟人，今亦晨星落落矣。

严亲素知男性吝啬，然不至俭不中礼，且大人用意及稍有关系之处，亦尚能知轻重。惟所谓斟酌者，大抵节省之意居多，性之所近，殊自匿笑，却与贪财吝出者有间。即如京寓日用一节，男司出入，只宜随时酌剂。盖祖母高年，叔父辛苦，尚且兢兢自持，他人何敢以吃现成者虚糜清俸乎！

姚、恒两大令现尚未到，到时当将寄件一一收明，排单递信。叔父并未接阅，先已来京，来回过清江时，皆见姑母，而未见姑丈。表弟十三岁，已能文，秀慧可喜。命寄纹银贰百，当觅妥便交去，惟一时乏便耳。宝楚桥作事纰谬，今秋载鹤翁为伊出名，出一知单，派兵部四司司员从丰捐助，亦未亘古未有之事。伊一人亏空与旁人何涉？而载堂竟为之出力，岂不奇欤？

许星叔尚未来京，闻今冬服阕，明春方就道也。

貂褂灰鼠年贵一年，盖索伦地为他人占去，出处甚少，而都下穿貂者愈多。今年李左来京，随员等人购去马褂百十件，故亦价增倍蓰，川中所得二百馀金者，当可观矣。

圆通观放粥一事向由吾家募赀，而天津崇地山侍郎处一大宗，则叔父与朱修伯公函劝募，频年所寄约在二百馀金，（每年。）其馀仍须零星募化。今朱修翁立愿，要集二三千金，发商生息，为经久之计。新撰一启，分寄各省。如李左（各二百金）诸公来京，则亦托人尽捐。现集有六七百金，而外省来者尚未寄到。伊前日与叔父言，欲恳严亲随缘尽助，或百金，或五十金，并乞向朴山、仲宣、豫亭、（钟雨辰学使已捐五十金。）哲生诸先生吹嘘善举，以冀众擎易举。（若属员则断乎不便。）兹将新启寄呈，乞于临行时向诸公一言，如有愿者，则捐资或寄吾家，或寄修伯处均可。此事启中有叔父列名，故不便回覆也。薛处一款业经寄还，当便中告修伯知之。

【按】此函写于同治七年十二月二十六日。嘉平,腊月别称。

同治七年七月下旬至十一月下旬,翁同龢请假三个月,回籍葬亲①。九月初九日,翁同龢回乡途中经过清江,与其二姐相见;十一月初,翁同龢回京途中再次经过清江,拜见二姐,并见其外甥,“眉宇秀发,可喜可喜”②,如此函中云表弟“秀慧可喜”。是年十二月二十三日,翁太夫人寿辰;是日午刻,翁同龢得知其五兄翁同爵“升任陕西藩司之命”③,即陕西布政使。

此通信封中间红签题“平安喜报”。左下书“男曾翰谨缄,嘉平廿六日”。左下角、右上角钤“曾翰谨缄”白文方印。

同治八年正月二十二日(1869年3月4日)

男曾翰百拜敬禀父亲大人膝下:

去腊廿六日缮贺禀后,嗣以新年历碌,尚未寄函。昨折差来,奉到十二月廿日手谕,敬悉起居康胜。凡百罄宜,欢忭无量。简擢陕藩,何时可以闻命。具折陈谢,交代一切,谅非旬日间事。如二月杪启程,则过西安时,正好接到回折,来京与否,视批遵行。川中僚采和协,政誉日隆。京朝官极口揄扬,则彼都人士之讴思可知矣。眷属随行只可到西安暂住,三哥宜亦留彼照应。如单车入都,行李断不可多带,盖近来城门过务极费周章,有非可以理喻势禁者也。陕甘情形中朝□知其难办,其如何为难之处,亦莫能言其所以[然],一概诿□老左。又不知此老胸中有何成竹,唯愿天心厌乱,早靖反侧,庶官民同

---

① 《翁同龢日记》第二卷,第656—657页。

② 《翁同龢日记》第二卷,第686页。

③ 《翁同龢日记》第二卷,第697页。另见《翁同龢年谱·翁玉甫先生年谱》,第183页。

享升平耳。

都下春意蓊然，日渐融暖。祖母大人一冬甚健，入春屡作咳嗽，眠食未能如常，请顾肯堂诊视，进以清润之品，尚未全愈。叔父体中安适，入直如恒，新岁以及灯节，共得旬日休沐，娱侍之暇，唯以碑帖怡神，其东华酒肆仍旧赁居。国学堂期每月须到一二次，唯衙门太远，往还殊觉劳顿。公事颇欲整饬，而[同]事不□同志，只可徐与讲求。至照费所入不无小补。男近[体]殊健，[凡]事皆能随分，所不惬者，安孙等诵读无方，自己又无以善导耳。寓中用度极力撙节，尚可敷衍也。专肃叩请金安，男曾翰叩禀，媳妇等侍叩，正月廿二日，并问全姑娘安好。

叔父南归及北来时，过清江浦，俱与二姑母相见，近况尚好。表弟聪明秀发。叔父留赠数十金，盖未曾接得手函，遂未及筹送。今拟设法会寄，唯一时尚无妥便。而此间又无会兑局之交清江者，只得稍迟觅人寄达。当专函详述亲意也。

曾中堂来京旬月，昨已赴任出都，叔父曾两次晤及。伊言次极为器重，且伊于文勤公前事颇为周旋，每与人言，辄有追悔也。

此次寄来复人各函，俱已分送。彭芍丈处不能为伊择期一节，前已致意矣。至汪芾村托转达豫翁之语，想是显其四川司之能员耳，其行为即此可见，奈何，奈何！

【按】同治七年七月下旬至十一月下旬，翁同龢请假三个月，回籍葬亲[1]，“南归及北来时，过清江浦，俱与二姑母相见”。是年十二月二十三日，翁同龢得知翁同爵“升任陕西藩司之命”；次

[1] 《翁同龢日记》第二卷，第656—657页。

年正月十九日,翁同龢"得五兄十二月二十日函"[1],其中当有致翁曾翰家书,即此通家书中所言"奉到十二月廿日手谕"。同治七年十二月十四日,曾国藩到京请安,召见于养心殿;同治八年正月二十日,曾国藩出都赴任[2],与家书中所言"曾中堂来京旬月,昨已赴任出都"相合。知此函写于同治八年正月二十二日。

中间红签条"平安家报"。右边"升字第壹号,外信廿二件,京报一册"。左下角"男曾翰谨缄"。左下角、右上角钤"曾翰谨缄"白方印。

同治八年二月二十七日(1869年4月8日)

男曾翰百叩敬禀父亲大人膝下:

正月廿二日以升字第一号交折弁带川,想尚可赶启程前递到。本月初五以不列号一函托天成寄,嘱其沿途探投,或留西安投递。日来屡问枢垣友人,知谢折尚未到。昨日万寿折差至,送来正月廿二所寄手谕。展诵之下,欣悉一切。京报已见,想部文亦月杪可到,臬署事归一律交代甚易,唯料理行装亦须旬日始办,启程必在此月中旬。

左帅前奏林颖叔亟欲交卸,请饬催新任速到。已有寄谕交吴棠遴员接替,俾速赴任。想谢折到时,未必再批来见矣。比闻左帅移营前进,刘中丞出驻三原,大约在省诸事悉归藩司主持,措置非易。左老胸有成见,不容旁人参赞,与刘却沆瀣一气。伊本有"天下督抚,惟刘最好"之语,今在同省自更相得。颖叔不合于刘,而左即衔之,其以

---

① 《翁同龢日记》第二卷,第697、702页。另见《翁同龢年谱·翁玉甫先生年谱》,第183页。

② 《曾国藩全集·日记》,第153—154页,第164—165页。京华出版社,2001年9月。

好恶为是非，类如此也。

西征粮台归袁小午学士督办，将来奏催及支销等事，藩司皆可不问。所请之饷约五百万，欲以东南财赋尽供此军，则能否如期拨解，殊难预，必小午以京卿专领此事，将来檄催较易耳。至陕中吏治民情及现在南北山剿防各事，宜平日未经留意。今遇人而询之，究亦莫知其详也。

都下渐暖，望雨已久。寓中均安，祖母大人寿履康吉。叔父入直如恒，自兰翁一出，诸事更形顺适矣。男近体甚健，署中一月十馀班，方略馆本月廿四已开馆，目下尚无功课。将来常川到彼时，一切自当勤谨，盖总裁耳目綦近也。姚君已到，信件寿轴俱收明转呈矣。专肃叩请金安，男曾翰叩禀，二月廿七日。外附四哥禀一件，并问全姑娘安好。

【按】同治七年十二月二十三日，翁同爵升任陕西布政使。次年二月，翁同爵交卸四川臬篆，前往陕西赴任；三月抵达西安，二十六日接印视事[①]。此函中“想尚可赶启程前递到……臬署事归一律交代甚易，唯料理行装亦须旬日始办，启程必在此月中旬”，即指翁同爵交卸臬篆、准备启程赴任一事。同治八年二月二十五日，翁同龢“得五兄正月廿二日函，初闻陕藩之信”[②]，稍迟一日，翁曾翰亦得翁同爵家书，如此函中所言“昨日万寿折差至，送来正月廿二所寄手谕”，故此函写于同治八年二月二十七日。

此通信封中间书“平安家报”。左下、右上钤有“曾翰谨识”白文方印，并有花押一枚。右边书“外朱敏生信一函。升字第贰号”。左边书“曾翰谨缄。二月廿七日。”

据此函知，同治八年二月二十四日，方略馆开馆。

---

① 《翁同龢年谱·翁玉甫先生年谱》，第183页。

② 《翁同龢日记》第二卷，第710页。

同治八年五月初八日(1869 年 6 月 17 日)

男曾翰百拜谨禀父亲大人膝下:

昨甫从天成亨寄去第六号禀。今日晤漱芳,得悉一切。顷又接到四月廿三日手谕,极为欢慰。大人办事勤劳,精神周匝,然鬓白齿落,形容加老。伏祈顺时珍卫,勿过以公事焦虑为祷。陕省筹饷之难,人人皆知;其所以为难之处,则竟无得其委曲者。每年藩库出款三百万,约举大宗,是何数端,祈便中谕示。粮台之归小午,亦利弊参半。催提支销,可省一番心力,是为利。而各省协拨,尽入西征,即欲画算其权,已非操之自我,且小午亦才而喜见长,欲见好于大帅,必不能兼顾藩司,恐将来洋税四成,亦为伊所提用,是为弊。目前军营与地方各分畛域,乌能为百姓造福?有德斯谓良骥,若不受衔勒,则未有不偾辕者。关系匪轻,可虑!可虑!当此时势能以大局为念者,有几人哉?

都下炎热仍望雨。合寓均安,祈勿廑念。叔父退直,百事都废,系属实情。同事惟兰翁最称莫逆,知无不言,言无不尽。凡事皆可计议,所见略同。

婚典尚无准期。内府费用度支不给,司农仰屋,乏术点金,天地生财,只有此数,在上者可勿权其缓急乎?李伯雨昨已抵京,可得朋簪之乐。同乡数家均顺适,曾伯伟丈闻欲送其儿妇北来,滨舅奉亲不作出山计也。京报前禀中附上,近事不赘陈。肃叩金安,男曾翰百叩禀,媳妇等侍叩,五月初八日灯下,并问全姑娘安好。

得仆人张福来禀,知在陕蒙录用,想屈公不愿携之同行耳。此人年轻,大约其拘似乃叔。然拘而能谨,便无妨也。张升感恩,求为禀谢。

闻漱芳云伊来京时,本欲托带骡头,因未购成,且俟续寄等语。窃思寓中现有一马五骡,尽足敷用。除叔父差使真忙,有新得小骡更替外，（去年回京时一军营人所送，甚健。）五哥与男不过常川到署，一骡已足，且迩年喂养日昂，所费甚巨，断难再添，即以购买而论，此间多至百金，少至五六十，已可得健足。秦中价贵，由衙门购觅，想更贵矣。男所用仍从前之车、（去年已油饰。）从前之骡，仍命武三为御，驰骋固可喜，安步亦所愿，不敢以马似游龙、车似水者，效前辈之风流也。武三能安分，（每有分项，必与之。固属旧人，且在男处，无他出息也。）其赶车素性大意，早在洞鉴，今特取其熟耳。

【按】同治八年五月初八日，翁同龢"得五兄四月廿七日函，陕境无贼，藩库支绌"[1]，翁曾翰与其同住，其中当有翁同爵致翁曾翰四月二十三日家书[2]。是年六月十八日，"曾伯伟挈其儿妇随布捐来，仆人徐贵同来，永福亦来"[3]，与函中"曾伯伟丈闻欲送其儿妇北来"相合，因知此函写于同治八年五月初八日。

此通信封中间签条题"平安家报"，左书"男曾翰谨椷，五月初九日"；右书"第柒号"。左下、右上角钤有"曾翰谨缄"白文方印。

同治八年六月二十九日（1869年8月6日）

男曾翰百拜谨禀父亲大人膝下：

初六日以第捌号交折弁，廿一日又以不列号一函交逢大令吉携入秦中。昨焦、李二弁至，携到六月初七日手谕，捧诵之下，敬悉一切。秦疆虽报肃清，然贼踪来去无常，防务不容稍驰。北山疮痍甫

---

① 《翁同龢日记》第二卷，第724页。

② 参见国家图书馆藏《常熟翁氏家书》中翁同爵家书。

③ 《翁曾翰日记》，第126页。

定,抚绥安辑,诚不可缓,酌借廉俸,勒限前往,庶委员无所藉口。左帅赴泾接印,不过到总督任耳,欲其克日西征,亦难必也。中丞回省,正好筹商一切,惟司库支绌情形,竟有无可呼吁之势,盖部中以西征有局陕甘二字,侊侗不分。所拨之款,半皆空言搪塞,而各省协饷又误于总收分用之说。于是陕省徒受虚名,而无实用矣。天下事皆误于敷衍二字。今日朝廷以至各省莫非敷衍之局。求一卓见特识,运天下于一心者谁乎?才与财俱尽,无怪乎杞人之忧也。至迁徙回民一节,似宜陈说利害,亟行阻止。此等安业良回,岂可启疑召衅?无论目前万不可行,即他日大定之后,亦觉多所不便,是在地方官推心置腹,渐使汉回各释怨疑。若操切以图,窃恐非徒无益耳。开科准行,此时计已奉到俞旨。九月举行,为期尚称宽展,惟迤北数府赴试士子,亦须由山西绕道到者,恐未必能多。至劝捐一层如未议行,似可罢论;否则,归款无期,徒淤口实,甚不相宜,伏祈鉴察。

都下静谧,三伏将过,早晚已有爽气。祖慈以次合寓平安,叔父入直伏天照例半功,(寿分已送。昨夜写信匆促,未及详叙,先命致谢厚赠。)退食略早。昨以武英殿灾,(殿座俱烬,仅剩西室三楹。文宗圣训抢救尚全,馀尽灰矣。)与倭、徐连衔递封事,此亦近臣之职。男奔走馆署,尚可耐劳。前日小恙,服寒凉药,今苦痔痛,尚不便坐卧耳。草草泐禀,敬请金安。男曾翰谨禀,媳妇率安孙等随叩,六月廿八日,并问全姑娘安好。附呈《搢绅》一部,邸报中部臣调缺,皆因罗椒生先生丁忧去官也。

李少兰大令来晤,极言大人在川造福实多,官绅兵民莫不感幸。今离彼数月,局面已有变更。昨闻朝廷有密谕寄李少荃节相,令其带印带兵由鄂赴川东查办事件。或云蝈匪不靖;或云酉阳教案未结,须资弹压;或又云,省中尚有应查之件,事颇机密,莫得其详。论其带兵情形,似当为酉阳而发,且仲翁举动无大错谬,中朝尚无訾议之者也。

此事甚密，祈勿为外人道。崇朴山[①]制军五十赐寿，异数也。伊家昆弟受恩真独厚矣。

四哥在家并非放荡恶习，族鄙中言其糟者，并无坏事可指。去年叔父到家，详察其行事，俱无乖谬，其苟简肮赂处，究由钱不凑手之故。其实不失为忠厚，故叔父痛训之而深怜之。至家中用度所入，断断不敷，避难回乡，尤难措手，频年料理，并未续添债款，从前积欠想亦无力料理耳。曾伯伟在家与四哥最熟，吾家事伊知之颇详。昨从南中送其儿妇随贡布来，询之一切，极言其难，于购屋一节，（两处皆伯伟丈居间。）亦能洞悉原委。其始也，命意在环秀，及说成八九，被丁黼亭夺去。继而闻浦氏有屋，不得已而买之，大约修理费大，一时无从动手。今春忽有苏郡顾子山先生等到常觅屋开当，于是伯伟又怂恿四哥将屋转典出去，每年可收房租。其时适间壁仲家亟欲卖屋，于是又另买之。将来收南泾塘之租息，可为柏古轩逐年修理之费。察其语意，系伊一力赞成，故盛称一举两得之妙。木已成舟，不得不尔。不知四哥禀中能将此曲折详晰声明否？（外四哥禀一件，系徐贵带来，其寄三哥书，则先从家信中附到者也。四哥有孝敬衣料数件，容再觅便带呈。）今据所询以闻四哥颓唐抑郁，再作乡居，实无益处。今蒙洞鉴一切，为捐郎中，大是妙事。日内当将手谕一纸寄示，嘱其设法赶紧将家事布置周妥，便可赴京当差矣。徐贵从家乡来，仍求入

---

① 朴山：完颜崇实（1820—1876），字子华、惕盦，又字朴山，别号适斋，室名半亩园、小琅轩馆，满洲镶黄旗人。完颜麟庆长子。道光三十年进士，由左赞善、侍讲学士至成都将军，擢至刑部尚书、盛京将军。事见《清史列传》卷五十二，中华书局 1987 年版，第 4135—4147 页。其弟完颜崇厚（1826—1893），字地山，号子谦，又号鹤槎，道光二十九年举人。咸丰十一年充三口通商大臣，办洋务。同治年署直隶总督。同治九年天津教案后，出使法国谢罪。光绪四年出使俄国，擅自与俄签订《里瓦几亚条约》。因此被弹劾入狱，后降职获释。事见《清史稿》本传，《清史稿》卷四百四十六，列传卷二百三十三，中华书局 1977 年版，第 12476 页。

陕销从前之差。(刘升、李福尚未到京。李福者应否令赴陕中?候谕遵行。)男拟于漱芳入川时,托其挈赴秦中,谅无不可,祈即谕示。

现在各处捐输以京铜局为最贵。黔捐最便宜,皖捐次之。人多乐从皖局者,以省分近而咨报速也。前欲议停,今仍展缓矣。甘捐今皆仿皖办理,其减价亦与皖等,不知近日陕捐情形若何?便中祈将章程寄示。陕捐归司库收款,发给执照。若由严亲处饬办,能否较外局减省?并祈查示。男非欲经手捐款,不过愿闻梗概耳。又禀,廿九日夜雨乍晴,先得秋意。

【按】同治八年五月二十八日,"成都将军崇实五十岁赐寿,旧例所无也"①,正如函中所云"崇朴山制军五十赐寿,异数也……"

同治八年六月二十一日,武英殿火灾,翁同龢"草奏底,略言天戒昭然,宜加修省,历引古书言,官禁火发多缘土木兴作之故,请罢官廷各工,并停传办诸物,饬廷臣言得失。疏具书毕,已亥初矣"②。

是年六月初六日,翁曾翰"寄陕西第八号信交折差";六月二十一日,"缮寄陕西禀,不列号,交逢大令吉携带"。六月十八日,"曾伯伟挈其儿妇随布捐来,仆人徐贵同来。(永福亦来。)得四哥六月初二日函,并刻丝补一付、女袖一付。徐贵孝敬食物四种";六月二十六日,翁曾翰"得父亲六月初七日信,一切平安,现为四哥报捐郎中分发……"六月二十九日,"寄陕西九号信,附四哥禀,又五哥一函,宋雪翁一函。交折差焦、李二弁携回"③,与函中所言尽相吻合,故此函写于同治八年。

其信封中间红签条题"平安家报"。左下、右上钤有"曾翰谨

① 《翁同龢日记》第二卷,第727—728页。

② 《翁同龢日记》第二卷,第731—732页。

③ 《翁曾翰日记》,第125—127页。

缄”白文方印。右书“外五件，报一册。第玖号”；左书“七月十七日到。曾翰谨缄。六月廿九日”。据其上面所标日期，当是此通之封。

同治八年八月二十日（1869年9月25日）

男曾翰百叩谨禀父亲大人膝下：

初七、八日连发两信，（第十号交折差，不列号托袁。）想交折差一函，当月内可达。昨奉到七月十九由天成寄来谕函，展读之下，敬悉一是。外会公砝足银叁千两，亦已收到，照开分呈祖母及叔父查收。男亦谨祗领讫。（赏家人等百金，随到随分，缘节前无款也。）公帐中九月必须提用，当再陆续抽拨。至四哥将来分发到部，印结等项所费尚不少，或俟执照寄到先为办妥，或待四哥到京临时赶办，容再斟酌。年来余老九管结局、收项平色，极为认真。每百几至加八九两，毫无通融，惟五哥现分印结，将来或有可稍省之处也。

都下入秋来，轻阴细雨，晚庄稼尚有望，木棉歉收，价值增贵。祖母大人以下合寓平安，叔父拟定北池子屋，前途月底移家，李兰翁有意同居，一切尚未商定。（且房东有自己留住之说。）山东拿获安姓太监，事已见邸报。朝廷震怒，立置刑章，可见枢垣尚有说论也。天成号伙计日内回晋，（伊回晋将信寄秦。）求付家信一封，缘恐沿途捉车，藉此可免，并无他意，故允之。肃复叩请金安，男曾翰叩禀，媳妇率安孙等侍叩。全姑娘想早大愈，并问安好。八月二十日。

上年所馀一千七百两开单报销：

陆续提入公帐一千贰百两，送寿分贰百两，午节家人分项一百两。（去年只分过一百。）

付粥捐一百两。补送许星叔乃翁分三十两。（缘将从前湘中友人寄伊银信交去，故吾家不能不应酬耳。）

三哥补交监生三十八两,又领照等费,约二十两。

以上共用一千六百八十馀两。

【按】同治八年八月十一日,山东巡抚丁宝桢上奏"……太监安姓行抵泰安,经县令诱获送至省城,初六日亥刻奉廷寄,于次日将该犯正法,并搜得该犯请托密函两件云云。两宫震怒,谕枢廷诸臣将从犯一律处决"[①],即函中所云"山东拿获安姓太监……"一事。八月初七日,翁曾翰"缮发第十号禀,(附漱芳致程信一函。)交折弁携回"[②];十八日,翁曾翰"得七月十九日严亲手谕,一切平安,从天成送来,附虎贲"[③],与函中"昨奉到七月十九由天成寄来谕函"正相合;八月二十一日,翁曾翰"缮寄十一号禀,交天成亨带去"[④],因知此函写于同治八年。

此通信封中间红签题"钦命陕西布政使翁平安家报",右书"内安信即烦宝号携至西安确交为要",左书"升字拾壹号,内阁翁寄"。四角钤有"曾翰谨缄"白文方印。

同治八年九月二十九日(1869年11月2日)

男曾翰百拜谨禀父亲大人膝下:

折弁至,两奉手谕,敬悉一是。陕闱试事已毕,不知何日揭晓。中丞入闱,抚署日行事件须代行否。士子六千馀人,似不减于畴昔。兵燹之馀,尚复急于功名如此,足伸士气可知也。两星使皆与吾家有年世谊,然亦不熟,故送行时,未得一晤。卢处信件当已收到。南省

---

① 《翁同龢日记》第二卷,第742页。

② 《翁曾翰日记》,第131页。

③④ 《翁曾翰日记》,第133页。

水灾甚广，被灾省分赋入大减，恐冬间协甘之款未必能应弦合节。小午催饷竭诚尽致，惟军需如此之巨，而兵勇未闻确数，又无真实效验，未免可惜。中丞请告，未必遂允其去；若袁君代之，恐难胜此艰巨。疮痍未平，民气未固，诚当以吏治为首务也。

都下安靖，近日慈禧太后欠安，诏书甚稀。英人修约事已妥协，闻以琼州换温处及芜湖两口，大致无出入也。寓中上下平安，足慰慈廑。日用力求撙节，每年必在两竿以外。冬间又须提数百金入账，方敷度岁。前谕寄二叔处银信，（在二千四百内，提用二百。）久无的便，八月杪乃托彭芍庭丈携去，必可妥交。至今冬应酬之款，除枢堂及两班友人与同乡诸君外，馀似可不必遍及，俟暇时可将上年单开各处斟酌谕示。南中大水，吾邑低区亦多被淹，租入必然减色。四哥久无信来，入京之期尚难豫定。中鲁舅侍养家居，未必出山；书成舅之次子今年又入泮，吾家亦有曾涣一人，可喜也。同乡在京者均顺适，价人补缺尚无期，思赞入皖，在英中丞幕中矣。肃复叩请金安，男曾翰叩禀，媳妇率安孙等侍叩，九月廿九日灯下。并问全姑娘近好，宜加意调摄为祷。

【按】同治八年九月，翁同爵提调文闱①，函中“陕闱试事”，即指此事；九月二十九日，翁曾翰“缮寄十三号信，交折弁王贵。灯下又缮十四号信，交朱、李二弁，大约月初同行也”②，知此函写于同治八年九月二十九日。

此通信封中间红签题“平安家报”，右书“升字拾肆号，十月廿二到”，左下书“男曾翰谨缄”。右上、左下角钤“曾翰谨缄”白文方印。背面书“九月三十日”，上下钤“曾翰谨缄”白文方印，印上分别书“回”“函”二字。信封背面中间书“陕西巡部院翁家

---

① 《翁同龢年谱·翁玉甫先生年谱》，第183页。

② 《翁曾翰日记》，第138页。

信”;右书“内要信即赍至西安确呈勿误”;左书“京寓寄”。

同治八年十月十一日(1869年11月14日)

男曾翰百拜敬禀父亲大人膝下:

前月底折弁在此,连发十三、十四两号。日昨又托周震初鸾、周铭五德新各携去一函,聊应所嘱。皆无要语。初十日得九月廿四寄谕,展读之下,敬悉一是。前闻传言,西安当科场时有作不靖者,心知其必无他虞,而不寐者累夕。今得书乃释然矣。全姑娘病逾两月,尚在呻吟,窃恐复有转变。医药之事上烦亲心,致增懊闷,此男所悬系莫解者也。左帅前军似稍得手,然马镇骁勇可惜,亦觉得不偿失。刘、黄素称敢战,未必皆出于调度,若非接应有人,则悬军深入,大是险着,回自投诚,宜防狡诈,穷则来归,饱则飏去,是其惯技,抚亦匪可轻言也。中丞思退,此间颇有知之者,然未必遽允其行。卧雪催饷,淋漓尽致,司农似嫌其数。甘捐并不畅旺,似尚不如皖事,于铜局可无碍也。藩司用项繁而入项少,如并平馀入公,未免搜剔过甚,充拨五千,却不可据为定数。征款盈绌靡常,不得不留将来地步耳。

入冬来寒意渐严,(已换黑袖。)寓中祖母大人以次均安,慈寿称觞一事,现在尚未定局。如先期举行,叔父实少暇日;如届本日,又复天寒日短。祖母之意不欲在宅演戏,而各会馆近又限于禁令,未便借坐,故须斟酌合宜,男惟有承命办理而已。男公事虽忙,却能并日校书,为退闲地燕会,殊少熟人,如杏云、辛芝、芥帆俱在通商衙门,沅卿升阁长,其忙皆倍于男。徐沅卿补缺即考送御史,第五,可期记名,极为得意。(引见尚无期,余绂臣考十二,兵部三人,余为前列。)文博翁病骤难求愈,故添毛沈成,究弗如文之熟悉而精整。英人已换约,(修约者将开保举。)法人为教案,颇费唇舌。(大不满意于川黔,欲去疆吏,以遂其欲,可乎哉?其驻京大臣桀黠不驯,今已由津南去。)近闻赴鄂待李相,以兵船为恫喝,情亦狡黠。程容翁近失砚席,(本在天津。)意殊怏怏,伊有家信一函,求为问确转递,但不知仲立果到雷营否?伊函中专恳此事,观笔札可知其老也。肃叩金安,男曾翰叩禀,媳妇等侍叩,十月十一日,并问全姑娘安好。

【按】同治八年十月初四日,翁曾翰"饭后送周震初刺史(鸾),未值,托带家信一纸";十月初八日,翁曾翰"未刻送周铭五,未晤,托带家言一函";十月初十日,"得严亲九月廿四日函,一切平安,全姑尚未愈";十月十二日,翁曾翰"缮发十五号禀,附程容伯信……"[1]故此函写于同治八年十月十一日。

此通信封右书"第拾五号。十月廿九到"。中间签条题"平安家报"。左书"曾翰谨缄"。右上、左下钤有"曾翰谨缄"白文方印。

同治八年十一月二十六日(1869年12月28日)

男曾翰百拜敬禀父亲大人膝下:

本月初四日刘筱楼司马来,得九月十九日手谕,并草上霜褂两件,旋于初六日以十六号禀托天成附专足去,谅可早达。十四日戴巽泉来,又得十月十七日寄函,外附皮甬二件,谨已收到,其解试卷之典史冯君处题名宪书等,亦于前日送来,惟中丞处月折,计亦将到,当有家言附带,甚为盼切。伏惟福体康安,公私顺适,定如孺祝。闱场事竣,想一切可稍宽闲,而转瞬封印,有待清厘之件,定复冗集。闻中丞退志已决,傥欲暂时代理,则更增一番忙碌,尚祈随时颐卫为祷。全姑娘近体如何,来谕未曾提及,想已大愈,颇为悬系。

---

① 《翁曾翰日记》,第139页。

都下寒而无雪,日前虔祈,始得寸许,尚盼渥沛。寓中祖母大人寿躬康健,馀均安适。男馆署从公,十日中须奔驰七日,尚能耐劳。京察在即,而俸深资浅,未必能够一等。前辈人多,处处受挤,无可如何。今年祖母八旬正寿,理应演剧捧觞,再四禀商,执意不允。届期只得预备清音侑觞,稍形热闹。明春三月再行择吉称庆,日内正待布置一切也。刘筱楼解内阁饭银,男已为办妥,戴巽泉解照费亦已照应领批,冯君解试卷事,男亦转托友人关照。昨闻交讫,所费无多。刘公老而粗疏,戴公言大而夸,不知实济若何,刻知冯君处先遣承差回陕,明早即行,匆匆缮数行,容再续禀。肃泐敬请金安,豫叩年禧,男曾翰谨禀,媳妇率安孙等侍叩,十一月廿六日灯下。

【按】同治八年十一月初四日,翁曾翰"得严亲九月十九日家信,托刘筱楼司马宝年携来。带到草上霜皮褂甬二件";初六日,翁曾翰"午后过恒庆、和泰、天成,以十六号陕信托天成附递,云明日有专足行也";十一月十四日,翁曾翰又"得严亲十月十七日函,并皮袍甬二件,托戴巽泉司马(昌泰)带来"[1];是年十二月二十三日,翁太夫人八旬正寿[2]。故此函写于同治八年。

此通信封中间红签条题"父亲大人安禀"。左边书"曾翰谨缄。十一月廿八日"。右上、左下钤有"曾翰谨缄"白文方印。

同治八年十二月初二日(1870年1月3日)

男曾翰百拜敬禀父亲大人膝下:

十一月初六日托天成亨寄去十六号禀,嗣戴巽泉来,得信并皮袍

① 《翁曾翰日记》,第142—143页。

② 《翁同龢日记》第二卷,第770页。

两件，冯义培来，又得题名等件。廿八日闻冯处有承差回陕，先交一函赍去，而盼信甚切也。昨日连接十一月初四、十五两次手谕，敬悉慈躬康健，合署平安。全姑娘病已痊愈，极为忻慰。甘省军事渐有起色，陕中亦受其福。大吏尽心整顿，天心为之降康，年谷屡丰，官民利赖。长安地近西北，固属高寒，亦缘大人数年来宦游南省，气候平和，故于北地转觉不便，伏祈格外颐卫为祷。两星使及周观察均尚未到，到时当将寄件一一收明转呈。

此间盼雪甚殷，廿六日得寸许，聊以应祈祷之诚。寓中祖母大人康强增吉，惟冬后春前易生咳嗽，未免于胃口有妨。叔父侍直如恒，寒天匆促，奔走殊劳。圣聪速求启牖，同人集思纳诲之方，虽意见不同，而为公之心则一也。男近体耐劳，署中岁底较忙，到馆看书，熟能生巧，渐行流利，惟口诵手披略无片暇。犹且赶城始得归寓。入春后，或可从容耳。安孙读性甚钝，今冬仅能毕书经。先生宽严无常，又不善于讲习。男复碌碌，不暇自课，偶尔抽查，亦未免一曝十寒之诮。督课不严，无以上答慈廑，惶悚难名。本月廿三日本拟演剧，再三禀商，执意不允，只得照常豫备，一切加丰，或以清音侑觞，稍可热闹，明春三月再行诹吉称庆，屏障等件当先期制备也。专泐禀复，叩请金安，敬谢寄赐。男曾翰百叩禀，十二月初一日，并问全姑娘安好。

天成亨之十四号信现尚未到，到日当暂存，俟书信寄来即可动支。今日晤袁子久，问以吾家汇款，伊尚不知。想小午家信中尚未函知，俟到亦即遵谕办理。

今年京寓用度大约仍在二千左右，惟此外又支许表叔办验看一百三四十金，还昭文令顾竹成世叔上年在南借款二百馀金。本月廿三寿辰从丰预备酒筵等事，约须二百金，综计又需名世矣。频年用项每于年底或某款用完时分晰开报，男处并未留有底账。各清各款，期于毋误而已。伏祈慈鉴，男翰又禀。

本年八月以后西宫起居违豫，枢廷召对时，撤九月下旬至十月杪，其中惟万寿节见面一起。堂高廉远，情形如此。闻近来每日奏对匆匆数语,无所发明,其日行事件,照例承旨而已。(下半年来气局稍变,提纲挈领之人不可不着力也。)书斋功课淡漠置之,《礼记》未毕,鲜能勤奋。昨以欠安,半月未出,转瞬又度岁矣。大约呆诵时多,讲贯时少,故虽聪明,莫由启发。高阳与叔父极融洽,倭、徐成见未化,尚须调停也。天子之学在治天下,非将事理切实讲明,将来何从措手?岂可以凡民之念生背熟相绳哉?

刘筱楼司马来,一再晤及。其人朴实,似无习气,惟作事粗疏,老而未练,解内阁饭银事,为之托人照拂,费去廿八金,掣批却甚快也。至户部文亦托人代投,惟江南道文批,询之子久诸君,俱云非关库项无须知照,故虽交来,未为投纳,并请嗣后如遇专批解交饭银,(如有库项搭解饭银,仍须知照。)竟不必备户部江南道两文矣。(否则多投一文,多费数金,且领批未免守候之苦。)戴巽泉拜晤一次,人甚老练,而言词夸大,自命太高。据云不愿出仕,缘中丞促之,藩臬两宪劝之,始来引见,为到省计,又称曾请过二品封典,中丞不以属员相待等语。既为陕西同知,何必又作此傲岸之态?其人是否科目出身,与大庾戴是否同族,未及细谈也。

四川事已奏结,亦早知其必为和事老人,平心而论,刘岳昭言虽过激,断非无因。吴棠循吏起家,亦难保其始终一辙,可小知者,不可大受。川疆紧要,诚宜择人寄畀,无如中朝誉之者多,故竟如李帅所奏完结。且一有查实,并有碍朴山将军颜面之处,所以不为已甚耳。文百川病久稍愈,尚难视事,今其太夫人又卧疾,故急切不能销假。总理衙门向系百川一人主持,今虽添沈、毛、成三君,而仍无一人肯拿主意,其他可知。百翁近有荐剡,胪举七八人,闻哲生观察亦与其列折,留未下,一时未必遽有位置,人材亦未必尽美,大约不过勤于差使者耳。

顷间正欲封信,适天成亨送来十一月初四所寄手谕,敬悉一切。银两汇到,俟信件来再行取用。以后再有寄款时,只须写明足公砝足纹,断不必写出"京平"二字。缘公砝较大于京平,恐被侵去也。天成亨已与之说明。若他处则凭信取银，难以理喻，千祈留意。所赐皮袍现已成做，即日可得，保身为要，不敢不遵。平馀归公一节，闻中丞执意要办，自不值与之计较，惟披剔过甚，未免难乎为继。不知出详后，尚须入奏否？惟祝军务早清，与彼都人士共享升平耳。匆匆禀复，再叩福安，男曾翰谨又禀，初二日未刻。

男曾翰率媳妇暨安孙、祝官、椿孙、麟官百叩敬请父亲大人万福金安，虔贺年喜。

【按】同治八年十一月初六日，翁曾翰"以十六号陕信托天成附递"，近晚，刘筱楼来，翁曾翰"以内阁饭银四百托为代交"；是月二十三日，"陕西解卷委员带来宪书闱墨"，当即函中所言冯义培；二十八日，翁曾翰"灯下缮寄陕西禀，交解试卷冯君处，承差赍回，云明日走"；二十九日，翁曾翰"得严亲十一月初四日函，一切平安，全姑娘已渐愈"；次日，又"得严亲十一月十五日信"；十二月初二日，"天成之王明山来，得陕中十一月初四汇银信一件，明山日内将回山右矣"①；是年十二月二十三日，翁曾翰祖母即翁太夫人八旬寿辰②，知此函写于同治八年十二月初一日。

此通信封右书"拾捌号"。"十二月十九到"。中间书"父亲大人安禀"。左边书"男曾翰谨缄。十二月初二日"。右上、左下钤有"曾翰谨缄"白文方印。

同治九年正月二十七日(1870年2月26日)

男曾翰百拜敬禀父亲大人膝下：

---

① 《翁曾翰日记》，第142—145页。
② 《翁同龢日记》第二卷，第770页。

腊月廿七日以十九号禀,并黄折、参匣等交李高二弁带回。新正三日又缮一纸,并高丽参一斤,托袁处附递,计此时均当上达矣。日来盼信正切,昨沈葵轩司马携到十二月十六日函,(外木耳、夜桂各一匣并到。)敬悉福体康强,壹是顺适,孺私稍慰,惟元夕闻陕中有警报。至询之枢友,但云定边失利,调布防兵,其详莫由深悉,究不知前敌何人失手?贼氛现窜何路?防军何人可调?省中作何备御?延榆一带能否支持?中心悬悬,无时少释。其因陕境有秋,回逆归而掠食耶?抑游勇土匪勾结为患耶?中朝以西事属之季公,一切但凭文报,军情地势俱属茫然。既乏调度之方,亦未闻片言诘责,如何?如何?蒋中丞计三月间当可抵任,然刘君于军情熟悉,时值多事之秋,岂可听其长往?傥以帮办留资防务,当可得力。师克在和,古有明训。今闻湘淮豫军,各树一帜,既鲜同仇之义,难期克敌之功。握符者,宜何如统筹布置也。

都下春寒无雪,烈风未已,屡见火灾,实深恐惧。寓中祖母大人以次均各平安,日前叔父感寒不适者三数日,旋即复元,今趋值如常矣。男公事奔驰,尚可支拄,暇则静憩,不敢过劳。年前各处信件均已分送,所收覆函已积十馀封,拟俟下次折差之便再行寄呈,惟董韫翁前信中有述及马令式金一语,将来阅信后,或遇便答之。匆匆泐禀,叩请金安。男曾翰百拜禀,正月廿七日灯下。媳妇等侍叩,并问全姑娘安好。

【按】同治八年十二月初五日,陕西巡抚刘典请终养,以蒋志章为陕抚,刘典候交卸再起程①。十二月二十七日,翁曾翰"缮寄陕西十九号禀,(附蔡植三信。)交折差李、乔二人带回,外附黄折连封二十分、人参三枝",同治九年正月初三日,"以信一纸、高

① 《翁同龢日记》第二卷,第764页。

丽参一斤交袁处专差带去”[1]，此即函中开头所言诸事。

同治九年正月初九日，蒋志章奉到部文，十七日交卸藩篆；二月初启程赴陕西上任；三月初十日到省，十三日辰刻接印视事[2]。此函中“蒋中丞计三月间当可抵任”，即指蒋志章接任陕西巡抚一事。

同治九年正月二十五日，翁曾翰“得严亲去冬十二月十六日函，一切平安，外有桂花、木耳等一匣，系沈葵轩司马解饷带来”[3]，知此函写于同治九年正月二十七日，即“庚字第一号禀”[4]。

此通信封中间签条题“[父]亲大人安禀”，右书“庚字第壹号。袁小午处来，二月十八到”，左边书“男曾翰谨缄，正月廿七日”。右上角、左下角钤“曾翰谨缄”白文方印。

同治九年二月初六日（1870 年 3 月 7 日）

男曾翰百拜敬禀父亲大人膝下：

正月廿七日以庚字一号交袁处专差带去。嗣闻军报迭至，知甘回分股由庆阳东窜，蔓延数邑，距省百里内外。询之枢友，但云奏报如此，略而弗详。昼夜焦思，徬徨无措。昨又闻中丞有四百里报，谅非紧急军情。今日得正月二十日所寄谕函，展读一切，始得稍慰。前队急攻金积，久而不下。逸贼横出，早应虑及。回匪虽则无多，而土

① 《翁曾翰日记》，第 148—149 页。

② 参见国家图书馆藏《常熟翁氏家书》中翁同爵致翁曾翰相关家书（同治九年正月二十八日、三月十三日）。

③ 《翁曾翰日记》，第 151 页。

④ 《翁曾翰日记》，第 152 页。

匪游勇乘衅蜂起,到处皆可为患。陕省防兵既虚不敷,分布近地,又无得力将领可以调拨,急切从何布置?中朝调度无策,半属纸上空谈,所忧实大。陕属民气未苏,复遭蹂躏,人情浮动,反复堪虞。大帅舍近图远,舍易图难,千里行兵,馈运难继。本有尾大不掉之患,未有不顾陕西而能谋甘肃者。为今之计,宜以重臣驻扎秦垣,或扼潼关险要,调集雄师,核实饷项。地方大吏先就完善,各属为谋生聚,次及北山安辑流亡,逐渐屯垦,民情稳固,军士饱腾。然后分道出师,进规甘省,庶几以逸待劳,战守两便。数年以后,可冀成功。区区小言,未必悉当于事理。有为者傥亦不外是欤?豫庭新抚吏事有馀,军务非所谙悉。若克帅以帮办留陕,专司防务,必有裨益,谅不至朝受代而夕登程也。军书旁午,昕夕焦思,伏祈加意珍卫,勿再以私事劳神。如遇便人来京,可嘱祥哥缮寄数行,以报平安为祷。

都下一冬无雪,春寒多风,气象萧飒,达官贵人犹以宴燕戏乐为事,不识忧愁,真是绝大度量。叔父侍学如恒,精力衰惫。同事俱和洽,然圣功未见精进,退食时恒自怏怏。祖母大人近体颐适,惟春寒易感,咳嗽间作。进以凉润之品,当即见愈。男仆仆无益,暇则静憩,不敢嬉戏驰逐,即衣冠宴会,亦罕与焉。

三月底拟借座演剧一日,以宴上年之来祝者,一切尚未商定,恐多所挂漏耳。仲兄病状迷眩时多,见之辄增忧闷。五哥趋公日忙,胸襟甚好,不似吾之常戚戚也。专肃禀复,叩请金安,男曾翰百叩禀,二月初六日灯下,时已三鼓,媳妇安孙等侍叩。

左帅前报贼窜入陕,自请严议,未见明发。昨日又报金积胜仗,而刘松山战殁。噫!出师未捷,先折良将。虽请优恤褒忠,复何益于军事乎?近日情形不知作何布置,运粮驼马已被抄掠,此后胡以为继?西安空虚,不知远调何人回援?如再置后路于不问,则前敌诸军其危甚矣。马德昭已为豫抚所留,小午所招之勇,亦不过为护运计,御敌之策何恃而无恐乎?瞻望秦云,依驰无已。

此次京察自初一至初四,分日引见。钤出者三十馀人,定于十二日覆带。兹将圈单一分寄呈，系由宝生处送来，当无舛误。

上次刘筱楼来解内阁饭银，因其资用空之，子久告以江南道等处批文可以不投，恳吾于家信中寄回，以便销差。昨子久来晤谈，据云沈葵轩交兵部饭银，其他处文批亦拟不投，欲援刘之例，恳吾照办。当告以如无多费，不妨投讫，以重公事。若费多而复耽延时日，再行商酌可耳。

戴巽泉来时曾送龙须席、桂花、木耳。腊月廿三又送烛酒等物，新年以酒筵一席答之，今闻其将于月杪回陕，届时当托带信件也。

袁子久处每月有专差往来两次，（约半月到。）嗣后倘折差便少，可附伊处递寄。收捐一事，今年伊托恽杏云汪泉孙及钱铺数家收办，子久不甚经手，亦恐人言交责耳。

【按】同治八年十二月二十三日，翁同爵母翁太夫人八十大寿，当时因故未曾演剧；后择定次年三月二十六日借安徽会馆演剧，答谢为翁太夫人祝寿的亲友①。同治九年二月初一日，"自是日起京察一等人员引见，分四日带"②。二月初六日，翁曾翰"得严亲正月二十日函，知甘回径窜三原、泾阳及渭南、华州所属各镇，省防极空虚，现在催调援军也"；是日，"左宗棠奏，进攻金积，刘松山战殁，得旨优恤，予谥，入昭忠祠立传"；"左帅前报贼窜入陕，自请严议……子久不甚经手，亦恐人言交责耳"二纸当是次日所写，如信中所云"昨日又报金积胜仗……"二月十二日，"吏部覆带京察一等章京钤出人员"③，故此函写于同治九年，二月初八日寄出，并外信十二件、京察单等④。

① 《翁同龢日记》第二卷，第794页。
② 《翁同龢日记》第二卷，第781页。
③ 《翁曾翰日记》，第152—154页。
④ 《翁曾翰日记》，第154页。

此通信封中间签条题“平安家报”,右书“外信十二函,京察单一分,京报一本”,左边书“第弍号,二月廿七折差李忠、杨武带回”。右上、左下钤有“曾翰谨缄”白文方印。其背面上下钤有“曾翰谨缄”白文方印,印上墨笔书“固”、“函”,中间书“二月初八日”。

同治九年三月初四日(1870年4月4日)

男曾翰百拜谨禀父亲大人膝下:

前月廿二日以不列号信一函,由甘捐局专足带去,想小午处即可交到。旋又以一函并绒花食物等匣,托戴巽泉携归。闻其月杪成行,到秦尚有日也。昨解试卷之书吏来,送到正月廿九信,并麻姑一轴、八仙八轴、燕窝两匣,均已敬呈祖母收讫。本日天成送来正月廿六信一函,外会银三千两,展读之下,敬悉壹是,日内当将银项陆续取回收储也。贼踪窜突,防剿为难,似须先将游勇溃卒安插得所,庶有警不至倒戈。今果招勇卫城,由官给饷,薪抽釜底,必当弭患无形。军事焦劳,伏祈随时颐卫为祷。前月中旬骤暖不可耐,几欲一试袷衣,乃阴晦浃旬,雨雪互见,重增炉火,又着重裘,起居颇难调帖。

祖母大人寿体康和,午饭后每睡片时。今年尚未一亲箴管。(目力似稍近视。)男差事尚勤,惟偶读制艺,辄觉隔膜,愧愤奚如。四哥久无信,不识近状何似?其官照倘已领到,或先寄来,祈酌定谕示。来便明日行,草草禀复,容再续陈。叩请金安,并问全姑娘安好。男曾翰百拜禀,媳妇率安孙等侍叩。三月初四日申刻。

【按】函中云“到秦尚有日也”,知此时翁同爵在陕西任上。同治七年十二月二十三日,翁同爵升任陕西藩司。次年二月,翁同爵交卸四川臬篆,奉谕前往陕西赴任;三月抵达西安;二十六日接印视事[1]。同治十年十一月二十二日,翁同爵补授陕西巡抚。也就是说,同治八年至同治十年,翁同爵一直在陕西。

同治八年六月,翁同爵为翁曾荣报捐郎中[2],函中四哥“……官照倘已领到……”即此事。翁曾荣,道光十六年十一月生,翁同爵次子,叔伯中行四,故云“四哥”。

同治九年二月二十日,翁曾翰“过增盛店送戴巽泉,晤之。托其带不列号信一函,绒花一匣,(八朵。)皮糖、江摇柱各一匣……大约廿三、四方成行也”;次日,翁曾翰“将不列号陕信一函交杏云,由甘捐差带去,大约亦须廿四、五走”;三月初三日,“陕西承差解试卷来,得严亲正月廿九日信并寿幛、(麻姑。)八仙八幅、燕菜二匣,即呈祖母”;初四日“午后天成亨田硕卿来,得正月廿六日严亲手函并会券三千,令收储勿动。旋作庚子第三号,交天成明早即附递去”[3]。

综上所述,此函写于同治九年。

另有一信封,根据收到时间,当属此通。信封中间签条题“钦命陕西布政使翁平安家报”,右墨笔书“三月廿九到,内安要家信烦宝号附便寄至西安省城确交为要”,左书“庚字第三号。内阁翁寄。收银回信翁海珊”,信封上四角钤“曾翰谨缄”白文方印。

同治九年三月十二日(1870年4月12日)

男曾翰百拜谨禀父亲大人膝下:

本月初三日解试卷之侯凌云来,奉到谕函,并燕窝、寿幛等件,初

①② 《翁同龢年谱·翁玉甫先生年谱》,第183页。

③ 《翁曾翰日记》,第155—157页。

四天成亨送来第二号信,外附三千言。即日作庚字三号禀交天成,附专足递回。昨焦、李二弁至,又得二月廿四日信。展读之下,敬悉一切。大人福体康强,精神周匝,固甚欣慰。而细思地方情形,军事方□,[布]置匪易,饷项难酬,又为之踌躇不寐。中丞二月三十日所发奏报,备言省防稳固,并及北路获胜情形。初七奏到大人拜赐花翎之命,举家欢忭,尤惬孺私。此次叙劳何以独不及英廉访,以其在假而置之耶?闻李相已有奏言,约四五月间方能部署西行。他日饷项必多龃龉,实则必须固陕,乃可图甘,且前辈辄溃,何可任其虚糜耶!

春阴多寒,近复暄暖。寓中祖母大人以次均安,男当随时节力以答亲爱。侯凌云明日成行,短盘回去,只付一信带回。(翎枝续寄。)借银拾两,(据伊云:回省尚有领项数十两,可以抵扣,禀求酌行,此间只算借去也。)缘知其川资不济也。肃复叩请金安,并叩大喜,男曾翰谨禀,媳妇等侍叩,三月十二日。外四纸,叔父便中书就,先行呈览。

【按】此函写于同治九年三月十二日[①]。三月十日,"万寿折差来,得严亲二月廿四日信,省防尚安谧,渭河以北一片贼氛,军书络绎";三月十四日,翁曾翰"作不列号陕信一函交书吏侯凌云带回,并借去银十两,据云回省有领项可抵也"[②],与函中所言相合,即此通家书,函末日期,与日记中所记略有出入。疑函中所云"明日成行"或为虚指,迁延一二日,亦在情理之中。是年三月初七日,翁同爵赏戴花翎[③]。

此函信封中间红签条墨笔题"钦命陕西布政使翁平安家报",右书"侯凌云回,四月初三。内安要家言即携至西安确呈为要",左书"国子监正堂翁寄"。

---

① 参见上文翁曾翰致翁同爵同治九年三月初四日家书按语中相关内容。

② 《翁曾翰日记》,第157—158页。

③ 《翁同龢日记》第二卷,第790页。

同治九年三月十五日(1870年4月15日)

男曾翰百拜谨禀父亲大人膝下:

初四日将第三号禀交天成亨递去。初十日李、焦二弁至,得二月廿四日所寄谕函,敬悉合署平安,省防稳固,甚慰悬系。先是,初七日已奉恩命赏戴花翎,闻信之馀,举家欣忭。中丞奏报查系三十日所发,距发信仅六日,已云回窜甘巢,内地无贼,岂北山零股并窜出境耶?抑专指附省而言耶?李辉武所统川军能否得力?刘瑞冕既自甘来,此后当更有陆续回陕者,若乘此时调回各营,保完善之秦疆,又可省远道之粮馈,未始非补救之计。小午有血性,惟喜见长,前此上书良非无意。他日调停两帅,大有难处。李相折来,尚需筹兵筹饷,四五月间方可移帅西指也。募勇卫城,给资遣散,皆足杀贼之势,弭患无形,但散勇无穷,库项难继,久久将何以应之。此次叙劳,独不及英廉访,想城防紧要时,伊正在假也。刻下已启程北上否?到京后当与之周旋,以尽僚友之谊。

天气骤暖,祖母大人以次合寓平安。男公私奔走,颇鲜暇晷,持家一切,事事和平。素性优柔,亦能忍耐,俯仰间,但求无过耳。叔父退直抵寓已在四钟,而八钟便须就寝。此两时中,承欢侍食,酬应宾朋,料理笔札,翻阅经书,无暇细问家事,故凡应禀商者,皆须乘隙伺暇,(若司官之画稿,)否则便涉疏舛。五哥逐日到署,归则杂事玩弄。虽欲就正,亦殆无暇,迹近专擅,实势使然也。昨侯凌云去,付以一信,借去银十两。(川资不敷。)据云回省有领项可抵,命其到陕时禀明酌办。折弁明日回秦,寄呈翎匣一只,(可放两枚。)内花翎一枝,祈查收。(此系新购,二十馀金,尚不见佳。近来价昂,倍于从前矣。内附翎辫、涤红绒各一条。)容再购觅翎管之稍佳者呈用。肃请金安,无任依慕。男曾翰叩禀,三月十五日,并问全姑娘安好。

男曾翰率媳妇安孙等百叩恭请父亲大人万福金安,虔贺大喜。

常熟同乡萧葵生瓒系陆寄庵表叔之婿。在保定数年,依刘甲三策先幕中办笔墨。上年甲三升湖北臬司,挈之同行。因湖北缺苦,束修无多,曾恳叔父函致胡月樵丈为觅局差。昨得月樵来信,知葵生志愿甚奢,不肯就此百馀金之薪修,已由刘甲三函荐定将军安处,闻已即日赴陕矣。定将军不知现驻何省,(或云山西防河。)如葵生径到西安,必来谒见,别有干求。然阅历未久,志愿过奢,一出家门,便欲名利兼获,乌可得哉?陆表叔赋闲半载,今承卢方伯关照,委署通州石坝州判。时当海运极其繁难,现甫到任而周折甚多,(缺分尚好,海运后又可保举,故忌之者多也。)仍须叔父为之斡旋一切也。

归养一节,男知大人久有此意。亲年八十以上,于例亦无不合,惟时值多事,断难恝然舍之而去。林颍翁告归未及一年,克翁又复继请,相率陈情时日不可太近,且大人在蜀在秦口碑极好,官吏士民亦未必肯遽听引退。姑俟全陕乂安,明年再作归计,方觉进退绰绰也。

叔父侍学,年来责任较重,契合益深,而圣功犹未大成于义,亦不忍去,亦拟壬年吉礼告成后,再图抽身,始为两得矣。

上年祖母八旬寿辰,一切皆未举动,当时亲友来者百馀人,备席数十桌,唱清音一日,费用已二百金。今择本月廿六日借安徽新会馆演剧称觞,不发帖子,但将同府同乡及各亲戚,以至辛亥世谊,与小门生诸人略略知会,已有百馀处;而此外闻风而来,当倍于此。现拟备女客座十馀桌,外席二十馀桌,拥挤与否,只好听之矣。戏价连赏,约百两,席价须二百两,一切零费又须百两,稍一举动,已非容易。琐屑杂事,乏人商酌。男又未经办过,思虑未周,应接不到。事后必有议其短长者,惟有力求周备而已。

彭芍庭丈南归,其选择葬期往返,(伊弟兄。)商酌始定腊月廿四日,或云可用,或云五黄入宫中,断不可用。其到苏后,复折衷于何子永,亦云勉强可用,惟艾圃七先生始终不以为然也。无何?芍丈去后,至去年年底,榴仙忽于腊月廿五日得病,始似中风,后遂不起,旁人未及致详，而七先生竟归咎于葬期之不利。此其家事，原无足论，惟七先生近日痰气颇重，每于稠人广众之中，妄生议论，不问事理之轻重，辄复形诸笔札，始而痴，今且谬矣。嗣后倘伊有通侯信寄秦，置之不答为妙，尤不可与之论及时事，千万，千万。年满笔帖式奎恒系刑曹奎星垣之戚，（五兄同司。）今引见后仍发陕西，以同通补用，属达姓氏于左右。

【按】同治八年十二月二十三日，是翁曾翰祖母即翁同爵母亲翁太夫人八十寿辰；同治九年初陕西肃清，三月初七日，中丞"刘典保在事出力人员，五兄蒙恩赏戴花翎"①。是年三月二十六日，翁同龢"借安徽会馆演剧，为慈亲称祝"②，函中云"上年祖母八旬寿辰……今择本月廿六日借安徽新会馆演剧称觞"，知此函写于同治九年三月，即"寄陕西庚字第四号禀，并花翎一枝，翎匣一只，交焦、李二弁携回"③。其信封中间红签条题"父亲大人安禀"，右书"庚字第四号，外翎匣一只，花翎一枝。四月朔焦李二折弁携回"，左边书"男曾翰谨缄"，右上角、左下角钤有"曾翰谨缄"白文方印。

同治九年五月初五日（1870 年 6 月 3 日）

男曾翰百拜敬禀父亲大人膝下：

四月十二日以六号禀，并扇络等一包、靴一双、《搢绅》均交折差

---

① 《翁同龢日记》第二卷，第 790 页。

② 《翁同龢日记》第二卷，第 794 页。

③ 《翁曾翰日记》，第 158 页。另请参见上文同治九年三月初四、十二日翁曾翰致翁同爵家书按语中相关内容。

带回。廿一日英伯文到,送来家信一函,捐照咨文各一纸,骡一头,均已收讫。本日辰刻高张二弁至,得四月廿一日手谕,敬悉福体康强,公私顺适,甚为欣慰。惟库项征收甚少,用项极繁,无米之炊既增焦虑,而署中琐屑事必躬亲,劳心实甚。捧函三复,倍切瞻依。平馀一减钱粮,报解寥寥。窃恐观望者在州县,而不在民耳。中丞须设法变通否?北山伏莽未清,必得剿抚兼施,庶可徐图解散。李相入关,当有一番布置,然供帐之繁可知矣。

恩赏花翎已见明发,便可具折陈谢。想部中未必行文,前所寄翎支可将就用否?遇便当再寄一佳者。纱袍褂(系叔父所送。)早已买就,因料长,他人不能带。今仍折叠包好交折差带呈,再迟则穿过矣。屯绢袍褂待他便再寄。日前由汪明府榁携去茶叶,系从前常吃之好香片,非香尖也。汪君浙人,修伯所嘱,故予以一函。其支借养廉事,恐未必行,修伯亦知陕库支绌,故恳于家信中禀商耳。(前月另禀有总兵文英之妻在陕库请领银两事,乞便中谕示。)

都寓自祖母大人以次均各安适。叔父须发渐白,勉力支持。近日特命照料生书,责任较重。男馆署奔驰,殆无虚日。新寄之骡驾驭尚灵便,足力亦健,口牙七岁,略觉大些,所畏者惟不走之骆驼。近日已将旧骡减去一头,以节经费。曾君表来,(丁梧冈两子同来。)得四哥信,其北行约在秋冬间。今将实收先去换照,(袁小午咨文无所用之,缘文册已早达部也。)至验看等事,届时再办。咏春母舅此次丁艰后,益形憔悴,前月大病,不知近日何如?大可念也。匆匆禀复,叩请金安,男曾翰百叩禀,午节灯下泐。媳妇率安孙等侍叩,并问全姑娘安好。

英伯文廉访来京,与叔父晤谈一次,男以世愚侄帖往拜见之。听其言论,直率无文,且甚牢骚,大不满于克翁。论及与大人共事,则云长者、长者,尚无他辞。其初到时未曾见面,先谒枢堂。(伊云北山尚有十馀万贼,枢廷谓其不知情形,伊意不过形容刘之奏报耳。)高阳不以为然,且嫌其欠书卷气。男往晤时,伊云见过恭邸、宝佩翁诸人,

(不知有瓜葛否?)曾将减平馀之有害无利极力言之,且云上年廷寄本令试行,如有不便,不妨仍复旧章等语。此事诚属有名无实,即藩库已大受其累,然有恤民之名,恐新中丞亦难遽复也。伊到日曾送席去,日内要告修墓假,(一月。)行时当再送物周旋之。旗人虽无才干,尚可将就回任,不似汉官之稍可指摘,便虞龋龁也。

马县丞来,得家信,并洋绉两匹。伊现住介樵年丈处,想是本家耳。沈葵轩归程甚速,惜未托其带物。若戴巽泉,则不知逍遥何处去矣,其语言狂妄,实所罕见,动称曾捐二品封典,故拜刘抚,与之平行。提及严亲,则称尊大人,或某翁,且言在彼相得优待之情,心窃疑之。一候补同知,乌能与抚藩相好?若然,则家信中必当述及,且伊云与小午至好,而子久云家信中亦未提过,可笑之至。戴处带去信一函,绒花一匣,食物二种,皆非要件,惟天热恐糖变味耳。三月十五折差携回之信,并花翎一支。又十九日方处专足付去回信,想早达到矣。四月初九曾以不列号信并朱修伯寄一函,托子久附递,计日内亦将到。

【按】同治九年四初九日,翁曾翰"寄陕信一函并朱修伯信,交袁子久处附递";四月十二日,"缮寄升字六号信,(外附一函。)并扇络等(共九件。)一包、靴一双、《搢绅》一部,交折差带回";十八日,翁曾翰又"作寄陕信一函并茶叶五斤,托汪明府(桂,浙江人)携去,由朱修伯转交";二十一日,"英伯文廉访处送三月十四日信来,并四哥捐照一纸,又带来海骝色骡一头"①。五月初五日,"折差高发新、张光荣来,得严亲四月廿一日书"②,如函中所云"本日辰刻高张二弁至……"故此函写于同治九年五月初五日端午节。午节,即端午节。

① 《翁曾翰日记》,第161—162页。
② 《翁曾翰日记》,第164页。

此通信封右书“外亮纱袍褂料一副”,“五月二十日到”,中间书“平安家报”,左边书“第柒号,男曾翰谨缄,午日”。右上、左下钤有朱色花押。

同治九年七月初七日(1870 年 8 月 3 日)

男曾翰百拜敬禀父亲大人膝下:

自前月折差行后,(十五日马君携去一函,外屯绢袍褂一卷。)眴已匝月,盼信綦切。昨赍贺折二弁至,接六月十八日谕函,展读之下,且慰且念。曩时每得一信,则放怀屡日。近来手谕时有不豫色,然读之辄惝恍神驰,转增孺慕。大人素喜旷达,今友朋既无投契之人,左右又无可语者,则虽观书静坐,而闷怀仍未遣散。此男所昕夕瞻依、莫能稍释者。全姑娘寒热仍作,怯弱可虑。三嫂体未复元,亦待调理,想茶铛药裹,辄易增烦。伏望珍卫加餐,随时颐养为祷。六月多雨,郁蒸如黄梅。(础润不收者二十日矣。)此间殆亦相同,湿热难堪,物俱霉变,十馀年来所未经也。

祖母大人寿体康健,瓜果不多吃,惟菜蔬殊鲜适口。叔父入直如恒,初三已到太仆寺任,此缺事极清闲,终年不过一二奏稿。男体耐劳,近以酷暑告假数日,以节劳惫。今秋本有入秦之意,兹以津门民教一案波澜方兴,都下人心惶惑,殊有不能远离之势。李协揆入关,征尘甫拂,复奉北援之命,不知作何部署。始之所望于湘乡者已如此,只可令总署诸公设法转圜,岂可复令威望素著如李者,再作孤注耶?湘乡查覆大概已见邸钞。今卧病不能理事,乃以毛公会办计,昨日可抵津,一切尚无把握,是非已倒置矣。恐此后百端要挟,愈出愈奇。失民心,竭民脂,无以满其欲壑。一误再误,至于此极,蹙蹙靡骋,忧心如焚。李相北行之信,想日内可达西安。大人闻之,不知如何焦虑。此间人心顽疲,不至如庚申之慌张,大氐仍归抵命赔费为结局。经此一变，将来外省教案必至不可究诘，而地方官孰肯舍命与教民为仇乎？而国体尚可问乎？英伯义景况甚窘，(伊续娶喜事日演剧，男适感冒未往。)故人事寥寥，吾家却屡应酬之。临行复以杯酒作饯，(叔父另送扇二、对一。)托其携去花翎一枝，高丽参一斤。星使陆光甫处有《简明目录》一部，茶叶一包。孙子受处荐一仆曹喜，令其到秦时面禀寓中近状。张词甫兄弟入京乡试，而媳妇之生母亦随之来，暂住吾家数日，俟老三觅屋后，(捐一主事，场后到部。)拟往依居也。肃复叩请金安，男曾翰叩禀，并问全姑娘安好。

本年各直省俱闻有迷拐幼孩之案，若金陵、镇江、安庆、福建、上海，到处哗然，然而天津为尤甚。(都下传说不少。然询之五城，却无案据。即贾侍御所指高姓一案，亦尚游移，讹言亦妖异也。以讹言而肇衅，妖之尤者也。)万口喧腾，积忿莫释，遂于五月廿三日有拆毁教堂、砍杀领事之事。崇厚飞章入告，总署诸臣仓皇失措，不思严词声罪，反向驻京公使先往赔礼。于是易其求保护意，为逞恫喝之计。曾相未抵津时，先有明发谕旨，将崇厚以下道、府、县各官议处。继又申谕沿海各省保护教民，于系夷酋凶焰益张矣。然犹冀曾相之持平办理也。乃奏到查办大概情形，则竟为夷人昭雪，而归咎于津郡官民，府县则治以疏防之罪，绅民则求其滋事之魁，种种出人意表。文报到日召见亲王、军机、御前宰执师傅，博询众议。虽有抗论持正者，(醇邸语尤侃直。)而事无把握，卒从曾相之请。纶音一下，颇骇听闻。今曾相卧病不起，毛旭初遂告奋勇得旨赴津会办。(随员四人，吴元炳，翰林侍讲；刘锡鸿，刑；陈钦，刑；恽祖贻，分发道。)不知别有转圜良法否？现在兵船泊海口者九只，(闻已将教堂查出之幼孩一百五十馀名及王三一犯均保送还伊处。)计兵不过数千。如能不被威胁，据理折辩，此后尚易结局。若一味软求，恐政体民心，必致两失，而帑项又须去千百万矣。区区中华，何堪再误。前密旨调李相携郭军门入卫。起刘铭传于本籍，(铭军全部已调扎静海等处。)调丁日昌于江苏，(张兆栋护苏抚。)所谓筹备布置者。如此，此真太息痛哭之时，而举朝莫敢发一策,奈何?奈何?幸京师尚安堵,可放心也。

【按】同治九年六月十五日,翁曾翰"晨送马君山钦行,托带家信一函、屯绢料一副";六月二十一日,"词甫从南中到此,昨方抵通,知桂甫奉其母,携眷同来。内子之生母亦随之俱至";六月二十八日,"崇厚报,曾相目疾作剧,夷人要挟,命毛昶熙驰往会办。晚间函询杏云,知毛公奉旨后,请带随员四人:吴元炳、刘锡鸿、陈钦、恽祖贻";七月初六日,"陕西贺折杨、朱二弁到",翁曾翰"接严亲六月十八日函"[①]。是年六月,翁同龢迁太仆寺卿[②];七月初三日午正,翁同龢"到太仆寺任,属官候于堂,拜印"[③]。

综上所述,知此函写于同治九年七月初七日,次日,翁曾翰将其寄出,"缮寄陕西第十号禀,并靴一双,交朱、杨二弁"[④]。其信封中间签条题"平安家报",左下、右上及背面钤"曾翰谨缄"白文方印二枚。右书"庚字第拾号,外靴一双";左书"曾翰谨缄。七月七日"。

同治九年八月十二日(1870年9月7日)

男曾翰百拜谨禀父亲大人膝下:

自前月十四日缮禀交严心香大令携去,转眴匝月,盼信之切,莫可言喻。折弁来,得七月二十五六两函,敬悉慈躬康泰,合署平安。

---

① 《翁曾翰日记》,第169—172页。

② 《翁同龢日记》第八卷《自订年谱》,第3827页。另见《翁同龢日记》第二卷,第814页。

③ 《翁同龢日记》第二卷,第817页。

④ 《翁曾翰日记》,第173页。

全姑娘近体痊愈，三嫂亦已复元，忻慰之至。陕中气候略似都门，此时当已凉爽。李相虽已启节，而星使到省入闱，一切事宜皆赖藩司衙门酬应，日内未必闲适，伏祈随时娱摄为祷。库款勉力支持，秋收既丰，下忙当有起色。谭仁芳留陕之营粮饷从何应付，大军甫至而即撤，诚恐伏莽生心，况当成熟之时，尤宜力扼要害。河狄攻复而金积依然，左帅所议抚者，果可恃乎？筱坞此行不成，此后更无脱身之计，闻甘捐近亦减色也。

都下安静，士子云集，津事传闻异词，却无惊恐。天气已凉，（廿二换季。）祖母大人以次合寓均安。艮老典试，叔父侍直进讲较忙，太仆无事，不似成均之按期须到。男署中极忙，（委署十四人，六人乡试，三人感冒，仅有五人，该班难矣。）又加送考接场，竟无刻暇，体中颇健，仲兄依然，五哥试作尚好，四哥昨有信来，略如来谕所云也。肃复叩请金安，虔叩寿禧，并问全姑娘安好，男曾翰叩禀，八月十二日灯下，媳妇率安孙等侍叩。

今年应试者多至一万二千，其实南皿[①]不及千人，南官四十八人，号舍不敷，添搭棚座。（初八阴雨，竟日入场，狼狈殆过于乙卯，贡院门前泥深没胫[②]。）吾邑同乡十数人，半皆席号，昼夜不得卧，甚苦，甚苦。此次题极正，大为廿年来所未见，当可转移风气，而北贝南监，咸不得了，庶几老手出头时也。

同乡除庞劬庵、（老二，为其姑夫吴仁杰回避。）陆涑文外，（云生三弟，回避。）五哥与曾君表（之撰）君麟、（宝章，此二君皆叔岩之子。）李玉舟、（士瓒，叔兰子。）丁炳卿（其烜）、斐卿、（其豫，皆梧冈子。）缪

---

① 南皿：据《清会典事例・礼部、贡举・录送乡试一》，清代科举北闱乡试朱卷，以满、蒙编作满字号；直隶编作贝字号；贡、监生编作皿字号；又以南北省人编为南、北、中三类。“贝”系“贡”的省写；“皿”系“监”的省写，故“南贝”指南省的贡生；“南皿”指南省的监生。

② 参见《翁曾翰日记》，第 176 页。

豫生、(钟焕,树本之子。)赵君诜、(仲敏,价人次子,北贝。)吴景行、张哲卿、(之璜,即九保,现在陆寄庵表叔处。近日从通州来。)钱佑之、(福佑,北贝,春台孙。)邵伯寅(松年侄乎?汴生子,新从福建来,北贝,北宦不成。)十二人。此外,有覃叔之两子,又钱佑之之族兄一人,不知其名号。(似乎号曰樵石。)此人在家曾为伪官,被人告发,饬缉在案。到此后不敢拜同乡,同乡亦无过问者,捐北皿下场,亦在会馆中住。人材济济,中式必多。

汪柳门学使,苏州人而杭州籍,乙丑庶常,为叔父教习门生,执弟子礼,甚恭。伊充方略馆协修,与男共事,遂时相晤,引为交好。现在伊行期未定,大约必在重九后先赴三原接印,再到省垣,届日当托带信件也。

江蓉舫帮班多年,(周鉴湖近日留改京堂,相形之下更难为情。)放一遗缺知府,大失所望。所出内阁侍读一缺,劳绩到班,(同治六年奏定,一资深,一劳绩。)丁芥帆可补,(伊书"作为候补"字样。)惟男奉旨以本衙门应升之缺升用,日期在前,不无妄生冀幸之心。现在私下托吏部友人查询,苦于字样不结实,(倘竟不论奉旨先后,则前劳遂无用矣。)恐不能开过芥凡也。芥凡为三口大臣,成林(伊乙卯同年。)奏带赴津,尚未回京。张诃甫昆仲俱下场,桂甫前捐主事,今欲考过,到署当差。现居□张胡同,媳妇之生母于前月中旬移往同住。伊家回南后,已析产,惟无子者每年支养赡数十千。若在南中住现成房屋尚可苦度,乃以不服水土,思女愁闷,竟尔北来,并未思前算后。冒实而行,况加以素性执拗,无可劝阻,竟成此将就之计。惭愧!女婿尚不能自食其力,而彼何不谅及此也。王布帆、杨石泉俱已开府,继之者其钱调甫乎?调甫次子入都应试,询知周子京现在幕中,尚未服阕。昨已修函,并以严谕寄刍敬三十两附去矣[1]。

---

[1] 参见《翁曾翰日记》,第175页。

朱修伯已于初六日扶柩出京，由潞河南下[1]。今年水势较旺，颇为顺利，回京在明年夏后。内阁中书李如松条陈事务，(团结民心，语尚含浑。)请中堂代奏。继之者庶常戴恒、(镇江人，子辉。)中书曾金章，(印若，内都察院递。)语颇切直，铮铮有声。(有通商诸臣必有引和自重，以挟制陛下者云云。)折皆留中不发，未免触当事之忌耳。(印若具稿，子辉联衔。)

日来夷务秘密无闻，从前所称要求五条，(一要府县抵命；二要杀津民数百；三要赔修教堂；四要兵费六百万；七要各海口设护商兵船，每年费五六十万。)近亦未闻确信。虽有照会催议府县之罪，亦无一定要杀之意。微闻伊国与布鲁斯连兵，而法国大败，故此间事不甚桀骜。天津缉凶已近百人，前日指拿一人名金占鳌，(夷酋自在大栅栏遇见，照会密拿。)云是杀丰领事之正身，已由提督衙门拿获交津[2]。此人亦天津之所谓浑浑儿也，不知到底作何了结。(有限此月底定案之说。)崇地山已来京，其出使法国尚未定有行期。曾相调两江，(两目已失光，实情也。)昨具折恳辞而不允。李相尚未抵津接印。丁寿昌现署天津道。此公铭军统领，刑部郎中。陈钦署天津府，此人虽通商章京，意颇矫矫。津郡得此二人，不至逞其所欲。毛旭翁大约亦将回都矣。丁雨生到津，所称办法大致与总署诸公意见相同。成林署三口通商大臣，(未见明发。)前月杪，扶病赴津。盖以此数日关税正旺，故急于前往。其办事之才，实亦不高也。

上月初八日毛旭翁到津，接见法国公使，据理辩论，大致持毁堂屋可以修还、凶犯可以缉拿，而府县官断不能杀。法酋见其词气允直，遂仍欲进京与总署诸人商办，反说毛公于夷务不熟，不愿与之说话，竟于次日仍回都中，崇厚亦随之俱来。闻自王以下俱已见过，但催赶紧办理，亦不说到动兵。闻前此所到之九船陆续开去，不解何

---

① 参见《翁曾翰日记》，第 176 页。

② 参见《翁曾翰日记》，第 177 页。

意。近日复来一船,据云装载兵炮,而照会总以催杀府县为词,总署以现在缉讯正凶往返延宕,闻津门拘获十馀人,(近已拘到百馀人。)讯之则云夷人是我等杀的,教堂是我等烧的。今既要抵偿,则首级现在,尽可斩去。若从此可以无事,则情愿舍命报效。如大臣并无把握,则恐津民尚多,未必干休,请斟酌再办等语。天津府县张、刘二公撤任后,向他处暂避其锋,而枢垣深不以为然,廷旨促之。今已回到天津,不知作何位置。恐照会再到,二公将不利矣。奈何,奈何?曾相悔之无及,一筹莫展。丁雨生到后,有议论而无实济,大约亦视总署之意指,未必别有设施。此公心地竟猜不透,熟悉夷务者往往多偏见也。马制军被刺,变生意外。曾相调回两江,正可藉此脱身,惟李公授直督,又命其赴津接印,则为地方所束缚,不如带兵之操纵自如也。据新闻纸云,法国与布国现方构兵,而香港上海商人均不愿出兵费,故有欲战之言,而未行也。不知确否?

此件系同年文郁托查所称莫元赓者,弟在三原曾与相识,(因放渠水,每月必累次通札。)曾充刑部书吏,一俗人也,然既全家殉难,又捐数如此之巨,不知藩署可有案据。乞饬详查。

同治九年四月初八日户部行查案底

查莫堂所呈伊父前陕西泾阳县知县在任即选道莫元赓,于同治元年十二月在任,遇贼被害。因军需甚急,报效库平金五百五十三两七钱有零,库平银二千两有零,两项按当时米捐合银七万馀两,情愿作为捐输,取具同乡京官印结,呈请行查。陕省相应据情咨行陕西巡抚转饬,查明该捐生报捐原案,是否相符,咨覆本部,以凭核办可也。

【按】同治九年八月初五日,翁曾翰午后至观音院,祭奠朱老太爷,并与朱修伯长谈;初六日,朱修伯扶柩出京;八月十一日,折差给翁曾翰带来翁同爵家书,"得严亲七月廿六日书,一切平安,全姑娘已愈,甚慰甚慰。李相启节后,诸事少闲,文闱已办妥，试官尚无入省准信”[①]，知此函写于同治九年八月十二日，即第十一号禀，十四日寄出[②]。另有请安贴云“男曾翰率媳妇暨安孙等百叩，恭祝父亲大人寿釐，虔贺节喜”。

此通信封中间红签条题“平安家报”，右书“庚字拾壹号”，左书“男曾翰谨缄”；右上、左下钤有“曾翰谨缄”白文方印。背面上下钤有“曾翰谨缄”白文方印，中间书“八月十三日”。

“此件系同年文郁托查所称莫元赓者……咨覆本部，以凭核办可也”二纸，原件置于此通家书之后，目前尚无资料可明其归属，故暂附于此。

同治九年九月初十日(1870 年 10 月 4 日)

男曾翰百拜谨禀父亲大人膝下：

八月十四日寄十一号禀，晌将匝月，盼望正殷。昨李杜二弁至，得前月廿二日手谕，读悉一切。七月杪福体偶尔违和，想因感暑所致，现虽久已大愈，然文闱、武科次第举办，几乎眠食不遑，还祈随事节劳为祷。全姑娘近体如何，秋深气爽，定益健适。关中田禾既丰，下忙征收必旺，意者大吏勤慎自天降康乎？闻之欣快。伯文在京倡言，已有复平馀之意，可谓不识大体，中峰明慎，岂肯出此。李相已抵津接印，前月廿三日曾相将津案头批奏结，现与该酋商办，如肯了结，则府县约议军台焚抢者论抵十数人，赔偿二十万，否则难以合龙。布鲁斯与法国争大吕宋，因而构兵，法国大败，其[主]为布人俘获，故驻此之罗酋声势顿减，现以英酋为谋主，其狡诡殊为可恶。文伯川到京即日销假，或可力持于内；刘铭传到津布置，增筑炮台，亦可张威于

① 《翁曾翰日记》，第 176—177 页。

② 《翁曾翰日记》，第 177—178 页。

外,决无意外之虞,都门晏然。

寓中祖母大人以次均安,叔父觅屋尚无就绪,郑娃无移居之期也。男甫上通本,班期较忙,(丁芥凡补侍读,缘在天津尚未验放。)幸馆中催书不急,尚可优游,逐日奔驰,荒我举业,实属白日可惜。欲做八股,又苦心涸手生,忐忑难安,莫斯为甚。安孙等读书总不合法,(安孙才读《礼记》三分之一,德孙才读《梁惠王》。)近延一常州诸生杨丙如奎垣于初八日开馆,年逾五旬,庶期严明镇定,修脯酌加四金所不惜也。同乡应试者惟曾君表留京,馀已回里。吾族中赴金陵试者五人,惟期一二获隽,以光吾宗。江南题系"周公谓鲁公曰"一章,前此所闻乃是传误。今科各省题目皆多全章全节,不约而同,殆风气之递转欤?严心香大令于七月中携去一函,计当达览。天成银信及解翻译卷之朱倅,均未见到。京寓用度尚无浮靡,上年寄来之款,除遵谕收储外,其馀将次用罄,正拟禀请接济,今待会款到日便可陆续动支矣。明日揭晓,今日听报,尚无动静,中心怦怦,不及缕陈,容俟续禀。肃此叩请金安。男曾翰叩禀,媳妇率安孙等侍叩,九月初十日辰刻,并问全姑娘安好。

汪柳门学使本系寒素,此次筹画川资颇不容易,现托袁子久转向银号借用千金,在于西征粮台交项内,划至陕中。如其为日无多,可以不起利息。昨晤柳门,伊意欲到陕后,先向藩库支借半年养廉,而初见又难启齿,嘱于家信中为之先容,俾届时易于商办也。

宁羌州何福奎,辛亥世兄弟,闻大人到陕时颇为器重,伊此缺极苦,实有应接不遑之势。恳乞酌调他处,否则赴省暂闲,亦所愿耳。吕曼叔卒于任所,身后萧然。此间蒋子良、(曼叔至亲。)吕庭芷(同乡而非本家)两君谆托叔父于家言中恳为吹嘘集腋。此君与叔父稍有交情,(戊午出差时曾有五十金之赆。)祈留意。

七月杪照祥之母端恪夫人卒,慈禧太后震悼,祭奠品物,朝夕驰使。及出殡之日仪仗纸扎,排列数里,杂以自行人马等物,(内务府开销数万,号称二十万。)于是倾城士女群往聚观。自东四牌楼绕后门至平则门,沿路棚座相望,每座均费千金,陈设工丽,为从来所未有,惟有事之次日即有中旨,将照公府车号门封禁,每讽经日,将衣服器用逐一焚烧,玉石玩物亦碎而投之火。盖照公放荡,不得于母,致忤上意,乃出此也。

本月初七日恭邸之女封荣寿公主者下嫁,粧奁之盛,亦称甲观,(传言五百馀抬。)尚方锡予有加无已,惟所指额驸(六额驸景寿之子)[忽]于八月廿五日患吐血,日重一日,方群医束手之时,而欲成此嘉礼,颇不惬意耳。(此二事皆都下热闹,故述之。)

【按】同治九年六月二十七日,"慈禧太后之母承恩端恪夫人溘逝,赏银三千两,交照祥祗领"①。函中云"七月杪",疑为笔误。照祥,慈禧之大弟。是年九月初七日,翁同龢偕徐桐(号荫轩)祝贺恭亲王奕䜣嫁女,其女封荣寿公主;九月初八日,"请常州秀才杨丙如先生(奎垣,候选盐大使。)课两孙,今日开馆"②,故此函写于同治九年九月初十日。

此通信封右书"庚字拾贰号",中间签条题"平安家报",左书"男曾翰谨缄九月初十日",右上、左下钤有"曾翰谨缄"白文方印。

同治十年十一月初八日(1871 年 12 月 19 日)

男曾翰百拜谨禀父亲大人膝下:

前月廿一日将家信一函、貂帽两顶、衣料一包、杏仁一匣,托沈、程两君分带。旋经宫晴澜处送来信一纸、绢灯一匣,又火牌差携来一

① 《翁曾翰日记》,第 171 页。《翁同龢日记》第二卷,第 816 页。

② 《翁同龢日记》第二卷,第 830—831 页。

纸,《时宪书》十六本。昨折差至,奉到十四号信。展诵手谕,敬悉一切。公事既费筹划,私事又须劳心。虽征精神周匝,亦可见佐理乏人,故不得已而为。此岂吾亲乐此琐琐哉?男违侍八年,此心日在左右,惟祝怡神养和,顺时自适,以慰合家远念耳。曹军门出京未久,年内想可接替。陕境丰稔,易生觊覦,防军尤须严密。二渠告成,其利甚溥。高峻生已得鼎甲,非明证乎。

都下得雪一次,寒威渐紧。祖母大人于初一日感受风寒,发热困倦,即延江右元医诊视。进酒军三四分。次日神气顿爽,得大解未畅,服凉润之剂,病未全退。又约延树南来斟酌,复进酒军,加玄明粉少许。初六午间复解一次,而夙疾乃除。日来进和中之品,以养胃气,纳谷尚不能多,亦不可多,当徐徐调理,以俟复元。医者皆云:老人脉气强固,无量寿征,不必多进药饵。叔父请假五日,今又续请十日,(陈明侍奉汤药。)藉可从容侍奉。(不待十日亦可销假。)男等日日在城,夜则轮流住宿,亦未敢稍离也。四哥于九月廿六由德州开车,十月初九到清江,十一发信,是日即解缆,计廿日左右必抵家矣。王叔琴、崇星陔现均未到。天成一函顷已送来,另作复禀,由伊号递回,必在此信之后矣。匆匆禀陈,叩请金安,男曾翰百拜禀。十一月初八日,并问全姑娘安好。

同仁堂购得虎骨胶四两,价虽廉,(五两多。)而不甚佳。其所谓虎胫者,并无熬胶出卖,缘货少而价重,每个大者不到二两重。(每两纹银八两。)若熬胶,约可得三钱许耳。据云,如用时只可锉末和药,如用鹿茸之法,故此次尚未觅来也。今并将家中旧有之盛京虎骨胶四十块带呈。(叔父闻桂侍郎云:盛京所制系全虎骨,近来殊不易得。)似质轻而清,较新购者为佳,可试与识者办之。又顶好高丽参一觔,(另有半觔本色者交天成便人。)比上届所购本色者,质重而味厚。(价亦倍于本色者。)此品配入膏子药为宜。如寻常煎服,微嫌其燥,祈酌之。

吴仲起处信一件,百合粉一匣,已于半月前由张芝圃太史处送来，其人到京与否竟不知。今乃知其尚留连于秦，可谓荒唐已极。陆寄庵处遵谕助以五十金，其近来之窘亦真情也。犹忆癸亥甲子两次卧疾，惟沈贵伺候合意，故于其行时曾格外津贴之。前闻伊病，心颇念之，且沈实有耐性，想当差必合意。不料其竟至于死也。可悯，可悯。伊曩时托高升、刘升带银信与其子，到京后均未得其踪迹。旋又有信来，托张升觅子，嘱赴陕西。乃访闻在昌平署，即屡托人到彼详询，实无此人。而内城原住之处，询知前数年已他往矣。今奉来谕，已饬张升设法再寻，或竟出一访帖，庶可广咨博访也。伊父子恩义颇疏，惟知其出京时曾来此相会，或疑其自幼与人为养子，故至此耳。全材难得，食禄而能尽职，且有止足之心，已较胜一筹。嗟乎！臧获辈，其小焉者也。

【按】同治十年十一月初一日，翁太夫人感寒发热，"慈亲甚倦，懒于言语，惫不可支……此外感兼湿热也"；次日，翁同龢"缮请假五日折"；初八日，"是日续假十日，(陈明母病)"[①]，因知此函写于同治十年十一月初八日。

十日后，即十一月十八日，翁同龢"递续假折，赏假十五日"；十五日后，即十二月初四日，再次"赏假十五日"。翁太夫人此一病，总不见好转，翁同龢一再续假，侍奉汤药，然终究没能够留住老母亲。同治十年十二月二十四日，翁太夫人病故[②]。同治十一年正月，时任陕西巡抚的翁同爵闻讣即陈奏丁忧，赴京奔丧[③]。

另有信封，其中间红签题"平安家报"，右云"内函外虎骨胶一匣，高丽参一斤。又董研秋信一件，交来已久，今始从叔父书

① 《翁同龢日记》第二卷，第917—920页。

② 《翁同龢日记》第二卷，第922—931页。

③ 《翁同龢日记》第二卷，第935—937页。

堆捡出”,左书“拾叁号,男曾翰谨缄。十一月廿五到”。另钤三枚“曾翰谨缄”白文方印。

同治十年十二月初二日(1872年1月11日)

男曾翰百拜敬禀父亲大人膝下:

廿二日闻命晋擢,当即肃禀驰贺,由办捐局专差带去,未知能速达否?昨接十四日所寄谕函,敬悉一切。伤风作热,想因偶感寒气及连日焦劳所致,不日当即痊复。日内计已奉到恩旨,履新视事更无片刻之暇,转晌封印,诸事急须料理,家务琐屑,祇可暂置不问,诸祈随时保卫为祷。谢恩请觐折年内可达,批回到陕,计在灯节前。惟谭文卿方伯以封印期内不能受事,故迟迟我行,即使早到,亦未便即委护院,而舍此又无他人,则部署就道必在二月中旬矣。

祖母大人比日向愈,服元君方,虽已病去六七,而胃口未开,两便未畅,馀邪客于阴分,正气未能即复。今延周荇农诊视,日进养阴之品,颇觉有效。叔父后日假满,本拟陈请开缺,同人皆谓未必邀允。今仍请再续半月,届时必可销假当差矣。男等日日在城寓,(轮流住宿。)未敢暂离。城外一切均安善。门户火烛饬仆辈加意小心,可以无虑。宫大令昨曾晤一次,闻其日内将回陕,拟将暖靴托带。王叔琴来,往返尚未得见。伊住西城较远,迩来无暇过彼也。折弁明日准行,兹将黄折二十分及绫袱夹板等件交其带呈,即查收。专肃寸禀,叩请金安,恭贺大喜。男曾翰叩禀,十二月初二日。媳妇率安孙等侍叩,并问全姑娘安好。

【按】同治十年十一月初一日,翁太夫人感寒发热,一直不见好转,翁同龢数次请假侍奉汤药;十一月二十二日,翁同爵升任陕西巡抚[①]，即函中所云“廿二日闻命晋擢……”，知此函写于同治十年十二月初二日。

其信封右边书“辛字拾伍号，外黄折等两包，又油纸一卷”，中间红签条题“平安家报”。左边书“男曾翰谨缄。腊月十八日到”，右上、左下钤有“曾翰谨缄”白文方印。

同治十年十二月二十五日（1872年2月3日）

男曾翰叩禀父亲大人膝下：

日前连发数信，仅将祖母大人病情略述大概。因知感冒初愈，恐多焦急，是以委婉禀闻。祖母自十一月初一起患温症，服大黄、芒硝等药，得大解后，（初七、十四、廿三等日。）诸证渐减，惟神倦不语，饮食少进。廿七以后改请周荇农调治，云是馀热未清，连进生地、元参等凉润之药，（略加人参少许。）颇有转机，惟思食而吃不下，偶有反复，尚无险症。本月十五日忽觉痰多，每日必吐一盂。十七略用开豁之品，十八黎明又行大解，而胃口不开，仅进汤饮。朗甫来看，云是痰饮，投以温燥，（并和人参。）痰黏气涩，神气顿衰。元君力主养阴涤热，复用牡蛎、鳖甲以期降痰，服之无效。十九以后，群医斟酌，又进参附术桂救急回阳。不料痰声顿下，神气渐微。廿二、三日两便屡泄，目定气促，脉息渐陷。叩祷无灵，参苓不效，延至廿四日酉刻竟尔弃养。呜呼痛哉！临危时泣请遗命，曰：汝等做好人，吾无不放心之事。呜呼！痛哉！泣思祖母大人精神强固，迥胜寻常，不料夙疾缠绵，竟至于此。

今日枢廷入奏，奉有恩谕，褒嘉赏银赐祭，天恩高厚，感激涕零。寿衣上年已备，棺木及附身之具前数日亦均备办，廿五日酉时入敛。

---

① 《翁同龢日记》第二卷，第917—931页。参见上函相关内容。

现定二十七日移殡南横街,开年择日开吊。

大人接阅此信,自必悲痛异常,惟感冒初愈,即日又须北上。伏祈勉自保重,途次可坐素轿。近京数站,先遣仆人通知,以便换车进城。陕抚已命邵汴生往署,能否即行不可知。督抚闻讣后,一切应如何交代,自然循旧办理,印篆交何人暂护。春寒就道,千万留意。今令折差赍信,作速登程,想十馀日可达也。匆促禀闻,不及他事。谨此叩上,男曾翰叩禀,十二月二十五日未刻。

【按】同治十年十一月朔日,翁太夫人感寒发热,倍感倦怠。为此,翁同龢请假在家侍奉母亲,然翁太夫人病仍然一直未见好转[①]。是年十二月二十四日,翁太夫人病故[②]。此函写于翁太夫人病故次日,即同治十年十二月二十五日。

致翁同龢函

光绪三年十二月初八日(1878 年 1 月 10 日)

男曾翰百拜敬禀叔父大人膝下:

盼信已久,昨得十一月十三日寄谕,乃大慰意。一直讲帷,便无片刻休暇,但得功课顺利,此心庶可愉快。湘使才调固佳,然以之代高阳,则行为未必相类。枢垣素不喜板重文字,此其跌宕生姿者乎。龈肿既不加损,断不可遽进攻猛之品。冬屋宜温,而炭炕不可再试。岁杪事集如猬,勿因此触肝怒。粥厂事只要大人一言俾襄事,知所提

---

① 《翁同龢日记》第二卷,第 917—920 页。

② 《翁同龢日记》第二卷,第 922—931 页。

儆。其中委曲，本可不问。印若为小午随员，（沸川有斟酌，然恐太刻。）小有实效，是积德事，所难者官绅交手耳。（小午毕竟是绅。）男体中无恙，卧榻在东南船室中。（井养为三兄卧室，尚未搬。照厅则奎孙做书房。）上不透风，窗格糊纸，床底格板数块，可不铺地平。缘终日笼炭火，砖地倒放心也。亲友曾经来吊者，皆往叩谢。时值积雪满街，未能下轿，其馀仅仅送分之家，顺路飞片，大约无疏漏矣。

街头冰雪半尺以上，（屋上将及二尺，瓦楞尚平。）河冻十馀日不解，闷坐不出门，亦不愿出门。人家满屋皆风，又无火盆，总怕受寒，不如瑟缩为妙。士吉兄弟常来闲谈，宗伯本定初十落葬，阻雪不果，今尚未定期。铁店浜坟地事当徐访之。年谱粗粗序次，应查之处尚多。江、安两省应补发赴处，容即查发。廖逵宾杳无覆音，极为悬盼。三哥头痛牙疼，每易感冒。四哥服温补药，而仍畏寒，阳虚太甚。孟河之行，幸迟迟未动，否则冻舟夜泊，转要受寒，春融再往可耳。肃禀叩请金安，男曾翰叩禀，问秀姑娘安好。城寓一切烦多多费心，严寒惟自重为嘱。

【按】光绪三年七月中旬，翁同龢请假回籍修墓[①]。八月初七，翁同龢得知五兄翁同爵于八月初一日因病去世；次日，翁同龢携翁奎孙前往武昌奔丧；八月十六日，翁同龢“具续假折”；然两宫太后恐翁同龢耽搁日久，延误书房功课，“令九月抵京”[②]。故而，九月二十四日翁同龢奉兄柩抵家后，稍事安排，六日之后，乘船北上；十月十六日，翁同龢抵京[③]。光绪三年九月十二日，

① 《翁同龢日记》第三卷，第1332—1336页。

② 《翁同龢日记》第三卷，第1341—1345页。

③ 《翁同龢日记》第三卷，第1355—1356页、第1361页。另见《翁同龢日记》第八卷，第3831页。

翁曾翰只得离京回常熟料理丧事[①]。

光绪三年十一月十二日,翁同龢"得筹十月廿四函……是月廿八日开吊"[②];次日,翁同龢当有复函,疑即此函中提及之"十一月十三日寄谕"。

光绪三年十一月至光绪四年正月间,翁同龢收到翁曾翰家书的时间分别是,光绪三年十一月二十三日得十一月初四日函;光绪四年正月初四日得光绪三年十二月初八日函;光绪四年正月二十九日得除夕函"荣侄在苏未归也"[③]。此函中则云"四哥服温补药,而仍畏寒,阳虚太甚。孟河之行,幸迟迟未动,否则冻舟夜泊,转要受寒",知翁曾翰写信时翁曾荣尚在家中,孟河,即苏州孟河村。此通家书中云:"昨得十一月十三日寄谕……岁杪事集如猬……宗伯本定初十落葬,阻雪不果,今尚未定期",据此可知写信之际当是十二月。

综上所述,推知此函写于光绪三年十二月初八日。

光绪四年三月二十三日(1879年4月25日)

男曾翰百拜敬禀叔父大人膝下:

十三日在上海寄一禀,计将上达。盘桓七日,无日不雨。匆匆归棹,遇鹤舅于昆山,遇松云于阊门。两次勾留,昨日始行返里。积雨河溢,麦菜皆在巨浸中。倘插秧失时,则东南势成荒歉,大局亦不可知。上天竟不好生耶?上海已到饥民数百,尚有续来者。未闻官长筹安插之法。吴人好善,诚不可及。然就食太多,则愿力亦有所不

① 《翁同龢日记》第三卷,第1356页。

② 《翁同龢日记》第三卷,第1365页。

③ 《翁同龢日记》第三卷,第1366—1378页。

及,惟祝丰年大有,庶足惠溥邻疆耳。连读初二、十一日寄谕,敬悉种种,都门如此情形,殆非安枕之地。昨宵通夕不寐,实切家国之忧。庶政清明而公中之私心未能去尽,故觉多生枝节,欲言者多。何以毛举细故,即沽名之私。有御而成,气节不可自矜,疾人不可太甚,斯为两全之道。

圆通之事不如他厂之美善,日切疚心。去冬正拟设法整顿,以便择人交替,不图匆促出京,偏遇多事。若照常开放,何至遽被指摘。男向持不领官米之议,正谓私厂操纵由我,不愿受人箝束也。换粥头、发工食、惩蠹棍,皆不难办。所难者得监煮之人。不知茗生意中有妥靠者否。众擎易举,一木难支,信然。然葬期已迫,诸事谨慎备办,祔祠之期阻雨屡改,今竟定安葬后举行,转合乎礼。鸽峰向头地已有成说,择日当立契。坟丁尚驯慎,遵谕宽严交济,谅不敢有恣肆也。四哥近健,(松云云脉象比去年为胜。)其立心行事能从根本上着力,不失忠厚孝友之谊。三哥稍愈,仍坚卧。奎侄疹后忽患喉肿,饮食俱艰,情形甚剧,为之焦闷。(似是风湿结毒,如出头一破,便可无虑。)易保、大宝种花俱顺利,全姑娘体弱可怜,(近却无恙。)来函已交明矣。男心绪如焚,雨中春色,触目皆愁,家事实急切难理。北行已近,势难兼顾,非恝然也。长途当格外加慎,好在节气迟不至酷热,河景不靖,或仍绕天津也。禀复叩请金安,问合家安好。男曾翰叩禀,三月廿三日辰刻。

【按】此函写于光绪四年三月二十三日,故函中云"葬期已迫",乃光绪三年底至光绪四年初,翁曾翰回乡葬父之事,葬期定于光绪四年四月初六日[①]。光绪四年三月二十二日,翁同龢"得筹儿三月初十上海信"[②],疑即此函中所云"十三日在上海寄一

① 《翁同龢日记》第三卷,第1385页。
② 《翁同龢日记》第三卷,第1388—1389页。

禀”,初十是写信日,十三日为寄信时间。

光绪四年五月初六日(1878年6月6日)

叔父大人膝前:

男四月十一起程,十九在清江寄一函,当已先达。途中按站行走,均称平稳。初二过德州,闻河景一带荒歉太甚,遂取东道。顷抵津门,计后日可已到都,惟城门税务恐费口舌,特遣戈什周姓问。李顺先行进京,拟请大人遣人至全师处一言,恳伊处派一家人到务招呼。俾车到验放,免得守候。行李无多,另单开呈。应输税银,到家可随交也。一切安善,诸容面禀,敬叩金安,男曾翰谨禀,初六日。

【按】光绪四年四月翁曾翰办好父亲翁同爵丧事,四月十一日起程回京,是年五月初二日,翁同龢“得筹儿十九清江信,廿日登车矣”;五月初十日,翁曾翰抵达京中①,知此函写于光绪四年五月初六日,时值翁曾翰回京途中。

致翁曾纯函

同治六年九月二十九日(1867年10月26日)

吉卿三兄大人阁下:

前奉两函,计尘览。及昨接八月廿六日所寄手书,敬悉侍奉曼

---

① 《翁同龢日记》第三卷,第1396—1397页。

福,俪祉双绥,甚为快慰。盖盼书綦切矣。天气渐凉,公事稍简。严亲治公之暇,得少安息。想问视时,益加意先承也。川臬之旨,九月初必奉到。陛见与否,须听批回乎?抑迎折北上乎?京寓祖母大人以次均安,惟源哥病剧。状类疯迷,能否救治,尚无把握。用度之窘及所以致此之故,实非笔墨所能罄,咄咄奇闻,旷古罕有也。豫省领照,此间已函托颂臣。颂臣复书,知已查明部覆,因监生实银未到,尚未给发,而此时印结及领费甚巨,赤手难办。前书已详覆亮鉴,及候专复。敬请侍安,弟翰顿首。弟妹率儿子等侍叩。九月廿九日。弟体甚健,知天下无过不去之事,故心常舒泰,惟见闻可厌,前事无从追悔耳。

【按】同治五年十二月,翁曾纯挈妻儿抵楚,随侍其父翁同爵左右①。同治六年八月初二日,翁同爵简放四川按察使②,即函中所言"川臬之旨",九月二十七日,翁曾翰"得严亲八月廿六信,尚未闻升臬之旨"③,知此函写于同治六年。

翁曾纯,字子祥,号吉卿,翁同爵长子,叔伯中行三,道光十四年十月二十七日生④。

同治八年二月初三日(1869 年 3 月 15 日)

吉卿三兄大人尊前:

---

① 《翁同龢年谱·翁玉甫先生年谱》,第 182 页。

② 《翁同龢日记》第二卷,第 581 页。另见《翁同龢年谱·翁玉甫先生年谱》,第 182 页。

③ 《翁曾翰日记》,第 105 页。

④ 光绪十八年十月二十七是翁曾祥五十九岁寿辰。《翁同龢日记》第六卷,第 2610 页。

久未专函谨上左右,盖以所欲言者已详禀中,故不赘述,非尽由疏懒也。近维侍奉曼福,凡百臻吉,定如祷祝。上月廿二以升字第一号家言交折差携回,计到日必未启行。此后再有寄函,当嘱其沿途探交矣。

简擢之旨,想一月必达川省,计此时当已拜折陈谢。新任到川需时,不审先委何人署理臬司。公事虽繁,究属专门,容易交代,便可启行,眷属自然同走。如来陛见,则留眷西安,可省跋涉。想吾兄亦须在彼照应,未必可随侍入都。令我悬念之私,益不能少释。

都下春气融和,尚未得雨。大风扬尘,燥不可耐。寓中均安,祖母大人前患伤风,浃旬而愈,今已复元。日来过午仍以刺绣消遣,目力依然。弟碌碌无片长,每日读书数十页,惜掩卷辄忘,殊为愧憾。四哥书来,一切平善,可勿悬念。川来解饷令姚君,闻其于前数日抵都,而信件尚未送宅,想须交库后方理杂事耳。兹闻天成亨有便人赴川,特草一函附去,外书四本,(系诗钞,年底交来。)系宝佩蘅尚书寄傅哲生者,到日祈即送去。如已动身,则嘱其将书径投傅处,家信仍递回,或沿途探投矣。此布即颂侍安,不另缮禀。弟翰顿首顿首,二月三日。

男曾翰率媳妇暨安孙等百叩敬请父亲大人万福金安。

【按】此函写于同治八年二月初三日。同治七年十二月二十三日,翁同爵升任陕西藩司。次年二月,翁同爵交卸四川臬篆,奉谕前往陕西赴任;三月抵达西安,二十六日接印视事[1]。

此通信封中间红签条题"钦命陕西布政使翁平安家报";右墨笔书"四月十八日到,内安信即烦宝号吉便携至四川确交为要";左书"如已启程,沿途问交。国子监正堂翁寄,升字不列号"。信封上四角钤"曾翰谨缄"白文方印。

---

① 《翁同龢年谱·翁玉甫先生年谱》,第183页。

同治八年五月二十五日(1869年7月4日)

吉卿三兄大人尊前：

久未专函奉询起居，缘一是具详禀中，无可赘说，非尽疏懒之咎。比惟侍养娱悦，合署安和。陕中近状前于严谕中已示一二，藩司之难固难于馈饷，亦难于调停。陕捐局各省殆遍，不知均能解交藩库否。迩闻甘捐又复减成，以广招徕。此事由小午作主，不知曾向大人商酌否。若然，则陕捐亦不得不量减矣。所有捐款章程，乞于便中寄示一分。

都下连得快雨，已报深透。寓中祖母大人以次均安，弟六六鲜善。夏秋间将到方略馆校书，正好以此消遣。今届编纂甚速，两三年便可蒇[事]，□可稍觅机会。彭漱芳来屡晤，此人隽才，年来阅历颇深，吏□亦明晰，日内将引见，秋中方入川也。谢仪轩世兄改同知，分陕西，即日启程，兹托其携去佳茗二匣，(皖中人送，祖母命寄。如好下次遇便再带。)到日祈呈堂上。数月来积有贺札七函，并附去，无庸一一作覆也。肃泐叩请双安，弟曾翰顿首启，五月廿五日。

男曾翰率媳妇暨安孙等百叩敬请父亲大人万福金安，并问全姑娘安好。

【按】函中云“陕中近状前于严谕中已示一二，藩司之难固难于馈饷……”知写信之时翁同爵任职陕西藩司。据《翁玉甫先生年谱》，同治八年正月，翁同爵授陕西藩司；三月二十六日，“接印视事。……裁平馀、减摊派、设交代报销两局，以陕捐归并西征粮台”①，故知此通家书写于同治八年五月二十五日。

此通信封中间红签条题“平安家报”，右书“外八件，李信，祈即送”，左下、右上钤有“曾翰谨缄”白文方印。

① 《翁同龢年谱·翁玉甫先生年谱》，第183页。

同治九年闰十月初一日(1870年11月23日)

三兄大人尊前:

上月初七日,折差去,交带十四号禀,并炒红果一小篓,不知何日可达。天气已寒,红果谅不变味。若糖性凝结,须蒸开食之。解试卷来承差,以资用缺乏先归,又携去一函、杏仁十斤、皮糖一匣,皆严谕所需也。近维侍奉康娱,合署均吉,定如臆祝。金积战事如何,陕境边防谅均完固,刘省三统军入关,冬防当益严密,惟骤添数万人,军食恐米石又将增价。李伯雨之郇今冬须赶赴西安就刘军门幕府,曾与老兄相识,又与弟为至契,晤时可询悉近况。

都寓一切平安,祖母寿躬康健,弟趁公之馀,料理杂务,欲温旧业,而心绪纠纷,未免自生悔艾。入冬来,安儿读书稍就范围,差可称意。四哥信来,拟于冬月北上,且有挈眷之计。家计困人,亦大苦事,且来学习当差,还好增长学识。禀信各一件代为寄呈,俟有准信,再当布闻。庞絅堂中式来京,日内仍须回南填亲供。大约年底可与杨表弟同来。书成舅处似须作函贺之,(咏春舅昆仲丁内艰,后尚未函唁,可补作一函。)乞禀商严亲酌行为要。再冬间应酬各处信件,亦祈禀请早寄,缘此间年底冗忙也。兹乘袁处人便,草泐数行,敬请双安,并问侄辈近佳。弟曾翰谨启,闰十月初一日二鼓。

彭芍亭世叔致父亲大人一函即寄呈。书中有托周仲建观察语,并有致周一信,可即付之,便中作数语覆伊可也。

钱馨翁在此穷愁落寞,极为无聊。现欲捐一知府,分发直隶,俾得茎相拂拭,为谋生计,惟赀斧无着,已函恳筱坞学士在粮台设法垫办。欲恳严亲于筱坞处助以一言,俾得玉成其事。叔父告以吾家近况,非有馀,难以为力。伊亦只求口惠,盖亦自知前项未清,难再启齿也。此事大人可晤谈次,略为招呼。倘筱坞有嘱分任之意,可以婉言复之,恐筱坞亦未必肯担耳。

【按】此函写于同治九年，是年闰十月。同治八年至同治十年，翁同爵任职陕西。另有信封中间红签条题“平安家报”，右书“外四件，京报一本，闰十月廿三日从袁小午处寄来”，左书“曾翰谨椷”，右上、左下钤“曾翰谨缄”白文方印。

致翁曾桂函

光绪三年九月二十四日(1877年10月30日)

五兄大人尊前：

十九日天津寄一函，约两日可到京。弟二十开车，申刻抵静海县宿，遣人到县署问前途消息。顷之，韩仲弢世兄来晤，云前途虽无事，不如派人护送为妥，因遣标勇(骑马)二人来送，并馈酒食等物，情意拳拳，甚可感。廿一日宿兴集，廿二宿南皮，廿三宿桑园。天气晴和，无风无土。天明时微寒，午后便燥热。北方道里辽远，所谓百里者，竟有百三四十里，幸平路，尚不觉乏。上下人口均安适，心悬数处，到店辄惘惘。今日午刻到德州，(若坐船，今日断不能到，卫河水极浅窄也。)拟稍歇半程，明早再走。自此以南站头较短，每日不过(小)百里耳。京寓想安善，(幼莱、正甫诸人来问时，可告以近状。)门户火烛，饬各屋中加意谨慎。常熟信来，叔父何日动身？湖北亦当有一信，不知临行一切顺手否，极念，极念。专泐叩请侍安。伯母大人前叩安，问合家好。弟翰叩首，泐于德州旅店，五月廿四日。

【按】光绪三年八月初一日翁同爵因病在湖北任上去世；八月初七，正在常熟家中的翁同龢得此噩耗；次日，即携翁奎孙前往武昌奔丧；八月十六日，翁同龢“具续假折”；然两宫太后恐翁同龢耽搁日久,延误书房功课,令翁同龢“九月抵京”[①]。故而,九月二十四日翁同龢奉翁同爵灵柩抵常熟后,稍事安排,便乘船北上;十月十六日,翁同龢抵京[②]。光绪三年九月十二日,翁曾翰只得离京回常熟料理丧事[③]。

此函中云“常熟信来,叔父何日动身?湖北亦当有一信,不知临行一切顺手否”,即指翁同龢赴湖北奔丧、又从常熟返京之事;另有光绪三年九月二十四日翁曾翰写给妻儿家书“二十开车,是日到静海宿,韩仲韬世兄耀光来,张罗并遣标勇二人护送……今于廿四日午刻抵德州”[④],与此函中内容相合,故此函写于光绪三年九月二十四日,此时翁曾翰已在回乡料理父亲丧事的途中。此函末署“五月”,疑为笔误。

翁曾桂(1837—1905),字筱珊、又作小山,号子馨,小字松儿,翁同书三子,叔伯中行五,故翁曾翰称其“五兄”[⑤]。

光绪三年十月初八日(1877年11月12日)

五兄大人尊前:

叩别将一月,行程方过半,非图舒服,实身体不耐劳,不能赶站,恐欲速反迟也。前在天津、德州两次寄信,不知均已收到否。弟在静海即有人护送到德州,复有接替,虽多费数十金,而早起登车较为胆

---

① 《翁同龢日记》第三卷,第1341—1345页。

② 《翁同龢日记》第三卷,第1355—1356页、第1361页。另见《翁同龢日记》第八卷,第3831页。

③ 《翁同龢日记》第三卷,第1365页。

④ 参见下文光绪三年九月二十四日翁曾翰致妻儿家书相关内容。

⑤ 参见《翁心存日记》第四册附录十二《翁心存世系简表》,第1892页。

壮。本拟三十馀天到家，今日已达清江，若过江不守风，则二十前必抵常熟。途中无伴，颇寂寞。改陆以来，心神安稳。(月朔见白衣上家者，车中不觉失声。)此次下船，稍有把握，(今日到河边一看，竟无小船。其稍大者，价钱又不省，如何是好？顷看一大如意船，即从前叔父南归时所坐者，船户姓万。)惟终日荡漾，究不如坐车之脚踏实地耳。至今未曾遇见叔父，极不放心，不知何日起程，想都中已必得信。寓中自伯母大人(到家再修禀，先叩近安。)以次定均安好。悬念不置。侄辈须时时管束，一切杂事均祈留意。晤熟人时，(各同乡亲友。)可告以近况，旅中实不暇写信。(可开笔砚时甚少。)天寒惟珍重，馀到家再布肃，叩侍安，并问合家均吉。弟翰叩首，十月初八日。

【按】此函写于光绪三年[1]。

光绪三年十月十四日(1877年11月18日)

五兄大人尊前：

初九日在清江寄第三号信，初十开船，过淮关，行四十里泊。十一日顶风挽纤，又四十里泊。(平河桥。)十二日早顺风，午后顶风行百里，至界首泊。十三顺风而雨，过高邮泊露筋庙，雨至不能进。今日辰刻开船(顺风)过邵伯，未正抵扬州泊。(计行八十里。)连日稍有风雨，行程不速。舟中听雨，不免愁烦，尤悬悬者，一路问讯，竟不遇叔父北来舟车，不解何故。或竟由海道北上乎？思之屡夜不成寐矣。入江南境，觉天气较暖，弟在车中打尖投宿，颇为坦适。一人舟中，便觉心摇摇如悬旌。幸近体无恙，仆人均好，可放心也。京寓定然平安，琐事无暇深思。门户火烛，饬各处小心为要。此叩伯母大人福

---

① 参见下文光绪三年九月二十四日翁曾翰致妻儿等相关家书按语。

安,并请双安。问合家安好,即付安德两儿同阅,弟曾翰书于扬州舟次,十月十四日酉刻。

【按】此函写于光绪三年[1],此通信封题“平安家信,十月十四日,海珊缄于扬州舟中”。

光绪三年十一月初四日(1877年12月8日)

五兄大人尊前:

屡读谕函,敬悉侍奉安善,合家均吉,甚慰,甚慰。寓中诸事分神,料理琐屑杂务,可令德官随同办理;并祈督教学业,不许出门。吾兄晨起无事,可先进城,到寓午饭,再行入署,公私两便,庶有照应耳。叔父到京,无一日得暇,近体如何,悬系不释。区区朝马,竟限于例耶?弟到此起居饮食无一不惯,廿八开吊后,亲友来者不过闲谈。百日后谒墓,看准新茔山向,当急择葬期,总拟在三月以前,实在久停在家不放心也。源哥近日明爽,两嫂亦常见,喜官日在西宅,寿臣以次均好,足慰远注,草复即请双安。伯母大人前叩安,问红姑、玉侄好。弟翰叩头,初四辰刻。

【按】为料理父亲翁同爵丧事,光绪三年九月十二日,翁曾翰离京回乡;十月二十三日抵达常熟;十月二十八日开吊[2],故此函写于光绪三年十一月初四日。

---

① 参见下文光绪三年九月二十四日翁曾翰致妻儿等相关家书按语。

② 《翁同龢日记》第三卷,第1356、1365页。

致妻儿函

光绪三年九月二十四日(1877年10月30日)

清河夫人如晤：

别十馀日，此心常在都中。我到天津，因不惯坐船，故雇车改走旱路。今居然已到德州，一切平安，万勿悬念。寓中各事令儿辈及仆人等加倍小心，起居饮食，门户火烛，万万不可大意。大厅供灵位前，香烛火要随时照看。德官不许出门，安官在城内，初二一准开学，勿迟；祝官在家，多住些日子。慧官缠脚，勿太认真，省得夜哭，嘱王妈耐烦些。十月天气或暖，暖热时勿吃生冷，即冷天勿吃辛辣。夜卧早着困衣，至要，至要。我保举事，不知如何？二十夜里做梦，将要出门，问及保案，汝以京报付我，云请看便知。似乎已得之矣，不知真否。此信到京，我已到清江。俟到彼再寄信，勿念，勿念。海珊字，九月廿四日。

【按】光绪三年七月中旬，翁同龢请假回籍修墓[①]。是年八月初一日翁同爵因病在湖北任上去世；八月初七，翁同龢得此噩耗；次日，即携翁奎孙前往武昌奔丧；八月十六日，翁同龢"具续假折"；然两宫太后恐翁同龢耽搁日久，延误书房功课，令翁同龢"九月抵京"[②]。故而，九月二十四日翁同龢奉翁同爵灵柩抵家

---

① 《翁同龢日记》第三卷，第1332—1336页。
② 《翁同龢日记》第三卷，第1341—1345页。

后,稍事安排;六日之后,便乘船北上;十月十六日,翁同龢抵京[①]。光绪三年九月十二日,翁曾翰只得离京回常熟料理丧事[②],故此函写于光绪三年,此时翁曾翰在回常熟料理父亲丧事途中。

光绪三年九月二十四日(1877年10月30日)

付安、德两儿览:

十二日到通州,隔一宿,正甫别去,余即开船,适遇狂风,舟行不得前,且波水震荡,(风声、水声,听之可畏。)且行且止。十七方到天津,住一旅店,探闻卫河水浅,粮船又未开行。余又晕船不支,乃改计,舍舟而陆,十八雇定车四辆,二十开车。是日到静海宿,韩仲韬世兄耀光来张罗,并遣标勇二人护送,(沿途旱干,田无寸草,可闵之至。)一路甚安静。今于廿四日午刻抵德州。明日再走,以纾人力。从此南去,须到清江方能发信,勿悬念也。

汝六祖父何日从常熟起身,京中当已得信。湖北亦有信来否?出门数日,方知无伴之苦,到店惘惘,与仆辈数语,食毕即睡,偏睡不着。如此境味,平生未尝,并无所苦,但寂寞耳。二李极出力,(李金、李顺家中均遣人告知一声,途次平安,伊等不作家信矣。)李顺、杨姓均妥慎也。汝等在京诸事小心,勿贪玩为嘱。九月廿四日,海珊字。

【按】此函写于光绪三年[③],"六祖父",指翁同龢。

此通家书信封中间签条题"经筵讲官户部右堂翁平安家

---

① 《翁同龢日记》第三卷,第1355—1356页、第1361页。另见《翁同龢日记》第八卷,第3831页。

② 《翁同龢日记》第三卷,第1365页。

③ 参见上文光绪三年九月二十四日翁曾翰致清河夫人家书按语。

信”,右书“内安要家信,敬求台便,寄至京都饬送顺城门外南横街路北确交”,左书“本宅查收勿迟为感,酒资信到酌给斗。翁海珊缄于德州旅次,九月廿四日”。

光绪三年十月初四日(1877 年 11 月 8 日)

付安德两儿览:

在天津寄一信,(九月十九日交阜康。)当可早到。二十日登车,申刻到静海县。县令韩仲韬世兄送饭菜数样,亲自来拜,(我衣冠不便,差人谢步。)谈良久。次早遣李赵两巴什匠来护送,(即拳师之称。)甚为放心。(到德州后打发回去,给以四两。沿途饭食,皆由我买。)廿四日午刻到德州,遣人将彭老大之信送知州署内。(缺甚苦。)州牧张念黼锡纶亦送饭菜(六七样)一桌,并向营官(黄兆升)商派戈什哈二人(一姓黄,一姓刘,甚出力。)送至清江。我曾写一信交德州(无信局)马号寄递,由顺天府大兴县转交,不知何日方能送到。想京中必然悬盼矣。在德州借得京报一看,略知二十日以前之事。

廿五日宿平原二十里铺,(店甚大,宛然是庙,却干净。)廿六日宿鄌城,廿七黎明过黄河,(一顿饭工夫。)极平稳。午后即进山,乱石纵横,车行极乏。夜宿张夏镇,肋痛痔发,倦不可支。戈什及仆人商量,以三十千雇破轿一顶,送我过山。(有轿无围,用油纸包袱裹之。早行甚凉。)廿八日宿泰安府,廿九宿杨柳店,十月初一宿嶅阳,初二宿垛庄,初三宿半城。从此以南,无山石矣。初四(即今日)过沂州府,渡沂水,宿李家庄。计到清江,还有四日。再有半个月,必到常熟。

我自开车以来,身体虽乏,心神尚安,惟旅店独醒,悲从中来,(仆人酣睡,我偏睡不着。)无人可说,饮泣而已。心悬南北,愈想愈不能睡,且连日尚未遇见叔父,尤不放心。难道仍走轮船乎?都中想已接信,我茫然无所知,如在梦里。路上吃食馒头、清油饼、小米粥、鸡子豆腐等,(在泰安买高汤面一碗,甚好。)皆可吃,并不觉苦。所带之火肉酱菜,亦可敷衍到船。烧酒吃完,酱油略为洒些,(亦不常用。)冬菜等尚未动也。德州以南,天气和平无风,起早不冷,身穿大棉袄、棉背心,棉裤、棉套裤,早起加皮马褂一件,又将斗篷围在车上,又有狗皮褥子,竟不冷矣。新车帘,旧车围,皆极合用。老李(极好,肯出力。)铺车子,亦得法也。盘川银子恐不够用,通州船钱,白费一半。天津店中,耗费三日,雇车又比京中加贵,护送之人吃食及谢仪,皆不能少。又在山路平空添出雇轿一宗,车夫包封银,只得廿八两。我按站走,伊等多用饭钱,而无外快,又要向我借银,只好将就到了清江浦,再行算帐。(赶车四人皆好,无奈车行及天津店内,刻扣太多,可恶之至。)此皆途中之情形。今日店中桌椅干净,尚可打开笔砚,故先书此。等到清江,再行发信。此信如说话一般,请汝母看,好懂得也。十月初四日海珊书。

灵位前上供,香火、蜡花,俱要小心。遇有风之日,少焚纸锞。德官房内灯烛,亦要留神。天气已寒,各屋内炉火要离窗户、门帘略远,(慧官房中帐子要留心。)且乍寒时,尤防熏人。

安官想已开学,十日出城省母,次日即回城寓,勿旷课,文期不可不交功课。德官近日用心否?冬天在房内亦可做诗写字,勿但哄孩子,忘却自己功课。祝官可多住家中学梳头,是自己方便,况寒天不可叫富妈日日跑来,须要体谅。

门口公帐,须时时查核,勿因我不在家中,随意开销。房中零用可省即省,上折子到年一样还钱也。玉子已去,李安一人不够用,须添一老成有坐性之人。冬天要令住在宅内,否则夜间人太少,上房时常将东西间开看。馀事在京谆嘱,不多及。总之小心谨慎,宅内大门早关,家人等出外,不许夜深方归。

李顺吃得多,(饭菜略如宅中,而馒头、油饼、片儿汤随要随有,故吃得多。)睡得足;(夜饭后即睡,五更上车后还可睡一时许。)李全走路快,(每日总走六七里,到店后,又各处乱跑。)说话多。(不管认得不认得,总要扳谈数句;事体不论晓得不晓得,也要议论一番。)一个老实,一个欢什,(此二字系京话。)均甚轻健。伊等求我写家信,又无可写,但道平安而已。可遣人向伊两家家中说一声,可放心也。老杨虽不能知缓急轻重,而颇觉呆气,凡事总以京城来比,所见不广,大抵如此,其心却向主人,亦尚可取。一路熬白菜豆付之外,无多事也。杜裁缝处(我改布衣服者)袍褂面子及长袖马褂面子均勿忘,内元青褂面可做棉夹褂子也。

山路五百五十里,其中极难走者有三百里,石块大者如屋,小者如鼓,至小如碗。车行无一刻可歇,较之前门颠簸十倍。凡遇山田,则数十里仍平也。每日早起吃粥,或鸡蛋,车中拥好不冷,午后向南走,尚嫌热。(吃梨半只可解口渴。)北路饭食,麸料均贵,(饥民皆逃向清江一带。)泰安府以南渐渐减价。近清江数站,只得一半价矣。我一路从未吃过米饭,馒头比饼还好,煮白菜自有真味,并觉得火腿亦好吃矣。短衫枕衣,其黑如漆,只好改日再换。布衣服处处发涩,坐车尤觉吃力。近日到店便叫人到各处打听南来车子。日日悬心,无一刻得安也。闻清江以南水浅,不知有阻滞否。初六日。

内阁供事送貤封轴(两轴)来,不必给钱,俟有妥便可将汝四伯貤封庶母一轴(油纸)包好寄来。杨子和霁托领诰轴(二轴)送来,可给银贰两,即将轴子看明包好,送丰盛胡同伊宅收明,取一回条为要。

杨子和丁母忧已经回京,薛君敏馆事无着,别处亦尚无就绪。伊实录馆奖叙事,可请曾印若向内阁郭(良桂,记不真)供事到馆问明。誊录议叙何日咨部,薛名是否列入头等功课,到部后再请俞祐莱在吏部一查,作函覆我,或径复君敏,勿迟为妙。

【按】光绪三年八月初一日翁同爵因病在湖北任上去世;八月初七,请假回籍修墓的翁同龢得此噩耗,次日,即携翁奎孙前往武昌奔丧;八月十六日,翁同龢"具续假折";然两宫太后恐翁同龢耽搁日久,延误书房功课,令翁同龢"九月抵京"[①]。故而,九月二十四日翁同龢奉翁同爵灵柩抵常熟后,略作安排,便乘船北上[②]。是年九月中旬,翁曾翰离京回常熟料理父亲丧事[③]。此函写于光绪三年十月初四日,稍后,又有续写,至初九日至清江时寄出,此时翁曾翰尚在回乡途中。

"灵位前上供……或径复君敏,勿迟为妙"数纸,原件接续此通家书之后,内容亦与之相关,故附此处。

此通家书另有签条上书"付安德两儿同览。十月初九日清江寄。海珊字"。信封书"内安要家信烦,十一月初三日未刻到。安字第三函";左书"信资例付,清江舟中海珊手缄"。背面墨字书"十月初九日",另钤朱字云"回信送李铁拐斜街西/头路北文茂揆记信局。住清江浦栈/沈文茂云记"。

光绪三年十一月初四日(1877年12月8日)

付安儿览:

阅汝十月廿二禀,得悉一切。汝在城寓须用心侍奉,书房功课不可间断。心摇不寐,想系文章枯窘之故。平时多看,(气弱不必朗诵。)下笔自然容易。一月中出城三四次,省母闲谈,不可淘气。汝寄寿官诗词,语多牢愁,何耶?少年笔墨,要吐属名隽,雍容华贵也。程容翁化去,不知仲立在京否。(汝可往一拜,勿多言。)李全坚欲回京,

① 《翁同龢日记》第三卷,第1341—1345页。

② 《翁同龢日记》第三卷,第1355—1356页、第1361页。另见《翁同龢日记》第八卷,第3831页。

③ 《翁同龢日记》第三卷,第1356—1365页。

今日起身，（走早路。）约腊月初十左右可到，（先叫人向伊家告知。）到日仍令在汝处服伺。气质虽粗，心尚忠赤，吾此行深赖之。吾用李全洋钱六元，俟伊到时给还伊纹银四两，可告汝母知之。努力自爱，饮食寒暖随事留意为嘱。海珊字，十一月初四日。阴阴欲雨。

【按】此函写于光绪三年十一月初四日。光绪三年十月，程容伯丧；二十二日，翁同龢出城拜客，哭程容伯之丧[①]，如函中云"程容翁化去"。

此通信封右书"安字第六函。内安信即烦贵局寄至京都，送南横街中间路北本宅，勿迟为要"；中间红签书"经筵讲官户部右堂翁平安家信"；左边书"信资例付。海珊手椷。十一月初"。背面钤朱字"常熟致大信局，回信仍送前门外西五道庙前路东升恒轮船信局，上海升恒京信局"。

光绪三年十二月十五日（1878年1月17日）

清河夫人览：

接信知近体安好，甚慰，惟因赵妈之病受惊，以致夜卧不安，颇深惦念。此事不必疑心，不必害怕，安心睡觉可也，或吃些酸枣仁及朱砂拌麦冬，以定心神，亦好。赵妈去后，房中须添雇一人，第一要手稳，门户时刻在意，德官房中火烛，也要留心，吩咐王、张二人格外用心些，吾明年要寄东西赏他们的。老李带去茉莉簪，想已收到。红洋绉（印花）等明年必买，现在冷天，河已冻断，苏州路不通也。庞小姐极为安详，（四嫂本来见过，颇喜欢。）闻身量亦不矮，（吾近日到庞家去，李顺亦看见。）虽微有数点细麻，却甚俏丽。女子以德性为重，容

---

① 《翁同龢日记》第三卷，第1362页。

貌是其次耳。四哥嫂嫂之意,要令德官回南陪伴,(现在喜官常在西边,否则太寂寞了。)庞宅亦愿就近办喜事。此层还须禀商堂上,未能遽定。天寒一切珍重,吾近甚安适,勿念。海珊字,十二月十五日。

【按】此函写于光绪三年十二月十五日,此时翁曾翰回乡料理父亲翁同爵丧事①。

光绪三年十二月十五日(1878 年 1 月 17 日)

付安儿览:

得十一月十三日信,始慰吾月来悬盼之意,惟京报自初六至十一仅得六日,则初五以前当别有一函,不知延阁何处。信中有要语否,有友人寄我信件否,(以后来信可用杂色信封,怕看白色签条也。)下次信来须详及之。汝等要谨慎勤读,既知宋师改笔轻灵,须用心体会。若遇文期,率意完篇,终归无益。时日可惜,勉之,勉之。御寒衣服尽可禀明,汝母随时添做,但须爱惜布帛,不可任意遭遢。天气奇寒,身体须爱护,不许冒风出门,(汝素有咳嗽,不可不慎。)春暖时尤须留心也。吾怕冷,不轻出门,与汝伯父闲谈,颇觉怡适。义庄事极力催办。明春盖屋,须得一监工之人,殊难其选。冰冻雪落,诸事不能从速料理,无可如何。徐沅青昨有信来,德官交还之件,伊已知收明矣。此问近好,十二月十五日海字。

【按】此通信封右上书"第拾号",左下书"十二月十五日曾翰手械"。函中"惟京报自初六至十一仅得六日,则初五以前当别有一函",知写函之际,翁曾翰不在京中;光绪三年十二月初八日

---

① 参见上文光绪三年九月二十四日翁曾翰致清河夫人等相关家书按语。

翁曾翰致翁同龢家书中所及“盼信已久,昨得十一月十三日寄谕,乃大慰意……河冻十馀日不解,闷坐不出门,亦不愿出门。人家满屋皆风,又无火盆,总怕受寒,不如瑟缩为妙。士吉兄弟常来闲谈”①,与此通中“得十一月十三日信,始慰吾月来悬盼之意……吾怕冷,不轻出门,与汝伯父闲谈,颇觉怡适”相呼应;光绪四年正月十二日,翁同龢得“南中腊月望函”②,当即翁曾翰此通家书,写于光绪三年十二月十五日。

光绪四年二月二十三日(1878年3月26日)

付安、德两儿同览:

正甫到此,得函甚慰。谈悉都中近况,又为之悬念不置。春来冷暖不定,汝母体中要随时自重,菜蔬、黄鱼等发物要少吃也。汝等读书看来不能勤学,作事亦未必合式,祖父来谕屡饬我速即回京,管教子弟。吾于是大不放心,急宜专心向上,痛戒因循,慎毋自误。吾在此料理诸事,有事则有精神,无事即觉不适。大事办毕,刻日登程矣。顷知钱玉方赴山东,由东入京。先将荆缎被一床、洋布被面四床、(王、张二人每人给一床。)女帽六顶、(夹在被面内。)梱秋一只,托其带去,到日收明,留备吾到时送人也。二月廿三日辰刻海珊字。

【按】此函写于光绪四年,此时翁曾翰在常熟家中料理父亲翁同爵丧事③。此通信封云“内家言外蓝布包一个,敬求玉舫大兄姻世大人台便,携至京都,饬送宣武门外南横街敝寓,交小儿

① 参见上文翁曾翰致翁同龢家书。士吉,翁同福长子翁曾禧。
② 《翁同龢日记》第三卷,第1376页。
③ 参见上文光绪三年九月二十四日翁曾翰致清河夫人等相关家书按语。

寿丞手收为感。户部右堂翁平安家言,弟制翁曾翰拜恳”。

光绪四年二月二十五日(1878年3月28日)

付安、德两儿览:

所禀具悉,(汝母所需之物,当为购买,其笨重者,吾怕带也。)平安甚慰。世事如此,大可忧虑。粥厂就食者多,不可停放,且须酌加米石,不可有名无实。家事有祖父作主,要孝敬无违,若有交办事件,不许稍有怠缓。汝等性情,吾所深知,离吾目前,便恐改样,即如寄来诗文,想皆是先生已改之件,骨子中豪无精彩,其不能专心用功可知也。吾中年矣,极望汝等敦品力学,毋坠先人清白家声。若能居心厚重,奋志科名,汝等之能事,即吾之福。若一味游惰,沾染恶习,甘为卑下,汝等之不孝,亦吾之孽也。终身享荫下之福者,能有几人?如自以为世家子弟,不务学业,徒事浮靡,则今日温饱无虞之人,即他日困顿无聊之辈;今日服饰之用,皆他日当卖之资,除却读书,无一足恃。汝等急须猛省,有则改之,无则加勉,勿谓三千里外,吾一无闻见也。二十许人,何待父师督责?吾虽出京,城内外各有先生讲习讨论,要从心上用功,岂每日略说几句敷衍过去,便算学问耶?四月初六营葬,吾中旬即当北行。辞墓期迫,痛彻心肝,事念所迫,不能不走。倘汝等学成理明,替吾心力,吾亦何至于此耶?近状无恙,不必念我。先此驰谕,懔之,懔之。二月廿五海珊字。

【按】此函写于光绪四年,是年安葬翁同爵,初定葬期四月十五日,后改为四月初六日[1]。

---

① 《翁同龢日记》第三卷,第1376、1385页。另参见光绪三年十二月翁曾荣、翁曾翰致翁同龢家书按语。

光绪四年三月初一日(1878 年 4 月 3 日)

付德儿览:

轮船一开,家信甚速。昨接二十日禀备悉,悉汝祖父感冒发寒热,不知廿日以后渐臻平复否?令我梦寐不能释。我心日在左右。营葬事毕,克期北归,不敢缓也。安儿头眩,乃心气有亏。前年所配补药方,可诣五伯一酌,改为汤药,先服数贴何如?独学虽气闷,不可生闲气。春风甚厉,不许放风筝,至嘱,至嘱。恽处尚无准信来。此事颇牵制。南北相隔,实形不便,可告汝母知之,勿为焦虑。兹寄去枕顶十二方,镜帘二个。广边五件,(好者做衣服,次者留送人。)均交汝母收明备用。馀俟续寄。汝等勤学做好人,前信以详言之,毋忽。此问合家好。三月初一日,海珊字。(午刻适雷雨颇潮湿,饮烧酒,已祛之。正甫行时当别有信件也。)

【按】此函写于光绪四年三月初一日[1],三月十四日,翁同龢接到此通家书[2]。

光绪四年三月初七日(1878 年 4 月 9 日)

付安德两儿同览:

连得京信甚慰。惟闻求雨不应,人情汹汹,又增悬虑,汝等诸事谨慎为嘱。此间久雨不晴,诸事废搁,吾经营葬事之暇,略捡行装,一过初十便当登程,仍由王家营入都,汝等勿为我虑。曾卓如即日赴

---

① 参见上文光绪三年九月二十四日翁曾翰致清河夫人等相关家书按语。

② 《翁同龢日记》第三卷,第 1387 页。

沪,由轮船到津,计四月初必到京,先托其带去梳镜一具、(内有黄杨木梳两副。)印花布十四匹,到日收明可也。馀不多及。此问合家安好,汝祖父大人前为我叩安,不具禀,三月初七日,海珊字。

【按】此函写于光绪四年,“吾经营葬事”,即翁曾翰回乡葬父一事[①]。

光绪四年三月十三日(1878年4月15日)

付安儿览:

昨到上海即寄第八号信。连日阴雨,不能出门,转觉闷闷。杨正甫日内进京,尚未过此。吾在常熟已将信一函、衣包等件交去。(小木匣内有细账。)大约月底必可到京。京中现得雨否?吾虽在外,亦日夕盼望,倘畿南再荒,都中局面势难支持矣。如何?闻湖南桃源有会匪滋事,有确信否?肃州教人蠢动,有文报否?两寓想均平安,汝等须勤学问,善保身体,不知春寒亦如此间否?兹将火腿二只、茶叶四斤,(上好,二红二淡。)托阜康号带去,系汝四伯孝敬祖父,到日即呈城寓,趁新便吃可也。三月十三日海珊字,书于上海旅次。

【按】此函写于光绪四年三月十三日[②],时值翁曾翰返京途中。

---

① 参见上文光绪三年九月二十四日翁曾翰致清河夫人等相关家书按语。

② 参见上文相关家书按语。

《中国近现代稀见史料丛刊》已出书目

第一辑

莫友芝日记	徐兆玮杂著七种
汪荣宝日记	白雨斋诗话
翁曾翰日记	俞樾函札辑证
邓华熙日记	清民两代金石书画史
贺葆真日记	扶桑十旬记(外三种)

第二辑

翁斌孙日记	翁同爵家书系年考
张佩纶日记	张祥河奏折
吴兔床日记	爱日精庐文稿
赵元成日记(外一种)	沈信卿先生文集
1934—1935中缅边界调查日记	联语粹编
十八国游历日记	近代珍稀集句诗文集
潘德舆家书与日记	

第三辑

孟宪彝日记	吴大澂书信四种
潘道根日记	赵尊岳集
蟫庐日记(外五种)	贺培新集
王癸避难日志　辛卯年日记	珠泉草庐师友录　珠泉草庐文录
嘉业堂藏书日记抄	校辑民权素诗话廿一种

第四辑

江瀚日记	王承传日记
英韶日记两种	唐烜日记
胡嗣瑗日记	王锺霖日记(外一种)
王振声日记	翁同龢家书
黄秉义日记	甲午战争汉诗选
粟奉之日记	达亭老人遗稿